재미로 읽는 전자 유통과
온·오프라인의 변화 모습

온앤오프

ON&OFF

재미로 읽는 전자 유통과
온·오프라인의 변화 모습

온앤오프

| 민승기 지음 |

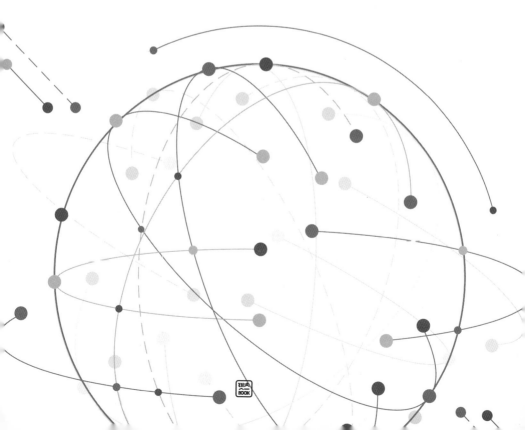

시작하면서

다산승 소산불승(多算勝 少算不勝)이란 말이 있다. 손자병법 1장 시계편(始計篇) 마지막에 나오는 글로 '싸움에 있어 많이 계산하면 이기고, 적게 계산하면 이길 수 없다.'라는 뜻이다.

군 복무 중 서경석 장군이 자주 쓰시던 말씀이었다. 작전(전략)을 수립할 때 다양한 상황을 가정해서 시나리오를 작성하고 그에 대한 대응 전략 등을 철저히 준비하면 승산이 있다는 뜻으로, 빈틈이나 허점을 최소화하도록 해야 한다. 그렇게 준비를 한다 해도 계획한 대로 이루어지는 경우가 드물기 때문이다.

다양한 상황을 가정하려면 우선 다양한 사례를 알고 그에 대한 벤치마킹을 해야 한다. 내 위치가 어디에 있는지부터 파악하는 것이 우선일 것인데, 배우고 벤치마킹할 좋은 대상인 옆 나라 일본이 있어 항상 천만다행이라 생각했다. 우리보다 많이 앞서 걸었고 시행착오도 많이 겪은 일본의 유통史를 배우기 위해 일본 출장길마다 신주쿠(新宿)에 있는 키노쿠니야(紀伊国屋) 서점에 들러 유통 서적을 한두 권씩 집어 왔었다. 1927년 오픈하여 매년 100만 권의 서적이 팔리는 곳이라서 그런지 다양한 유통 서적이 많아서 좋았고, 그중에 1~2권씩은 전자 유통에 관한 신간이 있었기에 이번 출판에 많은 도움이 되었다.

이 책은 다음과 같이 구성되었다. 제1장은 일본 전자 유통을 평정한 야마다전기(ヤマダ電機)에 관한 내용이다. 창업과 성장, 체질 개선 노력, 유통 전략 등을 서술하였으며, 제2장은 왜 일본의 양판점이 1990년대 들어 춘추 전국 시대로 진입했는지, 일본 버블 경제의 원인과 붕괴 후 그 영향에 대해 알아보았다. 제3장은 일본의 전자 유통 발전史에 대해 패망 전부터 최근 시기에 이르기까지 약 20년 단위로 변화한 모습을 통해 그 안에서 교훈적인 내용을 얻고자 하였다. 제4장은 제조 메이커 계열점의 유통 전략이 어떻게 변해 왔고 그 결과 현재는 어떻게 되었는지, 왜 실패했는지에 대해 그 요인을 분석하였다. 제5장은 새롭게 환골탈태하여 변화하는 일본의 기업 모습을 담았다. 제6장은 삼성전자의 유통史를 창업과 함께 유통망 확보와 신유통 등장에 따른 대응 방향 등으로 살펴보았고, 제7장은 미국 Best Buy의 최근 동향과 성공 전략, 코로나 사태를 맞이한 베스트 바이의 지혜 등을 기술하였다. 제8장은 미국 온라인 시장의 성장과 오프라인의 성공 비결, 온라인 기업인 아마존의 변화 등에 대해 기술하였으며, 제9장은 코로나가 만든 세상과 향후 변화의 모습 그리고 오프라인과 e-커머스가 진화하는 모습을, 제10장은 리테일 마케팅과 리테일의 체험 요소, 온/오프라인 중 패권을 쥐기 위해서는 어떻게 변해야 할지를 풀어 보았다.

그동안 국내에는 잘 알려지지 않은 일본의 전자 유통 사례와 비교적 잘 알려진 미국 중심의 사례, 그리고 온/오프라인 유통의 변화 모습을 분석하였으며 기술(記述)에 있어서 이하의 사항을 특히 고려하였음을 밝힌다.

첫째, 전자 유통에 초점을 맞추었다. 본문 제1장~제10장 중 제7장까지는 일본과 한국, 그리고 미국의 전자 유통에 대해 기술하였다. 전자 기업에서 유통 전략 관련 업무를 많이 담당했기도 하고, 그동안 일반적인 기업의 성공 사례는 한국에 많이 소개되었지만 전자 유통에 초점을 두고 소개된 사례는 거의 없었기에 더더욱 그러하다.

둘째, 성공적인 대표 유통 기업의 사례를 선정하였다. 일본의 전자 유통 양판점으로 압도적인 매출 1위의 야마다전기의 창업과 성장, 그 밑바탕이 된 유통 전략을 구체적으로 분석해 보았다. 이렇게 성공적인 기업에 대한 번역서조차 한국에 소개된 적이 없다는 것이 이상할 따름이다. 미국의 경우는 베스트 바이를 예로 들었다. 어려웠던 시절을 겪고 성장을 위한 차별화 전략과 코로나로 큰 타격을 입은 전통적인 오프라인 매장을 어떻게 잘 활용하는지 참고할 만하다.

셋째, 사례를 단순히 소개하는 수준을 넘어 유통의 역사적 흐름과 그 속에 감춰진 내면의 속내까지 끄집어내고 싶었다. 각 기업의 성공 사례라면 그 기업의 홈페이지나 IR 자료를 통해 많은 정보를 얻을 수 있다.

하지만 단편적인 시사점이 아닌 10년~20년 간격을 두고 시대 흐름에 따라 어떻게 변해 왔는지, 왜 그럴 수밖에 없었는지, 흐름을 거슬러 올라갔을 때는 결국 어떤 결과를 가져왔는지 역사적 발전사를 넣어 풀고자 했다. 그 안에 있는 해당 유통 기업들의 흥망성쇠는 덤이다.

넷째, 제조 기업의 유통 채널 전략과 전통적인 유통 소매 기업의 전략을 나누어 소개하였다. 제조 기업과 전통적인 유통 소매 기업은 그 업(業)의 태생과 DNA가 달라서 추구하는 전략의 색깔과 톤이 다르다. 비슷해 보이나 구별해서 보면 그 결이 다름을 느낄 수 있도록 하였다.

다섯째, 전통적인 오프라인 유통과 성장세가 무서운 온라인 유통으로 구분하여 각 유통별 성공 사례와 상호 간 진화해 가는 모습을 담고자 했다. 특히 온/오프라인 모두 다양한 업태의 기업 사례를 최대한 많이 분석하여 참고가 되도록 하였다. 전자 유통을 중심으로 풀다가 갑자기 온라인과 오프라인 유통으로 구분해 기술하는 것이 생뚱맞기는 하나 세계적 성공 사례로 쓸 전자 유통 소매 기업이 많지 않은 현실을 감안하여 다양한 온/오프라인의 유통 성공 사례를 담고자 하였다.

여섯째, 각 장별 내용과 연계해서 관련 내용을 좀 더 보충 설명하고자 각 장의 말미에 추가 'Tip'으로 내용을 보충하였으며, '[꿀팁 상식] 우리가 몰랐던 동경의 역사'라는 내용을 넣어 가볍게 읽을 수 있는 쉬어 가는 코너를 만들었다.

지난 20여 년간 유통 채널 관련 업무를 하는 한 인원으로서 국내에 유통 관련 자료와 서적이 부족함에 목말라 했다. 특히나 전자 유통과 관련해서 참고할 만한 서적이 거의 전무하다시피 한 현실에 풀 죽었던 적이 한두 번이 아니었다.

이에 전자 유통과 관련해서 첫눈 위에 발자국을 남기는 심정으로 이 책을 썼으나 조악한 필력은 쥐구멍을 찾게 하고, 빈약한 내용은 낯짝을 들 수 없게 하여 스스로 마음 불편함을 감출 수가 없었다.

행여 이 졸필을 읽으시는 독자께서 행하시는 업무나 연구, 학업에 조금이나마 도움이 된다면 더할 나위 없이 기뻐 햇볕에 낯짝을 살짝이나마 내밀 수 있을 것 같다.

술잔 기울이는 것을 좋아하여 주중에는 못 쓰고 주말과 공휴일, 설/추석 연휴, 휴가까지 가용 한 시간을 총동원하여 쓰다 보니 지난 1년여 간 가족들에게 참으로 몹쓸 짓을 하였다는 생각이 들어 참으로 송구하고 한편으로는 고맙다.

마지막으로 이 책이 만들어지기까지 렛츠북 대표 류태연님, 편집 김지인님, 디자인 조언수님, 김민지님, 마케팅 이재영님께 감사의 마음을 전하고 싶다.

2021년 4월 민승기

제6장 삼성전자의 **유통사**

제7장 **미국 베스트 바이(Best Buy)의 성공 사례**

제8장 **미국 온라인 시장의 성장과 오프라인의 역습**

제1장

일본 전자 유통을
평정하다

TV를 1엔에
판다고?

아침에 눈을 떠 대문 앞에 놓인 신문을 펼쳐 본다. 신문지 사이에 삽입된 전단지가 우수수 떨어지는데 그 가운데 대문짝만하게 'TV, PC, 캠코더 등 가전제품을 1엔에 판매합니다.'라는 전단지 문구에 눈동자가 꽂힌다. "잉? 이번에 새로 오픈하는 양판점에서 엄청 큰 이벤트를 하는구나! 그렇지 않아도 거실 외에 작은방에도 TV 한 대 더 놓을까 고민하던 차였는데, 옳지~ 잘됐다. 1엔이면 이게 웬 횡재냐~~~"

이 상황은 1996년에 일본에서 실제 일어났던 일이다.

1996년 4월, 전자제품 양판점 야마다전기(ヤマダ電機)가 토치키현(栃木県) 우쯔노미야(宇都宮)市에 우쯔노미야 東店을 오픈하면서 '오픈 기념 초특가 세일' 상품으로 즐비하게 1엔 상품을 진열했다. 대상 품목은 14인치 컬러 TV, PC, 라디오카세트, 전자레인지, 세탁기, 충전식 전기면도기 등 14개 품목이었다. 지금 봐도 갖고 싶은 제품의 목록들이다.

이 소식을 접한 소비자들은 이 제품들을 득템하기 위해 밤을 새워가며 기다렸고, 그 인원은 수백 미터의 줄로 이어졌으니 휴대폰 신제품을 사기 위해 기다리는 요즘 모습의 원조가 아니었을까 하는 생각이 든다.

물론 판매 대수는 품목당 한정되었지만 1엔이라는 가격이 가져다준 충격은 엄청난 파급을 가져왔으며, 야마다전기는 '싸다'라는 이미지를 각인시키기에 충분했다. 아무튼 야마다전기가 1엔으로 선빵(?)을 날렸으니 다른 양판점들은 난리도 아니었다.

아닌 밤에 홍두깨로 그 비싼 제품들이 1엔에 팔리면 다른 양판점 매장의 제품은 당연히 하나도 안 팔릴 것 아닌가? 더군다나 야마다전기가 싸다라고 인식되면 고객들은 야마다전기만 찾아갈 텐데, 그러면 앞으로도 매출은 크게 꺾일 것이고 잘못하면 회사가 망하겠다는 등골이 오싹한 생각이 들었을 것이다. 아니나 다를까 야마다전기의 1엔 세일에 대항하여 코지마전기(コジマ電気)를 필두로 1엔 판매를 뒤따르는 매장이 나타났다. 야마다전기보다도 20여 년이나 앞서 가전 양판점을 시작한 코지마 사장은 소위 야마다전기의 앞길을 가로막고 선 최초의 라이벌이었다. 사실 야마다전기 vs 코지마의 치열한 싸움이 사회의 이목을 집중시킨 것은 1994년 9월의 한 소송 사건에서부터였다.

코지마의 할인 영업에 대항하여 야마다전기가 '코지마의 가격보다 3% 싸게 팝니다.'라는 문구를 전단지에 게재함으로써 코지마에 반격을 한 것이다. 코지마는 실제로 야마다전기가 그렇게 파는지 가격 조사를 실시했다. 당연히 전 품목의 가격이 3% 싸지는 않았고 일부 제품에 한정되어 있었기에 고지마는 '야마다의 전단지 가격표시에 오류가 있다.'라며 4,500만 엔의 손해 배상을 청구하게 된다.

이에 대해 야마다전기는 '3%를 낮춰 주기에 가격 표시에 오류는 없다.'라며 코지마가 영업상 신용에 손상을 줬다 하여 6,000만 엔의 손해 배상 청구로 맞소송을 냈다. 싸움은 이미지 하락을 우려한 양사가 소송을 취하하고 화해를 함으로써 일단락되었으나, 대립 그 자체가 해결된 것은 아니었기에 이후에도 양사의 할인 판매 충돌은 계속되었다.

한편, 야마다전기와 코지마의 격렬한 가격 전쟁은 토치키현(栃木県) 근처에 있는 이바라키현(茨城県)에도 불똥이 튀었다. 이바라키현 미토시(水戸市)는 가전 양판점 카토덴키(カト-デンキ販賣, 現 K'S 홀딩스)의 본거지이다.

카토덴키는 비간섭 주의를 표방해 타지방으로의 출점에는 관심이 없었는데, 카토덴키의 본거지인 미토시(水戸市)에 고지마가 출점함에 따라 살아남을 자구책으로 할인 경쟁에 참전하게 된 것이다.

카토덴키도 야마다전기와 고지마처럼 선착순 10명에게 컬러TV를 1엔에 판매하는 세일을 시작했다. 이렇게 해서 기타칸토(北關東) 지구라고 불리는 군마현에 본사를 둔 야마다전기, 토치키현의 고지마, 이바라키현의 카토덴키 3사를 중심으로 치열한 할인 전쟁이 반복되었다. 이 할인 전쟁이 일본에서는 그 유명한 '북관동의 YKK 전쟁(Yamadadenki, Kojima, Katodenki의 각사 이니셜)'이라 불린다.

일본의 북관동 지역 지도

나중에 K'S 홀딩스의 사장이 된 카토 슈이치(加藤修一)는 1엔 세일 등 원가 파괴를 각오한 할인 전쟁은 원래 반대했으며, 그러한 가격 경쟁에 참가하게 된 것은 본의가 아니었다고 회고한 바 있다.

즉, 어쩔 수 없이 휘말려 가격 전쟁을 하게 되었다는 뜻인데 경쟁사에서 1엔에 팔 때 대응을 안 하면 고객을 잃을 것이고, 대응하면 적자는 보겠지만 싸게 판다라는 회사 이미지는 얻을 수 있으니 어찌 대응하지 않을 수 있었겠는가? 이 가격 전쟁은 결국 공정 거래 위원회에서 관여하게 되어 일단락되었다. 그렇다면 이 전쟁의 승자는 과연 누구일까? 먼저 양판점 입장에서 보자.

TV를 1엔에 팔려면 그 가격보다 더 싸게 매입해 와야 한다. 그러나 그런 일은 불가능하기에 회사가 이익을 내기 위해서는 할인 판매로 적자가 난 부분을 다른 제품에서 만회해야 한다. 다시 말해 진짜로 싸게 팔 수 있는 다른 제품을 비싸게 판매할 수밖에 없다. 그럼 고객은 어떨까?

1엔에 사는 선착순 몇 명을 제외한 고객 대부분은 제품을 비싸게 사게 된다. 그러나 1엔에 산 선착순 고객들 중에도 재판매를 통해 이득을 얻을 목적으로 사는 사람도 있기 때문에 순수 소비자가 얻을 수 있는 혜택은 얼마 안 된다고 봐야 한다.

그럼 제조 메이커는 많이 팔리니 좋아할까? 그렇지도 않다. 매장이 새로 오픈하면 판매하는 유통 파이프 라인이 많아져 좋을 수 있지만, 제품의 판매 가격이 1엔이라는 극단적인 가격이 되면 타 유통 채널에서 우리도 그 가격에 달라고, 왜 우리는 차별하냐고 클레임이 들어올 것이다. 물론 메이커는 그렇게 낮은 가격에 주지 않았지만….

또한 타 유통 경로에서는 상대적으로 판매가 위축될 우려가 있기에 메이커 입장에서는 극도로 꺼리는 케이스에 해당한다. 즉, 초저가 판매를 둘러싼 모든 이해 당사자들 모두 손해를 보는 게임이다. 매스컴만 호떡집에 불난 상황(?)을 실황 중계하듯 가십거리로 내보내기에 딱 좋은 호재였을 뿐이다.

YKK(Yamadadenki, Kojima, Katodenki)

ヤマダ電気(Yamadadenki)

야마다전기(ヤマダ電気)는 야마다 노보루(山田 昇)氏가 1973년 군마현(群馬県前橋市)에서 야마다電化센터(ヤマダ電化センタ)로 창업하였다.

YKK전쟁 등 치열한 경쟁을 하였고, 대형 점포 출점의 규제 완화에 힘입어 로드 사이드 매장 형태(테크랜드)와 도심형 대형 매장(LABI)을 구성하는 등 업계 1위의 기업으로 도약하였다.

コジマ電気(Kojimadenki)

코지마전기(コジマ電気)는 코지마 카쯔헤이(小島勝平)氏가 1955년 토치키현(栃木県)에 본사를 창업한 히타찌(日立)社 계열의 전기점(한국의 대리점)을 전신으로 하는 가전 양판점이다. 일찍이 가전 양판점으로 출발해 창업 때부터 할인 영업을 무기로 급성장하였다. Low-Cost 경영으로도 야마다전기보다 빨리 업계에 정착했음은 물론이다.

カト-デンキ販賣(Katodenkihanbai)

1947년 카토 카오루(加藤馨)가 라디오 수리 등을 하는 카토덴키상회(加藤電気商会)를 이바라키현에서 창업하였다. 2020년 현재 9개의 자회사와 프랜차이즈 가맹점으로 구성되어 있으며, 20년 3월 결산 7,082억 엔, 영업 이익 330억 엔(영업 이익률 4.7%)의 실적으로 일본 가전 양판점 실적 4위에 랭크되어 있다.

생각지도 못한
나비 효과

나비의 날갯짓처럼 작은 변화가 폭풍우와 같은 커다란 변화를 유발시킬 수 있다는 것이 그 유명한 나비 효과(Butterfly effect)이다.

야마다전기와 고지마가 일으킨 초저가 할인 판매 경쟁은 그들만의 문제로 끝나지 않고 일본 열도 전체에 지각 변동의 결과를 가져오는 트리거 역할을 하게 된다. 북관동 지역의 초할인 전쟁에서 시작된 고지마와 야마다전기는 전국적인 점포망 확대를 계속 이어 갔다. 이러한 전국 출점 러시는 각 지역에 초할인 전쟁을 일으켰고, 그때까지 안정되어 있던 기존 가전 판매 질서가 여지없이 파괴되는 상황으로 변했다.

1990년대 당시의 일본 전자 유통의 채널을 보면, 각 메이커 제품을 중점적으로 취급하는 메이커 계열점, 동경의 아키하바라(秋葉原)와 오사카의 니혼바시(日本橋) 등의 전자 상가, 그리고 가전 양판점이 대부분을 차지하였다. 야마다전기와 고지마의 전국 점포망 확대 및 초할인 전쟁으로 인해 전자 상가는 그때까지의 최대 무기였던 염가 판매 방식이 초할인 가격 앞에 매력을 잃게 되었고, 그에 대항하면 경영이 악화되는 딜레마에 빠지게 되었다.

이로 인해 아키하바라(秋葉原)와 니혼바시(日本橋)로 대표되는 일본의 전자 상가는 지금에 이르러서는 완전히 몰락하였고, 그 자리에 애니메이션이나 게임 소프트웨어 등을 파는 점포들로 교체되어 이젠 예전의 전자 전문 상가로서의 영광은 전혀 찾아볼 수 없게 되었다. 또한, 이는 가전 양판점들도 마찬가지 상황이었다.

오사카의 니혼바시(日本橋), 동경의 아키하바라(秋葉原)

초할인 가격 싸움에 여력이 없는 중소형 가전 양판점들은 도산 및 타사에 흡수 합병되는 케이스가 속출하였고, 가전제품의 매입 단가를 낮추기 위해 합종연횡으로 몸집 불리기가 심화되었다. 심지어는 라옥스(Laox)와 같은 업계 상위였던 양판점조차 중국 기업에까지 매각되는 수모를 겪게 되었다. 하지만 백미는 역시 각 메이커의 계열점이었다.

계열점은 '파파마마샵'으로 불리는 전자 메이커의 대리점이었는데, 점주 대부분이 50대 이상의 초로(初老) 부부로 평균 9평의 직고 영세한 가게를 운영하기에 붙여진 애칭이다. 영세하다 보니 유동 인구가 많고 임대료가 비싼 대도시 중심권에서는 운영을 못 하고 지방 마을에서 단골 고객을 대상으로 장사하였으며, 고객들도 나이 드신 분들이 많았다. 연로한 고객들은 혼자서 형광등 교체라든가 수도 수전 교체, 두꺼비집 퓨즈 교체 등을 할 수가 없어 친근한 파파마마샵에 요청하는 경우가 자주 발생하였고, 이를 손봐 준다거나 자질구레한 요청을 들어주면서 고객이 필요로 하는 가전제품들을 판매하며 근근이 연명해 온 매장들이었다.

우리가 음료수를 산다고 해도 동네 슈퍼에서 살 때보다 코스트코 등에서 박스로 대량 구매하면 더 싸게 살 수 있듯이 양판점들은 대량 구매로 매입 단가를 낮출 수 있었으나, 이러한 파파마마샵은 그럴 수가 없어 매입 가격이 상대적으로 높았기에 대형 양판점의 초할인 격전은 이들에겐 고래 싸움에 새우 등 터진 꼴이었다.

이러한 연쇄 파급 효과는 전국 시대와 같은 일본 전자 유통의 재편을 가져오게 하는 결과를 초래하게 되었다.

야마다전기(ヤマダ電機)의
창업과 성장

　이단아와 같은 야마다전기의 성장은 다른 가전 유통사들의 합종 연횡을 불러와 일본 국내 전자 유통의 메가 재편을 추진되게 하였다. 1980~2000년대를 걸쳐 일본 전자 유통 전국시대를 평정해 온 야마다전기. 2020년 3월 결산기 매출 16,115억 엔(한화 약 18조 원), 영업 이익 383억 엔(이익률 2.4%)으로 야마다전기는 어떻게 일본에서 전자 양판점 1위가 되었을까? 2위인 BIC Camera의 매출 8,970억 엔을 거의 2배로 따돌리는 압도적인 매출을 보여 주고 있다. 1997년 매출 1,000억 엔, 2005년에 일본 양판점 중 최초로 1조엔 매출 달성, 2010년도에는 다시 그 두 배인 2조 엔을 돌파하고 현재는 해외 매장도 출점 중이다.

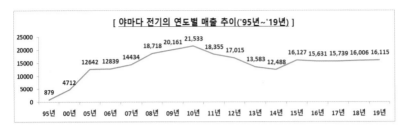

[야마다 전기의 연도별 매출 추이('95년~'19년)]

※ 야마다전기 그룹의 IR 자료를 바탕으로 그래프 작성(단위: 억 엔)

　야마다 노보루(山田昇) 회장은 3할의 Market Share를 목표로 하는데, 3할이라 하면 가전 Maker 측에서는 가전 양판점 측의 요구를 원하는 대로 들어줄 수밖에 없는 압도적인 수치라 할 수 있다. 미국 최대 가전 양판점 업체인 베스트 바이조차 업계 Market Share가 25% 정도일 뿐이었다. 가전 양판점에 그다지 관심을 갖지 않는 사람에게는 야마다전기라고 하면 잘 모르거나 혹은 관심이 있는 사람이라 해도 '아아… 상품을 염가 판매하는 매장….' 정도의 느낌밖에는 없을 것이다. 그러나 그렇게 느낀 사람이라도 구체적인 숫자를 알면 경악한다.

　예를 들면 백화점업계 1위 그룹인 미쯔코시 이세탄(三越伊勢丹) 홀딩스의 한창 잘 나갈 때의 매출이 1조5000억 엔 수준으로 야마다전기에 못 미쳤다. 이것을 극적으로 말해 주는 것이 JR이케부쿠로(池袋)역에 있는 미쯔코시 이케부쿠로점의 폐점이다. 미쯔코시 이케부쿠로점은 2009년 5월에 폐점하며 그 자리에 야마다전기가 2만5000㎡ 면적의 도시형 대형 점포 'LABI'를 2010년에 개장하게 된다. 그때까지 최대 규모였던 LABI1 다카사키(高崎)점의 약 1만9800㎡를 상회하는 이 거대 점포는 빅카메라의 본거지인 이케부쿠로 본점의 정면에 위치하게 된 것이다.

2020년 10월 현재 야마다전기의 LABI 매장만 19점으로 공격적인 출점을 계속하여 왔다. 그렇다면, 이렇게 일본 가전 유통의 초저가 할인 판매 경쟁을 일으키며 일본열도 전체에 전자 유통의 지각 변동 결과를 가져온 야마다전기는 어떻게 일본 전자 양판점 1위에 오를 수 있었는지 그 히스토리를 살펴보자.

LABI 신주쿠 히가시구치점(東口店)

신주쿠(新宿) LABI 東口館 폐점

동경 신주쿠(新宿) LABI 東口館을 2020년 10월 4일 자로 폐점했다. 폐점 이유는 2020년 6월부터 본격적인 가전제품 판매를 개시한 자회사 오츠카가구(大塚家具)의 신주쿠 쇼룸과의 자사 경합 해소를 위해서이다. 다만, LABI 신주쿠(新宿) 西口館은 유지한다. 'LABI'가 폐점하는 것은 2015년 5월 미토점(水戶)에 이어 두 번째이다.

1) 창업에 도전하다

1943년 2월 11일 미야쟈키현(宮崎県) 사도와라마치(佐土原町, 지금의 宮崎市 佐土原町)에서 태어난 야마다전기의 창업자 야마다 노보루(山田昇) 회장. 고교 졸업 후 동경으로 상경하여 치요다(千代田) TV 기술학교 TV 전수과에서 컬러 TV의 기술을 배우게 된다. 이 학교는 정식 교육 기관은 아니고 기술을 가르치는 전문 학원이었다. 컬러 TV는 당시 가전제품 중 최첨단의 기술이 집적돼 있어 그런 기술을 습득하는 것은 가전제품 전반을 통달한다고도 볼 수 있었다. 컬러 TV 보급의 계기가 된 동경

올림픽이 1964년에 있었는데, 치요다 TV 기술학교에 입학한 해이기도
해 시대의 변화와 흐름을 보다 빨리 읽어 내는 선견도 있었던 것 같다.

야마다氏는 그 후 일본 Victor社에 입사했다가 1973년 5월 마에바시市
소자마치(前橋市 總社町)에 마쯔시타전기(松下電器産業, 이하 마쯔시타로
통칭함)의 계열점, 소위 말하는 내쇼널샵 '야마다電化센터'를 창업했다.

그때 야마다氏의 나이는 30세로 동네 전기점(일본의 메이커 계열점은 가
전제품 판매뿐 아니라 간단한 전기 기구 판매, 가전 수리 서비스 등 전파상 같
은 업무도 병행하였기에 동네 전기점이라는 별칭으로도 칭함)을 운영하였는
데, 가게가 8평으로 너무 좁아 매장에 진열할 공간이 없어 방문 판매로만
팔아야 했다.

야마다전기의 첫 번째 점포

※ 야마다전기 홈페이지 인용

보다 치밀하게 고객을 만들어 나갈 필요가 있었기에 야마다氏가 생각해 낸 것이 반경 수 킬로미터에 걸친 '롤러 작전'이었다. 해당 범위 내에 있는 가정 모두를 이 잡듯 샅샅이 고객화하는 것이다. 당시 컬러 TV는 진공관을 사용한 브라운관 TV였다.

진공관은 소모품으로 TV를 장시간 보면 성능이 저하되는데 이는 당연히 TV의 수리를 필요로 하게 되고 야마다氏는 무료로 수리해 주었다.

동경에서 컬러 TV라고 하는 최첨단 기술을 배운 야마다氏에게 있어 가전제품의 수리는 자신이 있었다. 특히, 컬러 TV의 수리가 가능하다면 세탁기나 냉장고 등 다른 가전제품의 수리는 상대적으로 쉬울뿐더러 컬러 TV를 수리할 수 있는 전기점이 당시 마에바시市에는 거의 찾아볼 수가 없었다.

TV의 수리가 필요하게 된 가정에서는 야마다氏의 무료 수리를 대환영했다. 야마다氏는 고객 집에 방문할 때면 TV 수리와 함께 그 가정에서 사용하고 있는 가전제품을 관찰했다. 제품이 오래되거나 필수 가전제품이 없으면 판매할 기회가 생기며, 또한 고가의 에어컨이 방에 부착되어 있다면 그 가정의 생활은 여유가 있다고 판단할 수 있기에 가전제품을 구입할 가능성이 있는 소중한 고객을 찾은 것이다. 그 이외에도 집안의 생활 수준, 가족 구성, 수입 등을 추정했다. 그러한 정보를 TV 수리 작업이 끝날 때마다 고객 수첩에 기록해 두었고, 이것이 후에 소중한 고객 명부가 되어 야마다氏의 재산이 되었다.

이리하여 야마다氏의 건실한 노력은 개업 1년 만에 목표 연 매출의 2배를 달성하게 되었고, 다음 해 1974년 5월에 개인 경영이던 야마다電化 센터를 법인 조직으로 변경하여 '유한 회사 야마다전기'를 탄생시켰다. 5

년 후 야마다전기는 연 매출 6억 엔, 5개 점포를 두는 우량 내쇼날샵으로 성장했다. 예전에 샐러리맨으로 고용되었던 입장에서 이제는 사람을 고용하여 관리하는 입장이 된 것이다.

2) 양판점으로 전환하다

불과 5년 사이에 5개의 점포로 확장시키는 등 순조롭게 보였던 야마다전기의 경영에 먹구름이 보이기 시작한 것은 1980년대에 들어서다. 신뢰하여 가게를 맡겼던 우수 점원이 차례차례로 야마다전기를 그만두고 독립해서 자신의 가게를 차린 것이다. 그리고 그들이 점장으로 있으면서 지점의 우수한 고객을 그대로 자신들의 가게로 데리고 갔다.

탈 샐러리맨을 통해 전기점을 시작한 야마다 대표는 자신과 똑같은 길을 걷고자 하는 그들을 잡을 수가 없었다. 그 결과 인근에 우수한 라이벌 전기점이 계속 생겨나기 시작해 야마다전기의 각 점포의 매출에 심각한 영향을 주기 시작했다. 8평짜리 계열점 수입의 가장 큰 부분은 방문 판매를 통한 가전제품의 판매였다. 그러나 방문 판매의 성패는 점원 개인의 역량에 의해 크게 좌우되었다.

우수한 점원과 그렇지 못한 점원이 똑같은 방문 판매를 한다 해도 그 결과의 차이는 무척 컸다. 우수한 점원을 잃는다는 것은 곧 매출이 곤두박질친다는 의미와 같았다. 본점의 영업으로 바쁜 야마다 대표에게는 지점을 돌아다니며 점원을 교육하고 간부를 육성할 여유가 없었다. 그러나 그대로 방치해 버리면 방문 판매로서는 경쟁 매장을 이길 수가 없어 지점의 경영은 악화일로를 걸을 수밖에 없었다.

이에 경영자로서 야마다 대표는 자신의 손이 미치는 본점만을 남기고 지점은 전부 손을 떼기로 한다. 지점은 폐업 또는 매각되었다. 그리고 지점이 가지고 있던 재고를 전부 본점으로 모았고, 이 때문에 본점은 가전제품으로 넘쳐 나 있었다. 대량의 재고를 앞에 두고 야마다 대표는 고민했다. 하루라도 빨리 재고를 처분하지 않으면, 가게에 산더미처럼 쌓여 있는 가전제품으로 인해 본점의 영업에도 큰 지장을 주기 때문이었다.

하지만 종래의 방문 판매 방법으로 각 가정을 돌아다니며 판다면 언제 다 팔 수 있을지 알 수가 없었다. 거기에서 야마다 대표는 결심을 하게 된다. '전 품목 20% 할인 세일' 전단지를 만들어 고객 수첩에 있는 핵심 고객 위주로 배포한 것이다. 지금으로 말하면 '창고 개방 재고 대처분 세일'을 단행한 것이다. 물론 야마다 대표에게 있어서도 처음 있는 일이었다.

야마다 대표라고 해도 채산이 맞아 20% 할인 세일을 했겠는가? 그러나 세일을 시작하자마자 믿을 수 없을 만큼 많은 고객이 본점으로 쇄도해 재고는 날개 돋친 듯 팔려 금방 절품이 되었다. 고객 대부분은 배포한 전단지만을 보고 일부러 본점까지 발길을 옮겨 준 고객들이었다. 그 모습을 가까이서 본 야마다 회장은 큰 쇼크를 받았다.

나중에 야마다 회장은 그 당시의 마음을 매출 1조엔 달성을 기념해 제작한 비디오 〈夢, 熱情, 挑戰〉에서 "아키하바라(동경의 전자 상가)라든가 니혼바시(오사카의 전자 상가)는 도회지라서 잘 팔린다고 생각했다. 나머지는 방문 판매만 있는 줄 알았고 이곳 북관동 지방에서는 그런 혼매 영업은 없었다. 나중에 알았지만, 홋카이도에서 큐슈까지 혼매점(양판점)은 이미 존재하고 있었던 것이다."라고 술회하였다.

당시 제조 메이커 계열의 전기점은 계열 가전이라 불리는 판매 회사(도매상)의 유통 루트를 통해 상품을 매입하고 있었다. 소위 제조 메이커의 지배가 강한 시대였다. 정가보다 할인된 가격을 통해 재고 일소의 맛을 본 야마다 대표는 할인 판매를 두 번, 세 번 계속하게 되었다.

메이커의 지시대로 정가 판매를 하고 있는 주변 동종 업계의 가게는 고객을 야마다전기에 빼앗기게 되었고, 그들은 메이커에 이러한 사정을 읍소하였으며 메이커는 이러한 그들의 소리를 모른 척할 수가 없었다.

메이커측은 야마다전기에 잘 팔리는 제품을 주지 않거나, 그 양을 줄이는 압력을 가했다. 그래도 야마다 대표는 할인 판매를 그만두려 하지 않았다.

오히려 계열점임에도 불구하고 마쯔시타 이외의 메이커나 현금 판매 도매상 등 정규 루트 이외의 매입처를 찾아 나섰다. 이렇게 독자적으로 매입처를 개척해 상품 구색을 갖추려 노력한다는 것은 종래의 메이커 계열에서의 이탈을 의미한다.

메이커 지배력이 강한 당시의 야마다 대표의 행동은 어떤 의미에서는 올바른 행위라고 할 수는 없었다. 메이커에게 반기를 드는 듯한 모습으로 계열에서 떨어져 나온다는 것은 마쯔시타 이외의 다른 메이커에게 있어서도 용인될 수 있는 것이 아니었기 때문이다. 다시 말해 야마다전기의 문제는 다른 메이커에게 있어서 '내일은 나의 일'이 될 수도 있기 때문이었다. 그러한 리스크를 안고서라도 야마다 대표가 전속 계열점에서 혼매점(양판점)의 길을 선택해 가려고 한 것은 종래의 가전 판매의 방법에 한계를 느꼈던 이유가 클 것이다. 1982년에 야마다 대표는 같은 지역 군마현 타카사키시(高崎市)에 2호 양판점을 오픈시켰다. 계열점에서 이탈하는 야마다전기와 계열 메이커의 대립은 점차 확연해졌다. 그러나 야마다전기가 대량으로 상품을 판매하는 한 메이커 측에서도 압력만 가할 수는 없었다. 마쯔시타 이외의 메이커는 겉으로는 마쯔시타의 압력에 동조한 듯하지만, 뒤에서는 야마다전기와의 거래 확대를 원했다. 즉, 매출이 커지니 야마다전기에 자사 제품의 판매 확대를 요구하기 시작한 것이다. 야마다전기 입장에서는 매출 볼륨이 커지면 바잉 파워를 구사할 수 있기에 역설적이게도 저가 판매로 인한 매출 증가가 메이커 간섭으로부터 탈출할 유일한 무기이자 최대의 존재 가치가 된 것이다.

3) 경쟁사와는 다른 방식으로 자금조달

야마다전기가 다른 지역으로 처음 출점한 것은 1985년에 오픈한 사이타마현(埼玉県) 후카타니시(深谷市)의 '후카타니' 매장이다. 이곳을 시초로 야마다氏는 다점포 출점을 전개하려 했으나, 매장 출점에 필요한 자금을 은행에서 융자해 주려 하지 않았다.

그 이유는 은행에 제출할 담보물이 아무것도 없었기 때문이다. 당시 다이에(ダイエー)와 같은 대형 종합 슈퍼(GMS, General Merchandise Store) 등을 비롯하여 전국 출점을 전개하고 있던 슈퍼마켓들은 특별한 사정이 없는 한 출점 예정지를 매수하고, 점포도 자사가 직접 지을 것인지 살 것인지를 고민하던 때였다. 다시 말해 출점할 때 토지, 건물은 자가 부담이 원칙이었던 것이다. 그리고 차기 출점을 할 경우 보유하고 있는 토지와 건물을 남보로 은행에서 융자를 얻어, 토지 매수와 점포 신축 등의 출점 비용에 충당했다. 이것을 반복함으로써 필요한 출점 비용을 마련하여 다점포 전개를 가능하게 했던 것이다.

그러나 야마다씨는 비용을 줄이기 위해 출점 예정지를 매수하지 않고 임대하여 출발했다. 확실히 임대가 초기 투자비가 적게 들어 다점포 전개를 가속시킬 수 있는 메리트가 있었다. 토지신화가 살아 있던 당시의 일본 상황에서 무엇보다 담보가치 부동산이 없는 이상, 야마다전기에게 융자해 줄 금융 기관은 어디에도 없었던 것이다.

야마다氏는 은행의 융자는 포기하는 대신 대기업 증권 회사의 조언을 받아 시장으로부터 직접 자금을 조달하는 길을 선택한다. 1989년 3월, 야마다전기는 일본증권업협회 동경 지구에서 주식을 상장했다. 야마다전기는 상장한 다음 해인 1990년부터 스위스 프랑 표시의 전환 사채를 수회에 걸쳐 발행하고, 그 자금을 기반으로 다점포 전개를 추진하게 된다.

야마다전기(ヤマダ電機)의 체질 개선

1) 버블 경기 붕괴로 실력이 드러나다

야마다전기는 초특가 가격 판매를 주 노선으로 성장해 왔다. 언제부터 야마다전기는 그토록 초특가 판매가 가능한 체질을 만들었을까? 시행착오 없이 처음부터 잘해 온 것이었을까? 모든 양판점이 똑같은 고민을 하며 경쟁하고 있는데 누구는 그걸 체질화하고, 누구는 도태되어 역사의 흔적에만 남게 되는지 살펴볼 필요가 있겠다.

버블 경기(1985년 12월~1990년 2월)에 끓어오른 일본 경기는 1990년 2월에 주식 대폭락을 계기로 하강 곡선을 그리기 시작하여 장기간 불황을 겪게 된다. 즉, 물건이 팔리지 않는 시대가 도래한 것이다.

야마다전기는 계열점에서 양판점으로 전환했다고는 하지만 버블 경기 당시는 현재와 같이 초특가 판매를 힐 정도로 본격적인 시동을 걸지는 않았었다. 가전 메이커의 영향력이 강한 당시 가전제품에는 메이커가 지정한 정가(正價)가 있어 그 가격보다 다소 싸게 파는 데에 그쳤다. 버블 경기 시대에 가전제품은 가격이 비싸도 잘 팔렸으며, 고객은 수리보다 새로 하나 장만하기를 원했다.

소위 아무것도 안 해도 팔리는 시대였다. 야마다전기도 그런 환경에 안주했었다. 그런 야마다전기에 직격탄을 날린 것이 두 가지인데 하나는 버블 경기의 붕괴이고, 다른 하나는 1992년의 「대규모 소매 점포에 대한 소매업의 사업 활동 조정에 관한 법률」(약칭 大店法, 이하 대점법으로 통칭함)이었다. 버블 경기 시기에는 아무것도 안 해도 팔렸던 시기이기에 엄격한 경영을 각오했던 당초의 긴장감과 위기감을 잃어 판매 관리비가 20%를 넘는 High-Cost 체질이 되어 버린다.

하지만 버블 경기의 붕괴로 인해 가격이 비싸면 안 팔리는 시대가 되다 보니 야마다전기의 판매 상품은 가격 경쟁력을 잃음과 동시에, 규제되어 있던 대형 점포의 출점이 완화되어 경쟁 대형 가전 양판점의 출점 공세를 받게 된 것이다. 즉, 야마다전기는 내우외환의 한가운데 던져진 꼴이 되었다.

그런 난국을 넘어서기 위해서는 그때까지의 High-Cost 체질을 개선함과 동시에 타사의 공세에 대항할 충분한 조치를 강구하지 않으면 안 되었다. 판매 관리비라는 것은 정확히 말하면 '매출 판매 관리 비율'을 말하는데, 소매업에 있어서 업무의 효율을 측정하는 지표 중 하나이다.

매출에서 차지하는 판매 관리 비율의 추이를 통해 비용을 억제해 이익을 올리려는 경영 노력을 해당 기업이 어느 정도 하고 있는가를 측정할 수 있다. 판매 관리비는 판매비 및 일반 관리비를 나타내는데 판매를 위한 비용(광고 선전비, 판매 수수료 등)과 기업 전체를 운영하는 데 필요한 일반 관리비(인건비, 토지 건물의 임대료, 광열비, 복리 후생비, 교제비, 여비 교통비 등)로 구성되어 있다.

후자는 매출과 관계없이 고정비가 되는 경우가 많다. 매출에서 원가를 뺀 것이 매출 이익인데, 거기서 판매 관리비를 빼면 실제 벌어들인 영업 이익이 된다. 판매 관리비가 늘면 당연히 영업 이익은 감소한다. 초저가 판매를 하면서 이익을 확보하려면 판매 관리비를 철저히 억제해야 할 필요가 있다. 그것이 Low-Cost 경영의 기본이다.

다른 대형 가전 양판점의 판매 관리비도 20%~22% 수준이었던데 반해, 당시 고지마는 12%~13% 수준이었다. 경비가 증가하면 수익을 압박하게 되고, 할인을 광고 문구로 하는 이상 이익 확보를 위해서도 할인율을 낮추는 행동은 할 수가 없어진다. 경쟁사가 초저가로 돌격해 오면 고객을 빼앗길 뿐이기 때문이다.

야마다전기가 적어도 Low-Cost를 목표로 하고 가격 경쟁력을 되찾아 오기 위해서는 고지마와 같이 판관 비율 10%대는 필수였다. 야마다전기의 본사가 있는 군마현(群馬県)과 인접한 토치키(栃木)현에 본사를 둔 고지마는 타사를 압도하는 초특가로 한판 승부를 하고 있었다. 당연히 고지마의 경쟁력은 야마다전기는 물론 타사와 비교해도 발군의 실력이었다. 특히 1992년은 대점법(大店法)이 개정되어 대형 양판점들이 전국 전개를 목표로 대소비 지역인 동경 및 수도권에 진출을 노리고 있었던 시기였다.

그 발판으로 강력한 양판점이 없었던 북관동(군마현, 토치키현, 이바라키현)지구, 특히 가전 양판점의 공백 시내였던 군마현(群馬県)은 유력 가전 양판점이 군웅할거(群雄割據) 하는 상태가 되어 소위 고지 쟁탈전의 양상을 띠었다.

1994년도에 고지마는 야마다의 본거지인 군마현에 진출해 압도적인 초특가를 무기로 야마다의 고객을 빼앗은 유일한 회사였기에, 야마다전기는 살아남기 위해 상품 구성과 가격을 하나하나 다시 검토해야 했다. 1990년대 초반, 버블이 붕괴된 이 시기는 가전 양판점으로 전환한 야마다전기에게 목숨을 건 최초의, 최대의 시련기라 볼 수 있었다.

1990년대 주요 양판점의 매출 현황

(億円)

구분	1991년	1993년	1995년	1997년	1999년	2001년
BEST	2,107	2,004	2,384	2,556	2,646	3,686
DeoDeo	1,610	1,462	1,833	2,058	2,039	2,347
上新電機	2,026	1,956	2,295	2,248	2,392	2,379
LAOX	934	949	1,262	1,417	1,542	1,798
고지마	938	1,235	2,264	3,016	3,664	4,960
야마다전기	331	467	879	1,620	2,428	5,609

※ 당시 각사 발표 자료

2) 피나는 노력

1991년 버블 붕괴이후 우상향의 성장은 기대할 수 없었다. 1991년부터 현재까지 계속 디플레이션 시대이기에 보통의 생활자에게는 그럭저럭 가성비의 만족감을 줄 수 있는 기업이 인정받게 되었다. 야마다전기는 '최저가 일본 1위로의 도전'을 기치로 한 고지마와의 북관동 싸움에서 현격한 격차를 느낀 후 초저가 판매 경쟁의 플레이어가 되기 위해 물류 시스템의 재구축, 新 POS 시스템의 도입 등 이길 수 있는 체질로 철저히 변화를 추구하였다. 야마다전기가 당시 고지마와의 초저가 경쟁에서 이길 수 없었던 이유는 판관비가 12% 정도인 고지마에 비해 20% 수준으로 너무 높았기 때문이었다. 야마다전기는 이러한 상황을 인식하고 죽을 각오로 2년 내 체질을 개선한다는 목표로 노력하였다. 상품 구성과 가격부터 다시 세팅하고 그에 더해 인력 배치, 매장의 Scrap & Build의 출점 전략도 추진한다. 그 자세한 내용을 살펴보자.

① 인력 효율화

High-Cost 원인 중 하나는 인건비였다. 물론 인건비를 줄이기 위해서는 인력 감축이 빠른 방법이며 효과도 즉시 나타난다. 그러나 가전 양판점 비즈니스는 매장에서 고객에게 상품을 설명하고 권유해서 판매한다는 의미에서 하나의 서비스업, 즉 노동 집약형 산업에 해당한다.

단순히 사원만을 줄이는 것은 사업에 지장을 줄 뿐이다. 이에 야마다전기는 매장의 레이아웃부터 재검토해서 각 층의 인원을 줄여도 판매에 영향을 주지 않으면서 판매 효율을 올릴 수 있는 시도를 한다. 예를 들면 매장 내 한가운데에 계산대를 두고 사방으로 매장을 둘러 볼 수 있는 동선(動線)을 만든 것이다. 계산대에 있는 직원은 매장 전체의 상황을 알 수 있으며, 구매 고객의 움직임도 자연스럽게 매장 동선으로 이어져 종래의 점원을 줄여도 가능하게 되었다.

다만, 저자가 보기에 이 방법이 반듯이 접객의 최선이라고는 생각되진 않는다. 그 이유는 고객이 매장에 들어올 때부터 고객 Care가 되어야 하는데 계산대 지원은 고객 Care에 한계가 있기 때문이다. 아무튼 비용 효율화 측면에서 야마다전기는 최대한의 차선책을 선택한 것으로 보인다.

② 물류 최적화

　다음은 물류 시스템의 최적화에 착수한 것이다. 당시 야마다전기는 각 점포에 물류 센터를 두고 있었다. 그 유지 관리비만도 월 약 2천만 엔 정도가 들었다고 한다. 비용 절감에 부심한 야마다는 제조 메이커가 현(県) 단위에 보유하고 있던 물류 센터에 주목했다. 메이커 각 사의 물류 센터는 계열점에 상품을 배달하기 위한 조직이었으나, 그것을 야마다전기의 각 매장과 온라인으로 연결한다면 자사의 물류 센터는 굳이 없어도 상관없게 될 거라 생각한 것이다.

　야마다전기는 타 양판점보다 빨리 1986년에 POS(Point Of Sale, 매장의 판매 시점 정보 관리) 시스템을 도입하고 있었다. 거기에 종래의 POS 시스템을 개량해 점포의 적정 재고가 줄어들면 메이커의 물류 센터에 자동적으로 발주하는 시스템을 개발한 것이다.

③ 반품 불가 조건의 매입

　남보다 대량으로 상품을 매입하면 메이커로부터 매입 단가를 낮출 수 있다. 그러나 타사도 똑같이 대량 매입을 하면 결정적 가격 경쟁력을 갖는다고 할 수가 없다. 그래서 야마다전기는 반품이 가능한 종래의 매입 방법을 바꿔 '반품 불가' 조건을 전제로 매입 가격을 대폭 내릴 것을 메이커에 종용했다. 메이커의 입장에서는 반품의 리스크가 없어지면 재고의 공포로부터 해방되기에 야마다의 제안을 받아들였다. 당시 거래 관행은 판매하다 남은 재고는 메이커에 반품하는 것이 기본이었다.

　'반품 불가' 조건은 메이커에게는 매력적인 제안으로, 이를 받아들이는 것은 어쩌면 당연하다고 하겠다. 야마다가 '반품 불가' 조건으로 매입한 이상 상품을 어떻게 해서든 팔아야만 하는 부담을 안게 되었으며, 이는 결국 판매력의 향상에 더 매진하게 되는 계기도 되었을 것이다.

④ 새로운 형태의 매장 출점

야마다전기는 매장의 철수 및 신설(Scrap & Build)을 위한 출점 전략을 준비하면서 새로운 형태의 매장 방식을 고민했다. 1992년 대점법이 개정되었기에 대형 매장 출점이 가능해졌기 때문이다. 이 법은 3,000㎡(약 900평) 이상의 대형점에는 규제를 강하게 하고, 500㎡(약 150평)~3,000㎡(약 900평) 미만은 규제가 상당히 약하게 바뀐 것이다. 이에 따라 '필로티 방식'이라 불리는 새로운 점포를 개발하였다. 점포의 1층은 주차장이고 2층 이상은 매장이다.

야마다전기는 반경 8km, 인구 30만 명의 상권에 신규로 출점할 경우 반드시 이러한 필로티 타입의 교외형 매장에 테크랜드(Tecc Land)라는 이름을 붙여 오픈하였다. 'Total electronics community Land'의 머리글자를 따 만들었는데, 테크랜드는 점포 면적 450평(1,485㎡)에서 약 900평(3,000㎡) 규모의 대형점으로 가전제품과 IT 관련 제품을 50%씩 할인 판매함으로써 가전에서 멀티미디어까지 다양한 상품 구색을 갖춘 매장이다.

야마다전기의 유통 전략은 시사점이 많아 다음 장에서 별도로 세부적으로 풀어 이야기하고자 한다.

3) 대점법이 준 위기와 기회

대점법은 대규모 소매점의 소매 사업 활동 조정에 관한 법률(1973년

10월 1일 법률 제109호)과 대형 소매점의 상업 활동 조율을 행하는 일본의 법률이다. 소비자의 이익 보호를 배려하면서 대규모 소매점 사업 활동을 조율함으로써 주변 중소 소매업체의 사업 활동 기회를 적절하게 보호하고, 소매의 정상적인 발전을 도모하는 것을 목적으로 하였다.

1960년~1970년대 백화점과 다이에(ダイエー)와 같이 급성장하는 대형 종합 슈퍼 등의 출점 증가로 인해 인근 소규모 영세 상인의 매출 하락 등 지역 사회의 반발이 거세지자 이를 완화하기 위해 일정 면적 이상의 소매점의 신·증설을 규제하고, 영업에도 다양한 조건을 내걸기 시작한 것이 대점법의 시작이었다.

한국도 1990년대 이후 이마트, 홈플러스 등 대형 할인점의 출점 가속화로 인해 인근 소규모 영세 상인, 재래시장 등의 반발이 커지자 지자체에서 영업시간, 영업일 수, 출점 부지 지자체 사전 검토 등의 다양한 규제가 생긴 바 있다.

일본의 대점법은 백화점, 할인점 등 대형 유통의 출점 시 법률에 근거해 대규모 소매점 심의회가 심사 실시(이른바 '출점 조정')를 하도록 규정하고 있다. 이 법에서 조정할 수 있는 것은 개점일, 점포 면적, 폐점 시간, 휴업일 수의 네 가지 항목에 한정되지만, 이 중에 특히 문제가 된 분쟁이 '점포 면적'이었다. 이 법률은 몇 차례 개정 후 2000년 6월에 결국 폐지되었는데, 이것은 미·일 무역 역조를 개선하기 위해 1990년 2월 열린 미·일 구조 협의에서 비관세 무역 철폐의 사례로 미국 측이 요구하였기 때문이었다. 당시 미일 합작 회사인 '일본 토이저러스'가 출점을 계획하고 있었으나, 대형점 출점에 반대하는 지역 상가로 인해 사실상 출점이 불가능했던 것이다. 일본 정부는 대점법을 점진적으로 개정하다가 결국 폐지하는 방침을 정해 2000년 6월 1일 폐지되었다. 그 와중에 1992년 1월에 일부 개정된 대점법이 시행되었다. 개정된 법은 대형점 규제를 3,000㎡(약 900평) 이상과 500㎡(약 150평)~3,000㎡(약 900평) 미만의 두 종류로 분류하여 시행하였다. 대점법의 실질적인 규제 대상은 3,000㎡ 이상의 부지 크기였기에, 500㎡(약 150평)~3,000㎡(약 900평) 미만인 경우는 규제가 상당히 약하였다. 더욱이 1994년에는 이 규제가 더 완화되었다. 이에 야마다전기는 Scrap & Build 대상 매장, 신규 출점하는 매장 모두 3,000㎡(약 900평) 근사치에 이르는 최대한의 크기로 출점을 추진한 것이다.

통상 출점이라는 프로세스를 보면 유효 수요(고객/상권)를 분석하고, 고객의 주 동선을 파악한 다음 매장 부지를 물색하게 된다. 이후 여러 부지중 최적의 부지를 선정하여 매입 또는 장기 임대 계약 후 건물을 짓고 오픈을 하게 된다. 토지 임대 계약의 경우에도 매장을 짓고 인테리어를 하기에 출점은 초기 투자 비용이 많이 든다. 그렇기에 임차인은 임대차 기간을 길게 잡으려 하는 경향이 있다. 짧게는 5년, 길게는 10년~15년 이상 임대차 계약을 맺는다. 대형 할인점이나 쇼핑몰의 경우는 30년 이상 장기 계약을 하기도 한다. 출점 특성상 한 번 출점한 매장을 쉽게 Scrap & Build 하기가 어려운 이유가 여기에 있다.

고지마의 경우 1992년의 개정 대점법 이전에 500㎡(약 150평) 근사치까지 다수의 점포 출점을 하였기에 일부 Scrap & Build 매장을 제외하고는 500㎡(약 150평) 크기 수준에 많은 점포가 몰려 있을 수밖에 없었다. 3,000㎡(약 900평)의 대형 매장 출점이라면 부지 물색도 상대적으로 쉽지 않을뿐더러 한번 결정된 부지에서 쉽게 철수하고 재배치하기가 쉽지 않다. 이로 인해 고지마는 기존 출점한 소형 점포로 인해 대형화를 통한 매출 확대, 매장 효율화, 신규 상품 출회 시 매장 내 진열 공간 확보 등의 어려움을 겪게 된다.

당시 공격적인 출점을 하였던 고지마도 상당히 고민한 흔적이 있다. 대점법 개정에 따라 대형 점포로의 전환이 중요함을 느끼고는 있었으나 전면적인 대형 점포로의 전환은 비용 면에서 상당히 부담스러웠고, 500㎡(약 150평) 이하로 출점한 기존 매장의 계약 기간도 많이 남아 있을뿐더러 상권 규모가 작은 지역에서는 소형 매장만의 긍정적인 가치 평가도 있었기 때문이다. 고민의 결과, 500㎡(약 150평) 이하의 점포를 폐점하는 것보다는 그대로 유지하되 신규 출점할 경우에 대형 점포로 하자는 결정을 하게 된다. 결국 이 결정은 나중에 고지마의 실적에 큰 그림자를 드리우는 결과가 되었다.

한편 야마다전기는 급속한 대형점 출점으로 인해 실적 성장을 가져오게 된다. Low Cost 경영의 철저화와 대점법 개정에 의한 승기의 포석(3,000㎡급의 대형점포 출점)은 야마다전기가 업계 1위로 올라서는 발판이 되었다.

야마다전기를 승리로 이끈 대점법의 폐지

1973년	대규모소매점포법(大店法) 시행

1979년	규제대상 500㎡↑ 소매업종 (500㎡ 수준까지 출점)

1990년	美日 무역불균형 구조협의에서 大店法 규제완화 요청

1992년 이후	출점조건 규제완화(3,000㎡ 이하)에 따라 대형점포로 출점 확대(PC,IT코너 확대)

2000년 6월	大店法 폐지 '대규모 소매점포 입지법'으로 변경되어 시행 (시가지의 대규모쇼핑센터 규제,교외는 주차장·방음대책 等 확 보시 가능)

2000년 이후	야마다전기는 교외형으로 3,000㎡ 이상까지 초대형점포를 대거 출점(HHP,IT 스페이스 확대)

■ 2001년, 업계 1위인 고지마를 제치고 야마다전기가 역전의 발판을 마련
야마다전기는 2000년 대규모소매점포법 폐지에 따라 3,000㎡↑의 초대형 점포
출점을 확대하고, 소규모 점포는 Scrap & Build 실시
반면,고지마는 500㎡의 소규모 점포에 머물러 업계 순위가 역전됨

야마다전기의
유통 전략

1) 교외형 점포(Road side)_자가용 보급률이 탄생시킨 매장

　야마다전기의 본사가 위치한 군마현, 북관동 지구는 자가용 보급률이 높은 지역이다. 1996년 당시의 도도부현(都道府県_행정단위)별 자동차 보급률에 따르면, 야마다전기의 본사가 있는 군마현이 1위, 토치기현 3위, 이바라키현이 5위를 잇고 있다. 어떤 의미에서는 자동차가 없으면 일상 생활에 지장을 줄 정도로 '자동차 사회'가 다른 지역보다 빨리 왔다고 볼 수 있다. 이 지역은 자동차 보급률이 높을 수밖에 없는 지역적 특성도 있었다. 일본은 섬나라다 보니 산지가 70%(주로 내륙 지역), 평지가 30%(해안가 지역) 수준인데, 북관동 지구는 산이 많은 내륙 지역이다 보니 자가용 보급률이 높았던 것이다. 이러한 지역적 환경 요인으로 고객 대부분이 자동차로 내방한다고 볼 때, 굳이 땅값이 비싸거나 임대료가 높은 번화가에 출점을 고집할 필요가 없었다. 교외 지역이라면 번화가보다 임대료가 싸면서도 넓은 부지 면적을 확보할 수 있으며, 도로에 접해 있기만 하면 고객 또한 편리하게 올 수 있었기 때문이다.

그래서 야마다전기는 교외의 도로를 접한 곳에 출점을 하면서 '필로티 타입'이라 불리는 새로운 모습의 점포를 개발하였다. 필로티는 건축 방식의 한가지로, 가전 매장으로의 적용은 야마다 회장이 직접 고안했다고 알려졌으며, 점포의 1층은 주차장이고 2층 이상은 매장으로 구성되었다. 필로티 타입은 더운 날이나 비 오는 날이나 기상과 관계없이 매장의 1층에 주차하고 자연스럽게 매장으로 입장할 수 있는 시스템이다. 이러한 매장을 교외형 매장이라고 하며, 길을 따라 그 옆에 짓는다고 해서 'Road side' 타입이라고도 불린다.

아이부터 노인에 이르기까지 폭넓은 서비스를 제공하며, 중대형 배송 상품과 에어컨, 세탁기 등 설치 상품을 중심으로 하고 있다. 매장 크기는 신설 및 이전 재배치 매장 모두 3,000㎡(약 900평) 근사치까지 최대한의 크기로 출점을 진행하였다.

이 필로티 타입은 가전 양판점으로써 후발 주자인 야마다전기가 타사와 경쟁할 수 있는 큰 무기가 되었다. 1990년대 전반까지는 가전 시장 최대의 빅 상품이라 일컬어지는 가정용 VTR과 비디오카메라(8㎜) 등의 베스트셀러 상품들의 크기가 소형이었기에 구입한 제품을 그대로 가지고 가는 소위 'Handy Carry 상품'이 주류를 이루었다. 넓은 주차장을 완비한 야마다전기의 매장에 유리하게 움직인 것이다. 자동차로 내방한 고객이 구입한 상품을 그대로 가지고 갈 수 있도록 도로에 접하면서 넓은 주차장을 가진 대형 매장만큼 편리한 곳이 없기 때문이다.

2) 도심형 점포(LABI)_전철 역세권의 유동 고객을 잡아라

야마다진기는 그동안 군마현(群馬県)을 필두로 지방 상권에서는 필로티 타입의 교외형 매장인 테크랜드(Tecc.Land) 매장에서 초저가 판매 등을 통해 전국적인 입지를 다져 왔으나, 도심지 역전 앞 핵심 상권에서는 제대로 된 매장을 출점하지 못하고 있었다. 앞에서도 언급했지만 지방 상권에서는 굳이 땅값이 비싸거나 임대료가 높은 번화가에 출점을 고집할 필요가 없었다. 교외 지역에는 임대료가 싸면서도 넓은 부지 면적을 확보할 수 있었으며, 도로에 접해 있기만 하면 고객 입장에서도 편리하게 올 수 있는 필로티 타입의 매장이 있었기 때문이었다.

2007년 7월 13일, 야마다전기가 동경 이케부쿠로에 대형점포 'LABI 이케부쿠로店'을 오픈했다. LABI란 'Life Ability Supply'의 앞 글자를 따 만든 신조어이다. "풍요로운 생활을 실현하는 힘을 제공한다."라는 새로운 스타일의 점포 컨셉이다. 도심 핵심 상권의 출점을 계획한 이상 이전과는 전혀 다른 컨셉의 매장이 필요하게 되었다. 도심형 매장은 주차장을 위한 큰 부지를 마련하기가 어려웠기에 빌딩형으로 높게 매장을 구성하여 지하 1층은 오디오/자동차용품, 지상 1층에는 휴대폰/디지털카메라, 2층에 TV/캠코더, 3층에 PC/프린터, 4층에 PC 소모품, 5층에 냉장고/세탁기/계절상품, 6층에 이미용/건강 가전, 7층에 CD/DVD 소프트웨어/게임/완구 등의 형태로 매장을 구성하였다. 지하철역과 직결되거나 인접한 곳에 위치했기에 핸디캐리가 가능한 IT제품 및 액세서리, 기타 관련 제품의 판매에 아주 적합하였다.

지방의 자가용 중심 생활 타입과는 달리 동경, 오사카 등 도심지는 전철 및 지하철, 신칸센 등으로 출퇴근하는 직장인과 학생들의 유동 인구가 많다. 도쿄도(東京都) 인구만 약 1천만 명, 인근 위성 도시의 인구까지 포함하면 약 4천만~5천만 정도 된다고 하니 남한 인구 정도의 사람들이 東京都를 중심으로 생활한다고 볼 수 있다. 신주쿠역이나 동경역은 東京都 인근 위성 도시에서 출퇴근하는 직장인과 학생들로 출퇴근 시간마다 인산인해를 이룬다. 전철 등 Rail을 이용하는 유동 인구를 대상으로 주요 역 앞에 자리를 잡은 양판점들이 있는데 이들을 도심형 매장, 'Rail side' 타입이라 부른다. Rail side 타입의 대표적인 양판점이 동경의 JR 야마노테센(山手線)역 근처에 있는 요도바시카메라와 빅카메라라고 할 수 있다.

이들은 예전 수동 카메라부터 시작하여 TV, 오디오 등의 AV기기 및 PC 그리고 냉장고, 세탁기 등 백색 가전에 이르기까지 풍부한 제품 구색과 저가격 노선으로 매출을 급신장시킨 대표적인 양판점이다. 이들 매장은 이름에서 알 수 있듯이 처음엔 카메라를 취급하던 매장이었다.

예전 우리 부모님 세대에서 혼수용품으로 하나씩은 꼭 사시던 것이 바로 미놀타, 펜탁스, 캐논, 니콘 등의 필름 카메라였다. 이런 카메라를 취급하던 매장에서 조금씩 가전제품을 늘려 종합 가전 양판점이 된 것이다. 하지만 이들 카메라 전문 양판점은 교외형 매장(Road side)과는 차이점이 있었다. 1990년대 들어 PC와 윈도우95 운영 체제의 보급으로 인해 PC 등 정보 기기의 보급이 늘었고, DSLR 등 디지털카메라 보급이 확대되었다. 휴대폰에 카메라 기능 등이 추가되는 등 PC와 디지털카메라와 같은 디지털 제품이 본격적으로 증가하면서 이들 카메라 전문 양판점들의 진가가 나타나기 시작한 것이다. 기존에는 필름 카메라와 그 옆에 관련 카메라 렌즈, 천체 망원경, 쌍안경, 삼각대, 가방 등 카메라 관련 제품들을 놓았었는데 디지털 기기의 보급이 늘어나자 DSLR 카메라, 미러리스 카메라 등을 비롯하여 디지털 사진을 출력할 수 있는 프린터, 메모리 카드, 외장 하드, 사진 편집 관련 각종 IT제품들과 각종 액세서리 등의 제품을 늘리며 메이커에서 파견 나온 전문 상담사들을 배치하여 고객 대응력을 높임으로써 IT제품들에서 크게 두각을 나타내기 시작하였다. 판매 마진은 가전제품보다 IT제품 및 관련 액세서리 등에서 더 좋았기에 손익도 크게 개선되어 교외형 양판점과의 가격 경쟁력을 개선시키는 효과가 있었다. 더군다나 이들 제품은 핸디캐리 제품들이어서 고객들이 바로 들고 가다 보니 제품의 판매 회전율도 매우 좋았다.

2007년 7월 13일 오픈한 야마다전기의 이케부쿠로 LABI 매장은 이러한 도심형 카메라점을 잡기 위해 출점한 첫 매장이었다. 지상 8층~지하 2층(매장은 지상 7층~지하 1층)으로 이케부쿠로(池袋)역 동쪽 출입구에서 도보로 1분 정도의 좋은 입지이며, 그때까지 지방 도시의 교외를 중심으로 다점포 전개를 진행해 온 야마다전기에 있어서는 첫 도심 진출이었다.

LABI 이케부쿠로점 오픈 전날, 야마다전기 야마다노보루(山田 昇) 사장은 매장 2층에서 기자 회견을 열어 LABI 이케부쿠로점의 출점 목적과 특징을 설명하면서 LABI형 매장은 광역 상권을 설정하고, 그러한 상권 고객의 니즈에 맞춘 매장으로 설치가 필요한 대형 가전제품보다는 PC 등 정보 기기 관련 제품과 AV(Audio·Visual) 상품의 구성 비율을 높게 하였으며 중기적으로 회사는 연간 2조엔, 장기적으로 연간 3조 엔의 매출을 목표로 한다는 의지를 밝힌 바 있다.

야마다전기의 도심형 매장 LABI는 요도바시카메라와 빅카메라의 아성에 도전하는 매장으로 2007년 이케부쿠로에 첫 출점한 이후 2020년 현재까지 19점 출점했으며, 2년에 평균 3점씩 출점을 하였다. 이런 초대형 매장을 매년 평균 1~2점씩 출점한 것을 보면 현재까지는 공략이 잘 먹힌 것으로 보인다.

야마다전기의 상권별 출점 전략

상권규모	점포명칭	매장면적	매장수	형태
100만 도시 (역세권)	LABI	2만㎡ (난바店)	19	직영
100만명↑ 5만명↑~ 10만명↓	테크랜드	3000㎡↑ 약 2000㎡	949	직영
역전입지 등 5만명↓	야마다 모바일 (옛명칭 테크사이트) 코스모스 베리즈	약 1000㎡ 약 30㎡	11,842	FC

※ 야마다 홀딩스의 IR 자료를 바탕으로 작성(점포 수는 20년 3월 말 일본 국내매장 기준)

3) '마을의 전기점'을 내 품 안에(Franchise)_부족한 서비스 부분의 만회

일본의 주간동양경제 2007년 5월 12일 자 기사를 살펴보자.

"대형점 'LABI'의 도시 제압 작전은 전국을 체인점화 한 슈퍼마켓 경영자가 백화점 경영에 뛰어드는 것과 같은 것이다. 이것도 믿기 어렵지만, 동시에 마을 전기점까지 프랜차이즈로 시작한다면 과연 어떨까? 야마다전기가 최근 하고 있는 것이 바로 이러한 상황이다.

아이치현 나고야시에 연간 판매액이 100억 엔 정도임에도 불구하고 가전 유통 업계에서 주목을 받고 있는 회사가 있다. 회사명은 코스모스 베리스.

지역의 유력한 전기 소매 체인점이었던 도요사카 전기가 49%, 야마다전기가 51%를 출자하여 2005년 9월에 설립한 합작 회사로써 주요 업무는 가전 소매 점의 FC(프랜차이즈) 전개이다. FC점의 대부분은 매장 면적이 30㎡(9평) 정도의 초소규모 점포로서, 말하자면 '동네 전파상' 규모밖에 안 된다. 매장 면적이 3,000㎡(약 900평)를 넘는 대형점을 앞세워 업계를 석권하고 나아가 도시권에서 LABI와 같은 초대형 점포를 운영하기 시작한 야마다전기가 무슨 이유로 이제 와서 소규모 FC가맹점을 모집하려고 하는 것일까?"

- 「주간동양경제(週刊東洋經濟)」, 2007.5.12-

야마다전기는 역세권에 도심형 초대형 매장인 LABI를 출점하고, 지역 기반 상권에서는 9평짜리 메이커 계열점을 대상으로 프랜차이즈를 추진하였다. 야마다전기는 왜 메이커 계열점을 프랜차이즈화하려 한 것일까?

'파나소닉 샵(Panasonic Shop)' 등으로 알려진 파나소닉社(옛 마쯔시타, 松下電器産業)의 계열점은 이른바 전형적인 동네 전기점이다. 당연히 양판점과는 달리 규모도 작고 매장에서 전시 가능한 제품의 수나 종류도 한정되어 있다. 저렴한 가격을 무기로 하는 가전 양판점에 눌려 예전부터 작은 전기점의 감소 추세가 뚜렷한 상황이다.

전성기 때에는 3만 점 가까이 있었던 파나소닉 계열점도 2007년에 1만8000개 이하로 줄었고, 2019년 파나소닉에서 발표한 바에 따르면 파나소닉 계열점 가운데서도 사업 의욕이 있어 관리하는 매출 상위점 슈퍼프로샵(SPS)은 약 5천여 점 수준이다.

파나소닉社 홈페이지에서는 2006년부터 슈퍼프로샵(SPS)만 관리하는 것으로 변경되었다. 파나소닉의 모토는 전구 하나라도 직접 배달하는 지역밀착형 영업이다. 고객에게 배달하는 것에 그치지 않고 단골 고객의 경우는 전구를 무료로 교체해 주는 것도 당연한 일이었다.

양판점과는 달리 고객으로부터 사용법을 묻는 전화가 오면 몇 번이라도 달려간다. 최근에는 디지털 가전이 늘어나 조작이 복잡해졌는데 이에 대한 사후 대응에 고령화 시대 일본의 노인층 고객으로부터 호평을 받고 있다고 한다.

파나소닉 계열점, 에디온 계열점

이러한 마을의 전기점이 아직도 살아남아 선전하는 이유는 소비자들이 반드시 저렴한 가격만을 중요시하지는 않는다는 것을 의미한다. 전기

점과 같이 철저하고도 세심한 배려를 더한 서비스가 지역의 중장년, 노인층을 동네 가전 전문점의 확실한 고정 고객으로 잡아 두고 있는 것이다. 참고로 파나소닉의 매출 중 전기점(계열점)의 매출이 20% 수준이고, 전기점 고객의 약 75%가 50세 이상이다.

그러나 양판점은 이러한 고객층까지 끌어들이는 것은 어렵다. 야마다전기는 여기에 절호의 비즈니스 기회가 있다고 보았다. 이미 지역의 고정 고객을 가진 동네 전기상을 프랜차이즈(FC)라는 형태를 통해 아군으로 만들어 양판점에서는 좀처럼 끌어들이기 힘든 중장년, 노인층 고객을 잡아 보려고 하는 것이다. 야마다전기와 손을 잡은 도요사카(豊榮)전기는 원래 나고야를 중심으로 8개 점 정도의 소형 점포가 모여 1971년에 설립한 회사로 오랫동안 소형 점포를 운영해 온 경험이 있다.

2005년부터 시작된 코스모스 베리즈(야마다전기의 FC전담 자회사)에 가입하는 가전 전기점의 매장 수는 2007년에는 200여 점에 불과했으나, 2020년 3월 결산 기준 11,571점에 이르게 되었다.

메이커 계열의 계열점은 해당 메이커의 상품만을 취급하는 경우가 많다. 그러나 코스모스 베리즈의 FC에 가입하면 야마다전기의 제품 조달력을 활용하여 모든 제조사의 상품을 취급할 수 있게 된다. 바로 제품 구색력이 코스모스 베리즈의 강점인 것이다. 게다가 가맹 보증금 10만 엔과 월 회비 1만 엔만 내면 누구나 가맹점이 될 수 있는 등 조건도 까다롭지 않다. 단, 의무 사항으로 야마다전기가 요청하는 고객 애프터 서비스를 일정 부분 이행해야 한다는 조건이 있다. 물론 제조사 계열의 간판을 내걸고 있는 계열점 가운데서도 이전부터 특정 제조사 이외의 제품을 취급하는 곳은 있었다. 그러나 취급하는 수량이 적으면 매입 가격이 높아지기 마련이다. 소규모 점포 경영자들이 고심하는 부분이 바로 이 부분인데 야마다전기가 이 부분에서 새로운 비즈니스 기회를 만들려고 하는 것이다.

전기점은 메이커로부터 해당 메이커 제품을 매입하고, 기타 메이커의 제품은 야마다전기에서 매입하여 판매하는 것이다. 이렇게 되면 해당 계열 메이커에게 미안한 마음 없이 자연스럽게 타사 제품도 매입하여 제품 구색 및 고객 제안력을 높일 수 있다.

야마다전기는 Buying Power를 갖고 있으며, 일본에서 여러 메이커들의 제품을 싸게 구입하는 것이 가능하다. 야마다전기 측에서 보더라도 이미 교외형 매장인 테크랜드가 있고 전국의 물류 인프라망이 완비되어 있어 추가 설비 투자가 필요 없기 때문에 기존 인프라 활용이 가능하다. 메이커 측에서 계열점을 극진히 지원하여 강한 유대감이 있었다면, 코스모스 베리즈의 FC 가맹이 급증하는 일은 없었을 것이다. 시장이 성숙해 메이커가 모든 대리점을 일일이 신경 써 줄 수 없게 된 지 오래다. 실제로 앞에서 말한 파나소닉에 있어서도 사업 의욕이 있으며 100% 파나소닉 제품만 매입하는 슈퍼파나소닉샵(SPS)과 그렇지 않은 매장에는 판매 지원 등의 지원 체계에 명확한 차이를 두고 있다. 이렇기에 양판점 입장에서는 메이커가 모든 것을 신경 쓸 수 없게 된 계열점을 차지하면 더 빨리 전국에 소형 점포망을 구축할 수 있는 것이다. 야마다전기가 프랜차이즈를 중시하는 또 다른 이유는 소규모 매장만의 세심한 서비스다. 가전 시장은 7조엔 이지만 그것과는 별개로 전구 교체나 가전 수리 등의 서비스 시장은 1.5조 엔에 이르기에 이런 곳에서 New Biz를 바라본다고 코스모스 베리즈의 미우라 회장은 인터뷰에서 밝힌 바 있다.

야마다전기의 유통 전략을 정리해 보면 이렇다. 본인들의 장점인 교외형 점포(Raod side) '테크랜드'로 지방 광역 상권을 장악하고 100만 명 이상의 대도시 핵심 초역세권에는 도심형 점포(Rail side) 'LABI'를 출점함으로써 직장인, 학생 등 젊은 층의 유동 고객을 확보하며, 지방 군소 상권은 전기점 프랜차이즈를 통해 구매력이 큰 노년층까지 품는 전략을 구사하는 것이다.

이러한 야마다전기의 촘촘한 저인망식 유통 전략은 성장에 큰 기여를 했다고 할 수 있는 반면에, 타 경쟁사와 가전 메이커들로부터는 많은 반발과 반야마다 전선을 구축하게 만드는 결과도 가져오게 된 것이 사실이다.

야마다전기의 출점 추이('08년~'20년)

(점)

※ 야마다전기그룹 IR자료 기준 그래프 작성(해외매장 포함)

TIP 2.

야마다전기의 그늘_(직업 안정법 및 독점 금지법 위반)

개요

① '07년 1월, 직업 안정법 위반 혐의로 오사카 노동국의 현장 조사를 받음.

: '야마다전기'에 메이커가 파견한 판매 사원은 당사와 고용 관계가 없음에도 직접적인 업무 지시 및 명령 혐의(직업 안정법 44조 위반).

> **일본 직업 안정법 44조**
> 누구든 별도의 조항에서 규정하는 경우를 제외하고 노동자 공급 사업을 행하거나, 그 노동자 공급 사업을 행하는 자로부터 공급받은 노동자를 직접 지휘·명령 하에 노동시켜서는 안 된다.

② '07년 5월, 일본 공정거래위원회로부터 독점 금지법 위반 혐의로 본사 및 복수 점포가 조사를 받음(일본 가전 양판점 최초의 공정위 조사).

: '우월적 지위 남용'에 의한 불공정한 거래를 했다는 것이 조사 이유. 즉, Buying Power를 바탕으로 메이커에 판매 사원 파견을 강요한 혐의(일본 독점금지법 19조).

☞ 매스컴에서는 일본 가전 유통업계의 상관행으로 묵인되었던 파견 사원 문제에 대해 정부가 본격적으로 칼을 댄 것이란 해석을 함.

노동국 시정조치 명령('08.6.19), 공정위 시정 조치 명령('08.6.30)

시정 조치 명령
① 재발 방지 강구
② 메이커와 거래 시 독점 금지법 준수에 관한 행동 지침 작성 요구
③ 임직원 대상 교육 계획 수립
④ 법무 담당자에 의한 감독 정기적으로 실시
⑤ 그 내용을 향후 3년간 매년 공정 거래 위원회에 보고

※ '위법 행위'에 대한 대대적인 언론 보도로 전 국민이 인식하게 됨.

: 야마다전기 주가 급락 : '08.6.30. 7,560엔 → '08.7.3. 6,860엔

(-9.3%)

구분	일본	한국
공정 거래법	■ 대규모소매업 고시 제7항('05년11월~) - 납품업자 파견사원의 부당사용에 관한 구체적인 가이드라인 제시 - 대규모 소매업자(매출액 ¥100억↑ or 점포 규모 도쿄 3,000㎡ 外 1,500㎡↑)가 납품업자로부터 종업원을 파견받거나, 自社 종업원의 인건비를 메이커에 부담시키는 것을 원칙적으로 금지하고 있으나, ·但, 사전에 납품업자의 동의를 얻은 後, 파견사원을 해당 납품업자 제품의 판매업무에 限하여 종사시키는 경우 (파견사원 운영이 납품업자의 직접적인 이익에 연결되어야 함) ·또는, 파견사원의 업무내용,노동시간,파견기간 등의 조건에 대하여 양사間 사전 합의 후, 파견사원 운영에 통상적으로 필요한 경비를 대규모 소매업자가 부담하는 경우에 限하여 예외적으로 인정하고 있음	■ 대규모소매업 고시 제8조('08년4월~) - 납품 入店업체 보호를 강화하기 위해 판촉 사원 파견의 허용 기준 강화 - 대규모 소매업자(매출액 1,000억↑ or 단일 매장 3,000㎡↑)가 납품업자로부터 종업원을 파견받거나, 自社 종업원의 인건비를 메이커에 부담시키는 것을 원칙적으로 금지하고 있으나, ·但, 파견 종업원 등의 업무내용, 노동시간, 파견기간 등의 파견 조건에 대하여 사전에 서면으로 명확히 약정하고 당해상품의 판매 업무에만 종사시키는 경우에만 인정함. ① 특수한 판매기법 또는 능력을 지닌 종업원을 파견하는 경우 ② 대규모소매업자가 납품업자 등에게 종업원 등의 파견을 요청하면서 인건비 등 통상적으로 필요한 비용을 부담하는 경우 ③ 납품업자 등이 자기의 신상품 홍보, 매출 증대 등을 위해 자기에게 직접적으로 이익이 된다고 판단하여 자발적으로 파견시 ④ 납품업자 등이 상시적으로 운영하는 매장에서 상품을 판매하는 경우로서 당해 상품의 특성상 전문지식이 중요하다고 인정시
노동법	·파견근로가 법제화된 '85년 이전에는 '직업안정법'에 의해 근로자 공급이 원칙적으로 금지 → 파견근로사업 未인정 ■ 직업안정법 제4조 7호 - "근로자 공급사업"이란 공급계약에 근거해 근로자를 타인이 지휘명령을 받아 노동에 종사시키는 것을 말한다. 단, '노동자파견법'에 해당하는 사업은 제외한다. ■ 직업안정법 제44조(근로자 공급사업의 금지) - 누구든 별도의 조항에서 규정하는 경우를 제외하고 노동자 공급사업을 행하거나, 그 노동자 공급사업을 행하는 자로부터 공급받은 노동자를 직접지휘 명령 하에 노동시켜서는 안 된다.	·파견근로가 법제화된 '98년 이전까지 '직업안정법'에 의해 근로자 공급이 엄격하게 규제됨 ■ 직업안정법 제2조 2호 - "근로자 공급사업"이란 공급계약에 의하여 근로자를 타인에게 사용하게 하는 사업을 말한다. 다만, 파견근로자보호 등에 관한 법률 제2조 제2호의 규정에 의한 근로자파견사업은 제외한다. ■ 직업안정법 제33조 - 누구든지 노동부장관의 허가를 받지 아니하고는 근로자공급사업을 하지 못한다. ■ 직업안정법 시행령 제33조 제2항 - 사업자 명칭 및 사업소의 소재지 변경시 고용노동부장관에게 알려야 한다.(개정 2011.4.4)
	■ 근로자 파견법 - '85년 파견법 제정 → '03년 개정 - 특정업무를 제외하고 원칙적으로 모든 업무에서 인정(Nagative 방식) ·제외업무 :건설/항만운송/경비/의료 등 - 기간 : 최대 3年限(제한 없는 업무도 있음)	■ 파견근로자 보호 등에 관한 법률 - '98년 파견법 제정 ,2019.4.30 전문 개정 - 특정업무를 제외하고 원칙적으로 모든 업무에서 인정(Nagative 방식)으로 변경 ·제외업무:건설/항만/철도운송/선원 , 기타 대통령령으로 정하는 업무 등(기간 2년限)

1. 우리가 몰랐던 동경의 역사_롯폰기(六本木)

관광 명소가 된 롯폰기 Hills와 Tokyo Midtown이 위치하여 도심의 대명사 등 화려함을 연상시킨다. 그러나 에도 시대(江戶, 1603년~1868년)에는 황실과 가까워 다이묘(大名)의 저택이 밀집해 있었다. 다이묘(大名)란 10세기 말~19세기 말 각 지역을 다스렸던 지방 유력자로 막부정부는 이들의 통제를 위해 에도(江戶)로 주기적으로 불러들였는데, 이를 참근교대(参勤交代, Sankinkoudai)라 하였으며 이에 따른 주거지가 필요하였다.

메이지(明治, 1868년~1912년) 시대가 되어 다이묘가 살던 저택들이 사용되지 않게 되어 빈집 사용이 과제가 되었다. 특히, Tokyo Midtown은 그 전체가 모리(毛利)家가 살던 저택 자리로 도쿄돔 넓이의 2.5배나 되었다. 메이지유신 이후 롯폰기(六本木)에는 많은 군 시설이 탄생하는데, 다이묘 저택의 터는 넓은 부지를 필요로 하는 군 시설에 최적이었다.

국립 新미술관은 에도 시대에 다테(伊達)家의 저택이 있었던 곳으로, 그중에서도 별관은 1928년에 舊일본 육군 제1사단 보병 3연대 병영 건물로서, 이후 지어진 건물을 헐 때 그 일부가 남아 지금의 모습이 되었다. 戰後 일본이 연합군의 통치하에 놓이면서 롯폰기 주변의 일본군 시설도 1946년 미군 장교용 주택으로 용도가 변경되어 사용되었다.

롯폰기에는 2003년 모리미술관에 이어 2007년 국립 신 도쿄미술관과 산토리미술관이 개관하면서 롯폰기에 아트 트라이앵글이 만들어졌다.

자연스럽게 만들어진 문화 예술 특구다.

이들 세 미술관은 도보로 10분 정도에 위치해 있지만 제대로 둘러보려면 최소한 이틀 정도를 투자해야 할 만큼 콘텐츠와 컬렉션이 풍부하다. 한 곳의 미술관 티켓으로 나머지 두 곳의 미술관 입장료를 할인해 주는 '아트로 세이빙(ATRo Saving)'은 관광객들에게 인기가 높다. 아트로(ATRo)는 'Art Triangle Roppongi'에서 따왔다.

Midtown 롯폰기는 도쿄도 미나토구 아카사카에 있는 대규모 복합 시설이다. 주소상으로는 아카사카에 있지만, 롯폰기역이나 롯폰기 힐즈에 가까워 롯폰기 지역에 포함된다. 일본 방위청 본청 청사부지의 재개발 사업으로 2007년 3월에 개장했다. 아래 사진은 Midtown의 에도(江戶) 시대와 현재의 모습이다.

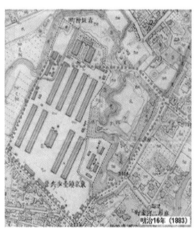 

제2장

일본의
버블 경제와 붕괴

일본의 버블 경제와 그 붕괴로 인해 일본의 전자 유통 시장이 큰 요동을 치게 되었고, 전자 유통업계의 재편이 이루어졌음을 앞 장에서 언급하였다. 그러면 일본의 버블 경제가 왜 발생했는지, 왜 버블이 꺼졌는지에 대해 살펴보고자 한다. 그 배경이 되는 1970년대 상황으로 먼저 돌아가 보자.

달러 가치가
떨어지다

1970년대는 Great Inflation 시대라고 할 정도로 원유 가격 파동이 두 차례(74년, 79년)나 있어 각국이 물가 잡기에 여념이 없었다. 그럼 왜 갑자기 물가가 치솟고 원유 파동 등이 왔을까?

2차 세계대전 이후 1945년부터 1960년대까지 세계 경제는 역사상 다시 보기 힘든 호황의 시기를 누리게 되었다. 전후 복구를 위해 많은 재정을 쏟아 부었고, 이는 고용 촉진, 소득 증가로 이어졌다. 소득이 늘자 소비도 이어져 선진국 소비자들 가정에 텔레비전, 세탁기, 냉장고 등 이른바 백색 가전의 신제품이 보급되었다.

이러한 호황기는 역설적으로 2차 세계대전 직후 미국의 압도적인 경쟁력이 다른 신흥 국가들의 성장으로 인해 상대적으로 서서히 약화되었고 이는 달러 가치가 하락함을 의미하였다. 나아가 독일과 일본 등 주요 선진국들이 달러를 비축하면서부터 미국의 경상 수지 적자 문제가 수면 위로 떠오르기 시작하였다. 당시는 1944년 브레튼우즈 체제에서 정한

금 1온스당 35달러를 교환해 주는 '금 본위 제도'를 운영하고 있어 당시 달러 하단에 "In gold coin payable to the bearer on demand" 즉, '원하면 이 달러는 금으로 지급된다.'는 글이 새겨져 있었다.

세계 경제가 계속 성장해 가기 위해서는 충분한 통화의 공급이 필요하고 이를 위해서는 미국이 달러를 계속 발행해야만 했다. 게다가 베트남 전쟁(1960년~1975년)으로 인해 미국의 통화 공급이 늘어나면서 보유한 금보다 더 많은 화폐를 발행하여 금 본위제의 원칙을 깨뜨리게 되었다. 그러자 달러에 대한 신뢰가 흔들리기 시작하여 시장에서는 금의 가격과 공식적인 달러의 금(Gold) 교환 비율 간에 괴리가 발생하게 된다.

금 본위 제도 전후의 달러 지폐 모습

※ EBS 다큐프라임 <자본주의> 5부작(1부 돈은 빚이다)에서 이미지 인용

1971년 금 1온스의 가격이 44달러까지 상승했고, 그러자 프랑스뿐만 아니라 벨기에 정부마저 미국에 달러를 금으로 바꿔 달라고 요구하기 시작했다. 미국에서 달러를 금으로 바꿔 국제 시장에 내다 팔기만 하면 차익이 생겼기 때문이었다. 하지만 만약 미국이 다른 나라의 요구대로 달러를 금으로 전부 바꿔 주면 미국은 금이 하나도 없게 되어 '달러=금'으로 알고 살던 전 세계는 화폐 대공황이 펼쳐질 상황이었다.

이렇게 세계 각국이 금 인출을 요구하자 당시 미국이 할 수 있는 선택은 두 가지였는데, 하나는 금과 달러의 교환 비율을 재조정하는 것이었고, 둘째는 '금 본위제'를 포기하는 것이었다. 첫 번째 안은 투기 세력에 의한 추가적인 금 투기를 가져올 가능성이 높아 결국 1971년 8월 15일, 닉슨 대통령은 금과 달러의 교환을 정지함으로써 금 본위 제도를 폐지하기에 이른다. 이를 경제사 학계에서는 '닉슨 쇼크'라고 부르며, 이때부터 금에 대한 교환 의무가 없는 달러를 '불태환 화폐'라고 지칭하게 되었다.

요약하면, 미국은 2차 세계대전 이후 서서히 경상 수지 적자 문제에 직면하게 되었고, 그에 맞게 통화의 공급을 줄여야 했지만 베트남 전쟁 등으로 미국의 통화 공급량이 오히려 급격히 늘게 됨으로써 금 본위제의 원칙이 깨지자 시장에서는 금 가격과 공식적인 달러와의 교환 비율 간에 괴리가 발생하게 되었다. 이에 세계 각국은 금의 인출을 요구하기에 이르렀고, 미국은 최종적으로 금과 달러의 교환을 정지하여 결국 1971년 8월 15일 금 본위제가 공식적으로 폐지되었다.

닉슨의 발표로 인해 달러 가치가 약세를 보임에 따라 수출 의존도가 높은 동아시아와 남미 등은 상대적으로 해당국 화폐의 가치가 높아져 큰 타격을 받았다.

이 사건 이후 세계 대부분의 나라들은 미국 달러와의 고정 환율제 대신 변동 환율제를 도입하게 된다. 그럼 달러도 단순한 종이에 불과한데 왜 아직까지 달러의 힘이 유지되는가 하는 의문이 남는다.

1975년 헨리 키신저가 사우디에 가서 엄청난 협약을 하고 오는데, 사우디아라비아가 OPEC(석유수출기구)의 중심이 되고 미국이 사우디아라비아의 안보와 사우디 왕조를 책임지는 대신 석유 결제 대금은 오직 '달러'로만 결제하도록 협약한 것이다. 즉, 석유의 수요가 있는 이상 달러의 수요도 생기게 된 것이다. 이것을 '페트로 달러'라고 부른다. 석유는 산업 필수품 중 하나인데 달러랑 연동시켜 놓으니 석유가 없어지지 않는 한, 달러의 위상이 계속 유지될 수밖에 없는 것이었다.

인플레이션의
시대가 되다

1971년 8월 15일 금 본위제 폐지 후, 미국은 달러를 마구 찍어 내기 시작하게 되고 달러 가치가 떨어지자 유가는 상승하게 되었다. 원유 결제 통화가 달러이다 보니 '원유 수요=달러 수요'였고, 달러 약세는 원유의 강세를 자연스레 불러오게 된 것이다.

1970년대의 국제 유가는 OPEC의 자원 민족주의와 겹쳐, 1973년 원유 가격이 20달러에서 1979년 115달러 이상으로 상승하게 된다. 이 정도면 가히 Great Inflation 시대라고 할 만하였다. 이때 물가를 잡기 위해 1979년, 그 유명한 폴 볼거 FRB(Federal Reserve Board of Governors or Board of Governors of the Federal Reserve System) 연방 준비 제도 이사회 의장이 등장하게 된다(1979.8~1987.8, 8년간 재임).

2미터의 거구인 그가 의장에 취임할 당시 미국 경제는 고물가와 저성장이 공존하는 스태그플레이션 상태였다. 오일 쇼크로 물가가 천정부지로 뛰는 가운데 경기 둔화도 심각했다. 물가는 1979년 11%에 달했고

1981년 13%까지 치솟았다. 이를 잡으려면 금리를 올려야 했지만 경기를 살리려면 금리를 내려야 하는 딜레마를 안고 있었다.

볼커 의장은 두 마리 토끼를 다 잡겠다고 섣불리 나서지 않고 물가를 잡는 데 집중해 1981년 미국 기준 금리를 19세기 남북 전쟁 이후 최고 수준인 연 21%까지 끌어 올렸다. 이 영향으로 미국 중소기업의 40%가 파산하였고 실업률이 11%에 육박하였으며, 당연히 경기는 박살이 나서 불경기로 진입하게 되었다.

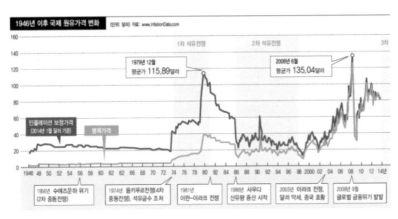

1946년 이후 국제 원유 가격 변화

※ 출처 : www.inflation.com, 「연합뉴스」 2014.10.20 기사 그래프 인용

워싱턴 Fed 청사에는 연일 시위대가 몰려들었다. 뉴욕에선 '멍청이 폴 볼커를 몰아내자'는 격문이 나붙었고, 괴한들의 살해 위협도 잇따랐다. 신변에 위협을 느낀 볼커 의장은 호신용 권총을 몸에 지니고 다녔다는 일화가 있을 정도로 심한 압박을 받았다. 하지만 그의 강력한 물가 안정 의지 덕택에 미국의 물가 상승률은 1983년 3.2%까지 드라마틱하게 떨어

진다. 그는 이로 인해 'Inflation Fighter'라는 명성을 얻게 되었으며, 2019년 12월 8일 92세로 일기로 타계하였다.

　자~~! 이제 본격적으로 일본의 버블 진입에 대해 이야기해 보자. 폴 볼커 의장의 기준 금리 인상 등의 강력한 조치는 물가의 안정을 가져왔다. 달러의 가치가 안정된 반면, 실업률 상승, 기업 파산의 증가 등으로 원유 수요가 하락하고, 이는 다시 유가 하락, 수입 물가의 안정 등으로 물가 상승률을 억제하게 되었다. 하지만 물가가 안정된 것은 좋은데, 경기는 여전히 좋지 않아 경기 부양을 위해 기준 금리 일부 인하와 여러 감세안을 실행하게 되었고 재정 적자도 심해졌다.

　'금리=돈의 값'이다. 즉, 금리가 연 21%까지 상승하니 전 세계의 돈이 미국으로 몰려들어 미 달러가 강세로 전환되었으며, 이는 수출 국가에게 큰 혜택으로 작용하게 되었다. 특히 자동차, 기계 장비 등의 수출이 큰 일본, 서독이 대표적으로 혜택을 본 나라에 해당하였는데, 이는 역설적으로 미국의 무역 적자가 큰 폭으로 증가하게 되는 상황을 의미했다. 대일(對日) 적자는 1985년 429억 달러로 확대될 정도로 미국의 고금리에 의해 미국으로의 자본 유입이 중지되지 않은 상태에서 달러 강세 기조가 계속되었다.

　결국 쌍둥이 적자인 재정 적자와 무역 적자 확대를 더 이상 견딜 수 없게 된 미국은 1985년 9월 22일 뉴욕 플라자 호텔에서 열린 프랑스·독일·일본·미국·영국의 이른바 G5 재무 장관 회의에서 당시 제임스 베이커 미국 재무 장관이 딜러화의 가치 상승이 세계 경제가 직면하고 있는 여러 문제점들의 하나라고 지적하고, 일본 엔화와 독일 마르크화의 평가 절상을 유도하여 달러 강세 현상을 시정해 줄 것을 압박하게 된다.

결국 G5 재무 장관들은,

① 환율이 대외 불균형을 시정하기 위해 그 역할을 다해야 한다는 점.
② 이를 위해 환율은 펀더멘탈을 지금보다 더 잘 반영해야 한다는 점.
③ 펀더멘탈의 현상 및 전망 변화를 고려하고 달러를 제외한 주요 통화의 對 달러 환율을 상승시키는 것이 바람직하다는 점.
④ 이 모든 사안을 위해 보다 밀접하게 협력해 간다는 것에 합의하였다.

당시에는 지금처럼 선진국 이외의 이머징 국가의 수요(시장)가 크지 않았고, 미국의 시장이 너무 커 환율 절상에 대해 각국이 공조하게 되었다. 플라자 합의가 채택되자 독일 마르크화는 1주일 만에 달러화에 대해 약 7%, 엔화는 8.3%가 오르는 즉각적인 변화가 나타났고, 이후 2년 동안 달러 가치는 30% 이상 급락하였으며 특히 엔화는 240엔에서 120엔 수준까지 다이나믹하게 절상되었다.

선진국들이 엔화와 서독 마르크를 사기 시작하였고, 일본도 달러를 팔고 엔화를 사기 시작하여 2년 만에 환율이 2배로 절상된 것이다. 당연히 일본은 대미 수출력이 떨어졌지만 실제로 절대적인 무역 흑자 금액은 늘어나지도 줄어들지도 않았다. 일본의 환율 경쟁력은 반 토막이 났는데도 제품 경쟁력은 유지가 되었던 것이다. 그만큼 일본 제품의 품질이 좋았고, 피나는 원가 절감의 노력이 이어진 결과일 것이다. 미국 입장에서는 환율 절상 압박이 추가적인 무역 적자 증가는 억제하였지만, 무역 적자를 줄이는 효과는 없었던 것이다. 즉, 일본이 미국산 제품을 사 줘야 무역 적자를 줄일 수 있기에 일본이 내수를 부양하여 미국산 제품을 많이 구매하도록 압박할 필요가 있었다. 이 당시 미국은 쌍둥이 적자 해소를 위해 다시 한번 압박(협박에 가까운)을 하게 된다.

실제 버블은 여기에서부터_
1987년 2월 루브르 합의

미국은 1987년 2월에 다시 한번 선진 7개국 재무 장관(G7)을 불러 프랑스의 옛 루브르 왕궁에 있는 프랑스 재무성에서 회의를 한다. 회담 내용의 주요 골자는 '더 이상의 달러 하락은 각국의 경제 성장을 저해한다.'라는 명목으로 통화 안정에 관해서 환율 절상은 이 정도 선에서 되었으니, 일본과 서독은 금리를 낮춰 경기 부양을 통해 내수를 확대할 것을 요구한 것이다. 경기 부양을 해 내수 경기가 좋아지면 미국산 제품의 수출이 늘 것으로 판단한 것이다. 일본도 환율이 급격히 절상되자 수출 위축으로 인한 경기 냉각을 걱정하였던 시기였기에 내수 부양 카드를 만지작만지작하고 있을 때였다. 합의 이후 일본은 기준 금리를 0.5% 인하하였고, 경기 부양을 위한 각종 부양책을 도입하게 된다. 부동산 경기 부양 역시 그중 하나였다. 금리를 낮추자 부동산과 주식 시장이 들썩이기 시작하였다.

원래 국제 시장은 수요(수입)보다는 공급(수출)하려는 경향이 강하다.

내다 팔아야 달러를 얻을 수 있기 때문이기도 하다. 그런데 1980년대는 서방 세계와 소련을 중심으로 하는 동구권, 즉 냉전 시기였기에 수출입을 중심으로 하는 자유 시장 경제는 지금처럼 크지 않아서 미국 시장에 의존하는 경향이 컸다. 하지만 미국의 힘이 약해지고 구매력이 떨어지자, 플라자 합의와 루브르 합의를 거쳐 일본과 서독이 국제 수요를 받쳐주는 역할을 하게 되면서 자산 시장을 포함하여 글로벌 거래 시장이 활기를 띠게 되었다. 하지만 모든 것은 차면 기우는 법이다.

금리를 낮추고 경기 부양책을 펼치자 자산 과열 양상이 나타나기 시작하였다. 자산 버블 우려와 내수 과열 등의 시그널이 여기저기서 나타나기 시작함에 따라 서독 중앙은행이 먼저 금리 인상 카드를 검토하기 시작하였다. 눈치를 보던 일본도 자국 부동산 자산이 오르기 시작하자 금리 인상 움직임을 나타내기 시작한다. 미국도 1987년 7월~8월에 금리 인상을 검토하는 등 자산 버블, 경기 과열 징후 등의 조짐을 차단하려고 하던 찰나였다. 시장은 공급(파는 자), 수요(사는 자) 두 가지인데 금리가 인상되면 상환 이자가 늘어 투자 수요의 감소를 불러오고 그러면 고용이 줄고, 이는 소득이 줄어드는 것을 의미하며, 소득이 줄면 수요 감소로 돌아와 다시 상품의 가격 하락, 기업 이윤 하락, 고용 하락, 소득 감소, 수요 감소, 가격 하락을 반복하게 되는 디플레이션에 빠질 우려가 커지게 되는 것을 의미하였다.

미국이 금리를 21%까지 인상해 자국 물가를 잡으려 했고, 이때 미국의 수요가 줄어드는 걸 일본과 서독이 내수 부양을 통해 메꿔 달라고 요청했던 것인데, 일본과 서독이 금리를 인상하려 한다는 건 그걸 메꿔 줄 수요가 줄어든다는 걸 의미하는 것이었다.

이때 전 세계 '수요의 공백'에 대한 공포로 단 하루 만에 다우 지수가 22%나 하락하는 일이 벌어진다. 이것이 그 유명한 1987년 10월 19일에 발생한 '블랙먼데이'다. 글로벌 수요 공조의 균열로 '블랙먼데이'가 발생한 것이다. 이에 따라 미국은 금리 인상 카드를 포기하게 되고 일본과 서독도 금리 인상을 철회하기에 이르게 되었는데, 일본은 금리 인상을 해야 할 시기에 블랙먼데이라는 강력한 마찰적 조정으로 인해 불행하게도 그 기회를 놓치게 된다. 중앙은행의 금리 인상은 물가를 보면서 조절하게 되는데, 엔화 초강세는 수입 물가의 안정을 가져온다는 의미이기도 하다. 즉, 경기가 끓어오르고 부동산 가격이 상승해도 물가가 안정되어 있다는 의미를 뜻한다. 1986년에는 원유 가격이 60달러 대에서 20달러 대로 하락하였는데, 여기에는 노르웨이, 멕시코, 소련 등 당시 신규 원유 수출국이 진입하게 되고 이에 대항해 OPEC이 전격적으로 원유 가격을 인하한 것이 그 원인으로 작용하였다. 즉, 국제 유가는 빠르게 하락하는데 엔화의 빠른 절상으로 인해 수입 물가까지 크게 낮아지는 수준을 보이니 일본에서는 부동산이나 주식의 가격이 상승하는데도 경기가 좋고 물가도 낮은 수준을 유지하는 이례적인 현상이 나타나게 된 것이다.

이는 결국, 일본 중앙은행이 제때 금리를 올리지 못하고 버블을 키우는 또 하나의 원인이 되기도 하였다. 그 당시 일본의 자산 가격 상승이 얼마나 버블이었는지를 보면, 일본의 전신전화공사 NTT(Nippon Telegraph and Telephone Corporation)가 1987년 2월 10일 기업 공개를 통해 상장을 하게 되었는데, 1주당 공모 가격이 119.7만 엔이었으나 첫날 160만 엔으로 거래되었고, 4월 22일에는 318만 엔(최고점)까지 상승하여 1988년 전 세계 시차 총액 1위 기업이 되었다(2,768억 달러). 2위인 IBM

의 3배가 넘는 가격이었다. 니케이 지수는 1989년 12월 28일 38,916까지 도달하였고, 부동산 가격은 1985년 대비 10배가 오르는 기염을 토했다. LTV(주택 담보 대출 비율) 120%, 즉 1억 엔짜리 부동산이 더 오르리라 보고 1.2억인 120%까지 대출해 주던 것이 당시 은행의 관행이었다.

한국도 86년~88년까지 低달러, 低유가, 低금리 등 3低 호황으로 유례 없는 호황을 누렸다. 하지만 이런 흐름은 결국 전환기를 맞이하게 된다.

버블 붕괴_
잃어버린 30년

자산 버블은 결국 경제에 큰 짐이 될 수밖에 없기에 드디어 일본 중앙 은행이 기준 금리에 손을 대기 시작하였다. 일본 중앙은행은 1987년 블랙먼데이 충격에서 어느 정도 회복되었고, 대미 무역 흑자도 일정 부분 축소됨에 따라 금리를 1989년 2.5%에서 1990년 6%까지 수개월 만에 급격히 올렸다.

당연히 대출 금리도 빠르게 오르면서 주택 담보 대출을 받았던 수많은 사람들이 부담을 느끼면서 토지와 주택 등 부동산 가격이 큰 폭으로 하락했다. 총량 규제라 하여 은행의 총대출 중에서 부동산 비중을 억제해 버렸다. 금리 상승과 대출 총량 규제로 인해 가계 부채 총량은 하락하는데 가계 부채 비율은 부동산 가격의 급격한 하락으로 인해 오히려 크게 증가하는 현상이 발생하여 소비 심리에 큰 영향을 주었다.

부동산 가격이 하락함에 따라 운 좋게 빨리 매각한 사람은 일부 대출을 갚았지만, 부동산 가격 하락이 더 빨리 찾아왔기에 결국엔 부채 비율이 크게 늘게 된 것이다. 이를 '대차 대조표 불황'이라고 한다. 당시는 '버블이 꺼져야 한다.', '투기꾼들은 벌을 좀 받아야 한다.'는 분위기가 팽배하여 부동산 자산 가격 하락을 수수방관하였던 것이다.

즉, 자산 가격이 무너질 때 소프트랜딩에 실패하게 되는데, 이것이 일본 중앙은행의 두 번째 실책으로 볼 수 있다. 첫 번째 실책은 루브르 회담 후 금리 인하 시 급격한 자산 가격 상승을 막았어야 했다. 즉, 블랙먼데이가 왔어도 금리를 일정 부분 올리고, 대출도 LTV를 엄격하게 통제하여 자산 급등을 제어했어야 했는데 그렇지 못했던 것이다.

세 번째 실기는 은행들 부실을 너무 늦게 처리한 것이다.

부동산 가격의 하락은 은행 대출 담보물의 하락으로 이어져 은행의 건전성에 크게 위협이 되었다. 그러나 은행은 기업 자산을 장부가로 평가 시행하는바 은행들의 부실이 감춰지는 효과를 가져온 것이다.

정부는 버블 붕괴가 큰 문제가 되자 건설 경기를 통해 내수 부양하는 짓을 하게 되어 결국 1996년~1997년에 야마이치 증권을 필두로 은행들도 도산하기 시작하였고, 정부는 뱅크 런을 막기 위해 1997년에서야 공적 자금을 금융 기관에 투입하게 되었다. 처방이 늦다 보니 근원 치료도 늦어져 13개 은행이 3개로 통폐합되고, 2003년이 되어서야 겨우 수습할 수 있었다. 버블 붕괴의 후유증은 실로 엄청났다.

일본 국세청 자료를 기반으로 작성된 일본 時事통신 2020년 9월 26일자 기사에 따르면, 금융 기관에 공적 자금을 투입하여 어느 정도 근원 치료가 된 1997년도의 민간 평균 급여가 月 467.3만 엔이며, 그 10년 뒤인 2007년엔 437.2만 엔으로 오히려 6.4% 줄었다.

2012년도엔 400만 엔 초반까지 떨어졌다가 아베노믹스 이후 조금씩 증가 추세에 있다. 급여가 증가했다곤 해도 2019년 급여가 436.4만 엔으로 2007년 정도로 회복된 수준에 불과하였다.

일본의 민간 평균 급여 추이

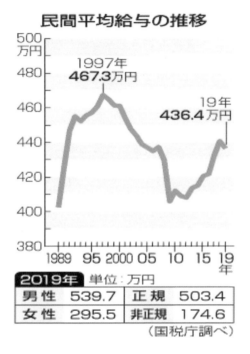

※ 時事통신 2020년 9월 26일 자 기사 인용

이렇다 보니 일본의 서민층은 부동산 및 주식 등의 자산 가치는 크게 줄고, 급여는 떨어지는 등 고단한 생활을 할 수밖에 없는 구조가 되었다. 이러한 일본의 자산 버블 붕괴로 인해 '북관동의 YKK 혈전'과 같은 전자 유통의 가격 싸움이 더욱 본격화된 것이다.

이러한 약육강식의 싸움은 가격 경쟁력이 떨어지는 전자 유통을 시장에서 도태시키며, 살아남은 전자 유통도 합종연횡 등을 통해 몸집 키우기에 나서 그 많던 메이커의 계열점과 군소 양판점 몰락을 재촉하였고, 대형 양판점 업체 중심으로의 일본 전자 유통이 재편되는 상황으로 이어져 내려온 것이다.

버블 붕괴 후
성장 산업

일본 정부는 버블 붕괴 이후 6%대에 있던 금리를 인하하여 1999년도에는 제로 금리까지 낮춰 시행하게 된다. 초저금리로 수출 기업을 살리면 경기가 부양될 거라고 판단하였다. 조달 금리가 낮아지니 투자에 부담이 줄어들고, 이는 결국 경쟁력으로 이어질 거라는 논리로 걱정하지 말고 돈을 빌려 더 투자하라는 의미였다. 하지만 한편으로는 금리 인하는 경기 자극보다는 오히려 그 부작용을 경계해야 한다는 목소리도 있었다.

대출을 많이 해 줬는데 그 기업이 파산하면 일본 은행들의 부실화 가능성이 높아진다는 우려였다. 또한 금리 인하는 민간의 소비력을 떨어뜨린다는 논리도 있었다. 예금자들의 금융 소득 인하 부분이다. 당시 일본 민간 부분 예금 규모가 1,000조 엔이었는데 1% 금리만 떨어져도 연간 10조 엔의 이자 소득이 사라진다. 줄어든 10조 엔만큼 민간의 소비력도 사라진다는 주장이었다.

이게 얼마나 큰 금액이냐면 일본의 2020년 방위 예산이 5조 3223억 엔이다. 즉, 현재 기준 2년 치 방위 예산 규모의 소비력이 단 1%의 금리 인하로 인해 한해에 사라져 버린다는 것을 의미했다. 그러나 일본 정부는 초저금리를 시행하게 된다. 당시에는 6% 금리에서 0%의 제로 금리까지 시행하게 될 줄은 꿈에도 몰랐겠지만, 결과적으로 1999년에 제로 금리가 되었으며 결국 연 60조 엔의 예금자 이자 소득이 허공으로 날아가 버려 민간 소비력이 크게 떨어지는 결과를 가져왔다. 2000년 초에 들어 0.2%까지 금리를 올렸다가 당시 닷컴 버블로 다시 제로 금리 정책을 시작한다. 1990년대에서 2010년대에 이르는 동안 초저금리 정책을 시행했으니 일반 국민들 입장에서는 얼마나 많은 변화가 있었는지 짐작하기가 어렵지 않다.

일본에 '마도기와족(窓際族)'이란 말이 생겨났다. 마도기와(窓際)는 일본어로 '창가'라는 뜻이다. 1960~1970년대 일본의 고도 경제 성장 시대에 대거 입사한 사원들이 1990~2000년대 침체기에 직급과 급여가 높은 관리자급 중년 직원이 되어 월급만 축내는 골칫거리로 인식되기 시작한 것이다. 일본의 전통적 고용 제도인 종신 고용제를 지켜 왔던 회사로서는 그들을 그만두게 할 수도 없고, 그렇다고 일거리도 주지 못하게 되자 전망 좋은 창가에 자리를 마련해 놓다 보니 본의 아니게 창밖을 내다보는 신세로 전락한 잉여 인원들을 이르는 대명사가 되었다.

마도기와족(窓際族)이 점점 확대되면서 사회 문제로 부각되었으며, 가정에서는 '캥거루족'이 생겨났다. 대학 졸업자들이 취업이 안 되자 부모에 얹혀살아가게 된 사람들을 이르는 단어로 아버지는 마도기와족, 아들은 캥거루족 등 일본의 장기간 경기 불황은 소비 패턴에 많은 변화를 가져오게 되었다. 가격과 품질에 대해 생활 제안형의 상품과 서비스를 제공하는 혁신적 전문점 체인이 각광을 받게 된 것이다.

요시노야(吉野家)와 같은 값이 싸고 가성비가 좋은 소고기 덮밥집, '100엔샵'을 전개하는 다이소산업, SPA 전략을 구사하여 '유니클로'라는 캐쥬얼 브랜드를 확립시킨 패스트 리테일링, '무인양품(無印良品)'이라는 無브랜드(No-brand brand) 상품을 성공시킨 료힌케이카쿠(良品計劃), 저렴한 회전초밥집, 미용실인데 샴푸 서비스를 빼 가격을 낮춘 'QB 하우스' 등이 큰 인기를 끌게 된다.

장기 불황을 겪으면서 인건비를 줄인 키오스크와 자판기 주문 역시 새롭게 등장한 문화라 볼 수 있다. 그런데 현재의 한국도 일본을 너무나 닮아 가는 것이 예사롭지 않다. 앞으로 다가올 우리 사회 역시 저금리와 재정 확대 정책이 계속될 것으로 예상되는데, 가슴이 답답해지지만 일본의 이러한 변화 모습은 참고해 볼 만하리라 생각한다.

소고기 덮밥집 요시노야(吉野家)와 미용실 QB HOUSE

⏻ TIP 3.

버블 시대가 탄생시킨 요지경 인생

일본의 버블 시기에 오노우에 누이(尾上縫, 1930~2014)라는 여성이 있었다. 그녀는 나라현(奈良県)의 빈농 출생으로 25세에 오사카로 상경한다. 야키니쿠집에서 아르바이트를 하다 경제계의 유력자인 다이와하우스 창업자의 형과 결혼에 성공하여 1960년대 고급 레스토랑 2곳을 경영하게 된다. 1987년 일본의 경기 호황 및 버블 시기에 그녀는 증권 회사 직원의 권유로 10억 엔의 증권을 매입하여 엄청난 이득을 얻게 된다.

이후, 증권 투자 유혹에 빠진 그녀는 자신의 증권과 전 재산을 투자하여 사들인 주식을 담보로 다시 대출을 받아 더 많은 투자를 하게 되었다.

1988년에만 2,270억 엔을 금융 기관으로부터 빌려 주식 투자를 하였다.

오노우에 누이(尾上縫)

※ TV Tokyo 방송 이미지 인용

이러한 투자 방식은 빚을 바탕으로 한 투자라서 주가가 떨어지면 빚더미에 앉는 상황이었지만, 일본의 버블 경제는 그것을 가능케 해 주었다.

그렇게 증권가의 큰손이 된 오노우에 레스토랑에는 많은 금융계 인사들이 드나들게 되었으며, 그녀는 실패를 모르는 경제 인물이 되어 가고 있었다.

그런데 문제는 그녀의 증권 투자 방법이었다. 그녀는 토속 신앙에 빠져 있어서 금 두꺼비를 놓고 빌면서 생각나는 주식에 투자하는 방식이었다. 당시 금융계 사람들은 말도 안 되는 방식이라 하였으나, 그녀는 그렇게 말하는 사람들은 아예 만나 주려 하질 않았다.

대출로 먹고사는 금융업계에서는 큰 고객을 잃을까 노심초사하여 그녀의 집에 직원을 상주시키며 대출을 해 주었다. 그녀를 추종하는 사람들도 그녀의 방식대로 금 두꺼비에 기도를 올리면서 주식이 올라가기를 바랐다.

1990년 금리 인상으로 버블이 꺼지면서 주식 가격도 폭락하여 큰 손실을 보게 되었고, 1991년 투자 손실을 감당하지 못한 그녀의 찬란했던 4년간의 증권 신화가 막을 내리면서 대출을 해 주었던 東洋信金은 파산하였고, 마쯔시타전기(松下電器) 그룹의 관계사였던 내쇼날리스(ナショナルリース)는 그룹 내 타사에 합병되었으며, 결국 그녀도 체포되어 12년간 수감하게 된다. 사기 혐의로 체포된 시점에 그녀의 차입금 총액은 2조 7736억 엔, 회수액 2조 3060억 엔, 파산으로 인한 부채 총액이 4300억 엔에 이르러 개인으로서는 일본에서 사상 최대액이었다. 이후 그녀의 행적을 아는 사람은 없었으며, 일본의 버블 경제가 만들어 낸 불가사의한 사건이 되었다.

2. 우리가 몰랐던 동경의 역사_우에노(上野)와 긴자(銀座)

우에노(上野) 칸에이지(寬永寺)

 미술관, 박물관 등의 문화시설이 많이 남아 있는 우에노(上野)에는 칸에이지(寬永寺)라는 절이 있으며, 교토(京都)를 흉내 내어 만든 곳이다. 메이지 시대에 비행기나 전철 등 新기술을 가장 먼저 도입한 곳이 우에노이기도 하다. 칸에이지(寬永寺)는 도쿄 국립 박물관 뒤편에 위치하고 있으며, 도쿠가와(德川) 장군家의 주군 묘가 있는데 당시의 장례법이던 매장(土葬)에 따라 도쿠가와 장군 15명 중 6명이 잠들어 있다.

 건축물은 관동 대지진(1923년)에도 건축 양식이 무너지지 않고 원형대로 보전되어 왔으나 1945년 도쿄 대공습으로 대부분 소실되었고, 이후 중요 문화재로 지정 개·보수가 되어 현재에 이르고 있다. 일반인은 출입이 금지되어 있어 일본에 오래 살았던 사람도 잘 모르는 경우가 많은데, 5명 이상의 단체에 한해 예약제로 매월 3일간 공개되고 있으며, 다이토구(台東区) 구청이 주최하는 특별 공개가 매년 가을에 하루 진행되고 있다.

칸에이지(寬永寺) 도쿠가와(德川) 장군家의 영묘(霊廟)

긴자(銀座) 아사히이나리 신사(朝日稲荷神社)

　긴자(銀座)는 은화를 주조하던 곳이라는 의미로 붙여졌기에 일본 전국에서 긴자라는 상점가를 볼 수 있는데, 이는 긴자가 번화하고 모던한 거리라는 의미로 전국에서 사용되었다. 동경 긴자의 한 건물 옥상에 아사히이나리 신사(朝日稲荷神社)라는 곳이 있는데, 본래는 1층에 신사가 있었으나 토지를 개발하면서 배전(拝殿, 참배를 위해 세운 부분)은 밑에 남기고 본전(本殿)을 건물 옥상으로 옮긴 것이다.

　마이크가 연결되어 있어 1층에서 소원을 빌면 그 소원이 마이크를 통해 본전으로 연결되는 구조이며, 흙이 가득 찬 파이프가 연결되어 있어 땅에 있어야 하는 신사를 옥상으로 옮겨도 땅과 연결되어 있다는 의미를 전달하고자 하였다. 상업의 신으로 장사의 번영은 물론, 결연과 가내 평안도 함께 기원하러 오는 참배객이 많다고 한다. 굳이 이렇게 해서라도 신사(神社)를 남기고자 하는 것에서 전통을 지키려 하는 일본인의 마음가짐을 엿볼 수 있다. 창건 연대는 미상이나 1917년 관동 대지진으로 크게 훼손된 이후, 동경도 관할하에 있다가 전후 다시 재건되었다. 엘리베이터로 8층까지 이동 후 다시 비상계단으로 옥상까지 진입할 수 있다. 월~금요일 오전 9시 30분부터 오후 7시까지 참배가 가능하며, 입장료는 500엔이다.

아사히이나리 신사(朝日稲荷神社) 주소

〒104-0061 Tokyo, Chuo City, Ginza, 3 Chome－8－12 大広朝日 Building
(〒104-0061 東京都中央区銀座 3 丁目 8－12 大広朝日ビル)

긴자(銀座) 아사히이나리 신사(朝日稲荷神社)

※ 출처 : Asahiinari.com

제3장

일본 전자 유통의 발전사

지금까지 일본 전자 유통의 1위 양판점인 야마다전기의 성장, 그리고 버블 시대의 도래 원인 및 붕괴로 인한 사회적 파급, 전자 유통이 재편되는 시대적 상황 등에 대혜 살펴보았다.

그러면 이번에는 일본의 전자 유통이 발전해 온 모습을 태평양 전쟁의 패망 전부터 최근에 이르기까지 당시 대표적인 가전기업인 마쯔시타를 중심으로 살펴보고자 한다.

패망 前
(~1945년)

유통이란 무엇일까? 국어사전에 따르면 "상품이 생산자에서 소비자, 수요자에 도달하기까지의 교환 및 분배되는 활동"이라 정의되어 있다. 자사의 제품 및 가치가 고객에게 제대로 전달되도록 하기 위해서는 '유통'이란 이해는 필수적이라 할 수 있을 것이다. 전후(1946년~)에는 제조 메이커의 판매 회사(도매점), 계열점(소매점) 만들기와 계열 체제의 확립·강화의 시대, 계열점을 1점이라도 더 만들고, 계열점이 제조 메이커의 제품을 100% 판매토록 지향한 시대라고 볼 수 있다.

한국의 6.25사변으로 인한 특수 경기는 패망 후 일본을 기사회생시키게 되었고, 이에 따라 1950년대부터 본격적인 전등(電燈)과 라디오 수신기를 취급하는 전기점(電機店)이 전국 각지에 탄생하게 된다. 그러나 패망 전에는 전시 체제로서 군수품 생산에 동원되었기에 민간 소비자에게 팔 수 있는 제대로 된 유통망이 존재하지 않았다고 해도 과언이 아니다. 전후 이러한 전기점(電機店)들이 어떻게 제조 메이커의 계열점으로 성장하였는지 살펴본다. 태평양 전쟁 전시 체제 전인 1920~1930년대에는 유통의 리더십을 도매업자가 쥐고 있었고, 제조 기업이 아직 영세했기에 가전만을 취급하는 전문 도매점 등의 유통도 없었다.

마쯔시타 고노스케(松下幸之助)가 1918년 창업한 마쯔시타도 이러한 가전 유통 환경 속에서, 1923년 자전거 전지식 램프를 판매하기 위한 대리점을 모집하는 등 도매상의 대리점화에 착수한 것이 가전 유통의 시초라고 할 수 있다. 마쯔시타도 당시에는 소규모 제조 기업에 지나지 않았으나, 이러한 가전 유통 환경 속에서 일찍이 유통 계열화에 착수하였다. 마쯔시타 제품만을 취급하는 전매 대리점에 대해서는 매월 구매 금액의 3%를 적립해 마쯔시타가 당기 실적을 감안한 배당금으로 지급하는 '배당금 조건하의 적립금 제도'도 시행하였다. 그뿐만이 아니라 마쯔시타는 대리점(도매)을 경유하지 않고 소매점과 직접 접촉도 시도하여 소매 단계에 있어서 계열점의 효시라고 할 수 있는 연맹점 제도를 도입하였다. 사실 '연맹점 제도'는 당시 관행이던 덤핑 판매로 인해 제조 기업, 대리점, 소매점 등 모두 피해가 발생하자 이를 타계하기 위해 '正價제도'를 도입하였고 이때 연맹점(소매점)들의 호응으로 계열화가 정착되었다.

연맹점 제도는 1935년 말 1,200개소가 1941년에는 10,000개소를 넘을 정도로 소매상들이 마쯔시타의 채널 정책을 지지했다고 볼 수 있다.

패전 전 변변한 가전 메이커 및 가전 유통도 없던 시절, 마쯔시타 도매상의 대리점화 및 대리점을 거치지 않고 직접 소매점들을 규합한 연맹점이 가전 유통의 거의 전부라고 할 수 있을 것이다. 이후 타 메이커에서도 마쯔시타의 형태를 따라 하게 되었다.

松下電器가 생산한 제품들

※ 松下電器는 전구 소켓을 만들던 회사였으며, 이후 자전거용 램프 등을 만들어 크게 성장하였다.

그 대신에 전매 대리점에 대해서는 여러 가지 특혜를 주었는데, 대표적인 것이 마쯔시타가 매월 구매액의 3%를 각 대리점 명의로 적립하고 연 2회 결산기에 마쓰지타의 당기 업적을 감안하여 배당금으로 지급하는 '배당금 조건하의 적립금 제도'였다.

이 제도는 일본이 1938년 국가 총동원법을 발동하여 전시 경제 체제로 돌입하면서 중단되었고, 패전 후인 1946년에 다시 부활한다. 당시 전기 기구를 비롯한 가전제품의 상당수는 정가가 붙어 있지 않거나, 간혹 소매가격을 정해 두어도 실제로는 소매상이 마음대로 가격을 붙여서 파는 것이 일반적이었다. 소매상 중에는 제품을 터무니없이 비싸게 팔아 소비자의 불신을 사거나, 고객 확보를 위해 가격 인하 경쟁에 빠져 적자 상태가 되는 사례도 많았다. 사정은 도매상이 소매상에 파는 경우도 마찬가지였다.

戰後 계열점 태동/
성장기(1950년~1970년)

1) 메이커의 판매 회사(도매상)와 계열점 만들기

전후(1946년~) 전등과 라디오의 취급에서 시작되었던 일본의 전기점은 당초 라디오를 직접 조립 판매하거나, 아키하바라(秋葉原) 등으로 매입하러 오거나, 도매상을 통하여 전문 메이커나 현재 가전 메이커의 제품을 매입·판매하였다. 1950년에는 전기냉장고와 드럼식 전기세탁기, 1951년의 전기세탁기, 1952년의 룸에어컨, 테이프 레코더, 1953년의 흑백 TV 등이 잇따라 가전 메이커로부터 발매되기 시작하자, 전국 각지에 영업망을 지닌 종합 도매상을 통해 각지 전기점에 가전제품을 공급하게 되었다.

1955년부터 1956년에 걸쳐 일본경제는 '진무경기(神武景氣)'라 불리는 호경기에 접어드는데, 이는 한국 6.25사변의 전쟁 특수가 일본 경제에 부흥의 기회를 준 것이었다. '진무(神武)'는 일본의 첫 천황의 원호(年

號라고도 함)이다. 얼마나 경기가 좋았으면 천황 시대의 이름으로 불리었으랴. 이러한 호경기에 힘입어 흑백 TV, 냉장고, 세탁기가 '3종의 신기(三種의 神器)'로 서민들에게 동경의 대상이 되었고 수요가 급속도로 확대되었다.

이 무렵부터 가전 메이커 각 사는 생산 품목의 확대와 매출 급증, 가전 제품의 향후 성장성에 주목하여 자사 제품만을 취급하는 판매 회사(도매점)와 소매점을 확보하는 노력을 본격화하기 시작하였다.

각지의 중소 종합 도매상, 대형 종합 도매상을 매수하거나 합병 형태로 메이커계 판매 회사(도매점)의 설립이 시작되었다. 이후 1961년까지는 각 메이커가 각지에서 종합 도매상을 매수하거나, 공동 출자하여 설립한 메이커계 판매 회사(도매점)와 메이커 산하에는 들어가지 않지만 각 메이커의 상품을 매입하여 판매하는 종합 도매상을 통한 상품 공급을 병행하는 시대가 이어졌다. 또한, 메이커 계열 판매 회사에 의한 소매점의 계열화가 1950년 중반부터 전개되었다.

2)마쯔시타가 종합 도매상의 판매 회사化 선행

전후 마쯔시타는 전시 중 기능 마비에 빠진 유통 계열망 재건을 위해 1946년부터 대리점 제도를 부활시켰는데 1949년 후반에는 마쯔시타 고노스케(松下幸之助)사장이 선두에 서서 홋카이도에서 큐슈에 이르기까지 전쟁 전후에 거래 계약하였던 도매업자와 소매점을 돌면서 판매 루트 확립에 총력을 기울였다.

1949년에 마쯔시타 본사의 영업소를 전국 주요 도시에 배치하였고,

기존 대리점을 회원으로 하는 '내쇼날 공영회'를 결성하였으며, 영업소 단위별로 각각 지구 분회를 편성하고 대리점과의 거래 창구로 삼았다. 또한, 1950년에 제1차 '내쇼날 공영회' 전국 대회를 열었다. 'National' 브랜드는 자전거용 램프 브랜드였는데 이후 많은 마쯔시타의 가전제품에 사용하였다. 이 내쇼널 제품을 취급하는 도소매상을 각각 '내쇼널 공영회', 그리고 나중에는 '내쇼널샵'으로 명명하게 되었으며, 초기에는 경쟁사 제품도 취급하는 혼매(混賣)대리점에서 전매(專賣)대리점으로 변해갔다. 1950년 8월에는 내쇼널 제품의 도매 업무를 전담하는 '판매 회사 제도'를 도입, 우선 코치현(高知縣)의 복수 메이커 거래 대리점과 마쯔시타가 공동 출자하는 형태로 코치(高知) National 제품 판매㈜를 설립하였다.

이후 이러한 도매상과의 합병 형식(마쯔시타의 투자 비율 30%~50%)으로 내쇼널 제품을 전매하는 판매 회사가 1959년까지 전국 각지에 설치되어 총 판매 회사의 수는 100社에 이르렀다. 다른 가전메이커도 마쯔시타의 판매 회사 제도를 도입하여 각지에서 유력한 종합 도매상을 산하에 넣기 위한 경쟁이 점차 확대되었다.

각지의 소매점은 연맹점이라는 호칭으로 마쯔시타와 거래 계약을 체결하고, 판매 회사와 직접 거래하여 점차 National 제품만을 취급하는 '전매형 계열점'이 되어 갔다. 1957년에는 SHOP店 제도를 채택하여 National 제품의 전매점 및 준전매점을 'National Shop'으로 지정하였다. 당초에는 4~5천 점이었으나 급격히 증가하여 10년 후엔 2만 점 가까이 늘어나, 최전성기였던 1970년에는 2만 4천 점이 넘었다.

마쯔시타는 전후 라디오 수신기 및 형광등을 중심으로 생산 공급했으나, 1951년에 세탁기, 1952년에 흑백 TV와 주스믹서, 1953년에 냉장고, 토스터기, 커피포트 이후 청소기와 스팀다리미, 난방기, 선풍기 등을 포함하여 점차 신제품을 시장에 투입하였다. 이로 인해 소매점도 마쯔시타의 제품 종류가 증가함에 따라 마쯔시타 제품만으로도 영업을 유지할 수 있게 되었다. 특히, 1952년 무렵부터 발매되었던 흑백 TV는 당초 17인치 고급형이 29만 엔, 보급형이 23만 엔 정도의 가격이었고, 민영 방송에서 TV 방송을 시작한 1953~1954년을 거쳐 1955년 당시에도 14인치가 8만 엔으로 샐러리맨 초봉의 1년 치에 가까운 고가격 제품이었으나, '3종의 신기(三種의 神器)'로 불리는 붐으로 많은 수요가 있었다.

이 시기의 TV나 각종 가전제품의 품질은 판매 전기점의 수리 서비스 체제가 강력히 요구될 정도로 낮은 수준이었으며 기술 교육, 수리 부품의 공급 문제 때문에 전기점은 메이커와의 관계를 강화하였고, 이는 메이커 측의 전매형 추구 전략과 맞물려 계열 전매형 전기점이 더욱 늘어나는 요인이 되었다. 이러한 상황은 컬러 TV가 발매되었던 1960년부터 수년간 더욱 확고하게 되었다. 지자기(地磁氣)의 영향을 받아 색이 변하는 컬러TV 클레임의 신속한 서비스는 지역 밀착형 계열점이 성장하는 주요 원인이 되었다.

3) 마쯔시타 고노스케(松下幸之助)와 아타미 회담

1963년에 흑백 TV의 보급률이 89%, 라디오 82%, 세탁기 66%, 냉장고가 40%에 달해 가전 시장의 성장률은 둔화되기 시작했으나, 메이커 각사는 증산 체제를 바꾸려 하지 않았다. 특히 흑백 TV는 1964년 개최된 동경 올림픽에 의한 대폭적인 수요 증가를 예상하여 생산 조절은 아예 조정하려 하지 않았으며, 오히려 한층 더 증산을 지속했다.

결국 흑백 TV는 판매 전망 대수를 크게 상회하여 1965년도 중반에는 메이커 및 유통 단계에서 120만 대나 재고가 남게 되었다. 가전 전업 메이커와 중전(重電) 메이커의 치열한 싸움은 양 진영에 과잉 생산을 가져왔고, 아이러니하게도 가전 붐에 종언(終焉)을 가져왔다.

1950년대~1970년대 주요 전자제품 보급률 추이

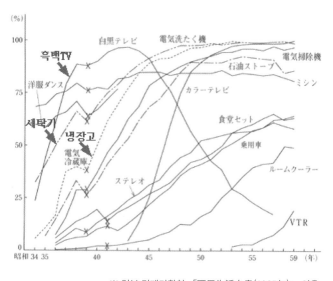

※ 일본 경제기획청 「國民生活白書(1985年)」 인용

이러한 메이커 측의 과잉 생산 고통은 소위 메이커의 '밀어내기 판매'로 고스란히 유통 측에 전가되었다. 겉으로는 독립 회사라고 하나 대부분의 판매 회사는 메이커의 자금 지원을 받든가 또는 계열에 들어가 있어서 메이커의 의도에 역행할 수가 없어 팔릴 리 없는 가전제품을 받을 수밖에 없었다. 경영난이라는 의미에서 계열 소매점도 사정은 마찬가지였다. 도매점으로부터 아무리 싸게 매입해도 공급 과잉의 상태에서는 상품을 팔 수가 없었다. 소매점도 또한 도매점과 같은 경영난으로 전·폐업이 속출했다.

마쯔시타(松下電器) 측은 1964년 7월 9일부터 3일간 아타미(동경에서 고속도로로 2시간 거리인 시즈오카현에 있는 온천지역)의 뉴 후지야 호텔에서 전국 판매 회사 및 도매 대리점 170개사의 사장을 초대해 '전국 판매 회사 대리점 사장 간담회'를 개최하였다. 창업자인 마쯔시타 고노스케(松下幸之助) 회장 이하 전 임원, 전 사업부장, 전국의 영업소장이 참석해서 회의장 인원은 270명이나 되었다. 이는 후에 유명한 '아타미 회담'이라 불렸다.

당시 뉴오타니 호텔과 아타미 회담 사진

참석한 판매 회사 및 도매 대리점 사장들은 차례차례 고단한 경영 상태를 하소연함과 동시에 그러한 상황에서 회사 측이 적절한 수단을 강구하지 않는 것에 대해 강력히 책임을 추궁하는 소리가 높아져 갔다. 당시 마쯔시타에서는 각 사업부 → 각지의 영업소 → 도매점(판매 회사 및 도매

대리점) → 지역의 판매점(계열 소매점)이라는 루트로 마쯔시타 제품을 유통시켰다. 게다가 판매 회사는 정식으로 결정된 영업 지역이 없었다.

그 때문에 과잉 생산으로 판매 회사로의 '밀어내기'가 횡행해 난두극이 지속되자, 동경의 대형 판매 회사가 대량 매입을 통한 고율의 리베이트를 무기로 값싸게 멀리 있는 홋카이도나 규슈 지역의 소매점에까지 팔게 되었다. 그로 인해 해당 지역의 판매 회사는 소매점에 제품을 넘길 수가 없었기에 계열 판매 회사 간 그리고 계열점 간의 싸움이 전국 각지에서 일어나고 있었던 것이었다. 아타미(熱海)회담에서 주목할 것은 창업자인 마쯔시타 고노스케(松下幸之助) 회장이 메이커 측의 잘못을 전면적으로 인정함과 동시에 판매 체제의 재검토와 개혁을 약속한 것이다. 마쯔시타 고노스케 회장은 난투극이 된 판매 상황을 방지함과 동시에 판매 회사 및 도매 대리점의 경영 강화를 위해 3가지 개혁을 실행하였다.

첫째는 '지역 판매 제도'의 도입이다. 이것은 종래의 '자유'를 폐지하고, 계열의 판매 회사의 영업 지역을 명확히 함과 동시에, 계열 소매점에게도 매입처의 판매 회사를 지정시킨 것이다. 거기에 종래의 계열점 제도를 재검토하여 혼매점인 내쇼날店會와 내쇼날 연맹점을 계열에서 제외시키고 마쯔시타 제품의 전매점, 즉 내쇼날샵만을 계열점으로 재편성했다.

두 번째는 '사업부 직판제'의 도입이다. 마쯔시타 제품은 마쯔시타의 사업부 → 각지의 마쯔시타 영업소 → 도매점(판매 회사 및 도매 대리점) → 소매점이라고 하는 유통 루트를 통해 판매되었는데 그 루트에서 영업소를 제외하고 사업부와 판매 회사 간 직거래로 바꿔 유통 경로의 간소화를 이룸과 동시에 사업부가 생산부터 판매까지 일관된 책임을 갖게 하였고 이에 따라 사업부에는 판매 회사를 통해 소비자의 목소리가 바로 반영되도록 하였나.

세 번째는 '월부(月賦) 판매 제도'의 개혁이다. 월부 판매 회사의 제품 공급 기능을 중지시키고 대금의 회수만 전념하게 했다. 소매점은 월부 판매를 해도 현금 판매와 실질적으로 똑같아져 대금의 미회수라고 하는 리스크가 없어졌다.

이렇게 해서, 마쯔시타는 유통 계열화의 재검토를 포함해 판매 체제의 개혁을 단행한 결과 계열점은 종래의 약 5만 점에서 2만 7천 점으로 격감했으며, 마쯔시타의 전문점으로서 계열 소매점만을 한정하여 마쯔시타와 계열점의 연결은 더욱 공고히 되었다. 특히 내쇼날샵의 점주들은 창업자 마쯔시타 고노스케 회장이 주창한 마쯔시타와 계열 소매점 간의 '공존공영(共存共榮)'의 경영 이념으로 강력히 연결되었다.

마쯔시타 고노스케 회장은 판매 체제의 개혁을 끝낸 다음, 이런 난투극 시장이 된 최대 원인인 과잉 생산의 조정에 들어갔다. 당시 가전업계에서는 히타치와 토시바, 미쯔비시, 산요, 하야카와 그리고 마쯔시타 등 6社의 수뇌가 정기적으로 모여 정보 교환을 시작으로 업계 전체의 문제를 나눌 간담회가 열렸는데, 마쯔시타 고노스케 회장은 과잉 생산에 의한 과당 경쟁을 방지하기 위해 업계 자체적으로 생산 조정의 필요성을 요청하였다. 그 이후 멀지 않아 가전업계는 발맞춰 생산 조정에 착수하여 과잉 생산 시장의 상황에 종지부를 찍었다.

양판점 성장기 (1971년~1990년)

1) 1972年 NEBA의 탄생

1970년대는 계열점의 전성기이자 가전 양판점의 성장이 시작되는 시기로 볼 수 있다. 신뢰할 수 있는 채널별 Share는 그 당시 공표되지 않았으나, 일본 경제상업성에서 발간한 1970년도 상업 통계가 있어 살펴본다.

<1970년 日本의 전기점 현황>

- 전기점 총수 : 50,190점
- 총   매   출 : 1조3,670억 엔
- 상시 종업원 : 22만3천 명
- 매장 총면적 : 65만4천 평
- '1점당' 연 매출 2천7백만 엔, 종업원 수 4.4명, 평균 매장 13평

-    1~2인   규모점 = 21,388점(42.6%)
-    3~4인   규모점 = 15,608점(31.0%)
-    5~9인   규모점 = 9,500점(18.9%)
- 10~19인 규모점 = 2,632점(5.2%)
- 20~49인 규모점 = 925점
- 50인 이상 규모점 = 137점

NEBA는 1963년 전일본 전기 대형 경영 연구회(全日本電気大型経営研究会)를 전신으로 해서 1972년 2월, 전국의 가전 양판점 79社가 참가해 설립한 일본대형전기전문점협회(日本電氣專門大型店協會, NEBA, Nippon Electric Big-Stores Association)의 약칭이다.

일본의 가전 전문 대형점 조직인 NEBA가 탄생한 것은 1972년이지만 당시 대형 상위점들은 연간 20~30% 정도씩 성장하고 있었다. 79社 총매출이 1970년은 1천 6백억 엔 수준이었으나, 1971년은 2천억 엔에 도달하여 전기점 중 12% 정도의 M/S를 점유하였다.

NEBA의 창립 당시 79社 회원의 1개 회사당 평균 매출은 25억4천만 엔, 보유 점포는 9점, 종업원은 평균 155명, 매장 면적은 80평 수준이었는데, 그 중 다이이치카덴덴키(第一家庭電器), 세이덴샤(星電社), 야마기와電氣, 아사히無線(現 LAOX), 죠신덴키(上新電機), 다이이치산교(第一産業), BEST電器가 상위를 차지하고 있었다. 게다가 1970년에 124억 엔의 매출로 세이덴샤(星電社)를 제치고 Top 위치에 섰던 다이이치카덴덴키(第一家庭電器)는 1971년 160억 엔, 1972년 240억 엔의 급성장을 하였으나 단독 기업으로서는 후에 서술하는 체인스토어 다이에(GMS, General Merchandise Store)의 가전 매출에는 크게 미치지 못하였다.

물론, 당시 가전제품의 판매 업자는 소규모의 전기점뿐만 아니라 백화점, 체인스토어, 농협·생협 등 이미 채널의 다양화가 이루어지고 있었다.

1966년은 현재 일본에서 GMS로 불리고 있는, 체인스토어가 협회를 설립하는 등 활발한 움직임을 보이기 시작하였다. 그 Top이었던 다이에는 연간 매출 4백억 엔(27점포), 2위 세이유(西友)스토어가 230억 엔(22점포)이라는 규모였는데, 1973년에는 가전 매출로만 다이에가 450억 엔, 세이유가 140억 엔으로 급성장하였던 것이다.

게다가 그 당시 농협이 전국 조직 및 각 지역 조직을 통해 공동 매입 활동에 총력을 기울이고 있어서 전국 각지의 농협에 마련되었던 6백 점의 電化센터(가전 매장)에서 가전제품을 취급, 그 총매출은 1973년에 6백억 엔이 되었다. 메이커의 판매 회사 만들기와 계열 체제 확립·강화는 1970년대 전반에도 지속되었다. 1971년부터 이후 20년 동안은 1960년대 85% 이상의 M/S를 확보해 왔던 계열점이 신업태와 양판 대형점의 급성장과 함께 점점 경쟁력을 잃고 급속도로 후퇴하게 되었다.

우선 가전 판매에 있어 채널별 Market Share 추이를 살펴보자.

전기점의 경우 1975년 일본 가전 시장 내 Market Share는 75.1%였으나, 1981년 58%, 1987년 43.4%, 1991년 38.1%로 계속 비중이 하락하였다. 반면에 가전 양판점 모임인 NEBA는 10.5% → 25.4%까지 증가함을 알 수 있다.

구 분	1975년	1978년	1981년	1984년	1987년	1990년
시장규모	3.15조엔	3.7조엔	4.08조엔	4.72조엔	5.5조엔	6.3조엔
지역전기점	72.1%	69.1%	58.0%	51.0%	43.4%	38.1%
NEBA점	10.5%	12.1%	17.1%	18.4%	21.6%	25.4%
Chain Store	5.5%	6.7%	8.9%	9.1%	9.3%	9.4%

※ 아키하바라,니혼 바시, 農生協,NEBA점 外 가전양판점 및 카메라점 실적은 기타실적으로 처리
　　수치는 메이커 판매회사의 출하실적 기준임(일본 경제산업성 상업통계 인용)

2) 컬러 TV의 이중 가격 문제

1970년 일본 가전업계는 커다란 과제에 직면하였는데 컬러 TV의 보급률이 26.3%로 메이커 간 Share 경쟁이 치열하게 전개되었고, 각사 상품의 표준 가격과 시장의 실제 가격이 큰 폭으로 괴리되는 상황이 벌어진 것이다.

1960년대 후반부터 대두한 다이에 등의 Chain Store는 1970년대에 들어 전국 각지로 출점을 가속화하고 가전의 취급 비중을 높였다.

또한 가전 전문 양판점도 강한 위기감을 느낄 만큼의 가격소구 판매로 성장을 거듭하였다. 당연히 가격 경쟁이 격화되고 20%~30% 할인은 일상적인 일이 되었다.

이 당시 성행하던 소비자 운동의 화살은 결국 표준 가격과 실판매 가격 간 폭의 차이가 났던 컬러 TV의 이중 가격으로 돌아가게 되었다. 소비자 단체는 '표준 가격과 실판매 가격의 차이가 너무 크다.'는 점에 불신감을 가지고 판매점이 지나친 매출 이익을 올리고 있는 것은 아닌지, 또는 메이커의 가격 설정이 엉터리가 아닌지를 의심하게 된 것이다.

이에 호응하여, 전국의 지역 전기점 33,000점으로 구성된 단체인 '전국 전기 소매 상업 조합 연합회'가 메이커의 가격 정책(대형점과의 매입 가격 차이)의 시정을 요구하기 위해 소비자 단체와 공동으로 투쟁하였다. 소비자 단체는 컬러 TV 불매 운동을 전개하며 특히 Top 메이커인 마쯔시타의 컬러 TV를 보이콧하도록 소비자들에게 호소하였다.

이 문제는 1971년까지 지속되어 통상산업성이 컬러 TV를 비롯한 메이커의 희망 소매 가격과 실판매 가격의 격차가 큰 상품에 대해 15%~20% 정도 가격을 낮춰 줄 것을 메이커에 요청하는 것으로 일단락 지어졌다.

또한, 컬러 TV의 이중 가격 문제와 관련하여 공정 거래 위원회에서는 1972년에 '15% 이상 할인하는 점포가 전국의 2/3 이상, 혹은 20% 이상의 할인하는 점포가 전국의 과반수를 차지하는 경우는 경품 표시법의 부당 표시에 해당될 우려가 있는 것으로 간주한다.'는 견해를 밝혔다.

이것은 할인율이 커지면 메이커의 표준 가격 그 자체가 현실과 동떨어진 부당 표시에 해당될 우려가 있다는 뜻이지만, 실제로는 그 후에도 경쟁이 한층 더 치열해져 대폭적인 가격 인하 경쟁이 가열되었다. 공정 거래 위원회는 1983년 '부당 이중 가격 표시와 부당 염가 판매에 관한 조사'를 실시하여, 가전 전문 양판점 등 대형점 25社에 '이미 가격이 철폐된 기종의 메이커 희망 소매 가격을 自店 판매가의 염가 연출을 위해 이중 가격 표시에 사용하고 있어 부적절하다.'고 경고하였다.

메이커에 대해서도 희망 소매 가격을 철폐한 제품은 각 소매점에 철저히 주지시키도록 요구하였다. 이후 가전업계에서는 '전국 가정 전기제품 공정 거래 협의회'가 리플렛에 게재된 각 상품의 가격 실태를 조사하고 그 결과를 참고하여, 각 메이커는 대폭적인 가격 괴리(메이커 희망 소매 가격과 실판매 가격의 차이)가 큰 상품에 대해서는 메이커 희망 소매 가격을 철폐하고 그것을 거래점 등에 널리 주지하는 대응이 이루어지게 되었다.

그러나 이런 조치는 할인율이 커지지 않도록 하는 실제 효과로 이어지지 않았고, 메이커 간의 Share 경쟁 격화, 가전 양판점 등 대형점과 지역 전기점의 매입 격차가 커져 대폭적인 할인 경쟁은 확대 일변도를 달리게 되었다.

3) 메이커, 양판점, 체인스토어의 성장

소비자의 컬러 TV 불매 운동은 가전제품 가격의 이중 구조 격차에 대한 불신, 불만의 표출이며, 근원적으로 이런 문제의 개선책을 찾아야 한다는 것이었다. 당시 일본의 가전 메이커는 당초 자사 계열점의 M/S가 90% 정도였기 때문에 마케팅 정책에서 가격 전략, 특히 Volume Discount(대량 매입 시 할인)에 대한 기준과 시장 전체에 미치는 영향을 배려하는 가격 전략을 확립하지 않았다.

대형점이 대두됨에 따라 개별 상담, 혹은 대형점이 부진 재고 상품을 처분하는 비즈니스에 주력하는 경향이 있었으므로 재고 처분 가격을 Base로 한 조건하에서 그때그때 거래를 해 왔다. 그것이 기득권이 되어 격차가 한층 커지게 된 것이다. 1988년은 일본 버블 경제의 전성기라고도 하는데, 이 당시의 메이커 동향을 결산 등의 숫자로 보면 다음과 같다.

(억엔)

메이커	年度	총매출	경상이익	가전매출액	일본 국내 가전매출액
松下電器	1988	32,776	1,857	18,349	11,354
	1983	27,188	1,891	-	-
SONY	1988	10,299	434	-	4,779
	1983	7,700	415	-	-
東芝	1988	26,828	651	7,647	5,647
	1983	20,257	1,044	-	-
日立製作所	1988	29,195	1,329	5,398	3,223
	1983	26,482	2,297	-	-
SHARP	1988	8,727	383	5,766	3,067
	1983	7,566	522	-	-

※ 당시 각사 발표 자료

　1988년도 메이커 각 사의 일본 국내 가전 매출은 마쯔시타(松下電器)가 1위, 토시바(東芝)가 2위, SONY가 3위였으며, 나머지 메이커인 산요(三洋電機), 미쯔비시(三菱電機), 日本빅터, 파이오니아, 아이와, 콜롬비아 등 가전 종합 메이커/AV 전문 메이커를 종합한 일본 국내 가전 매출은 3조3,300억 엔이었다.

　그 5년 전인 1983년 매출과 비교하면 마쯔시타(松下電器)는 20% 이상, 히타치(日立製作所)는 10% 이상, SHARP가 15%로 신장했지만 1960년~1970년대의 고도성장은 자취를 감추었고, 경상 이익도 둔화되거나 히타치(日立製作所)처럼 오히려 감소하는 곳도 생겨났다.

　산요(三洋電機)는 가전 매출 비율이 46.3%로 마쯔시타전기(38.1%) 이상으로 높은 메이커였는데, 종합적인 경상 이익은 1983년 428억 엔에서 1988년에는 161억 엔으로 대폭 하락하였다. 이번에는 일본 버블 경제 당시 전자 양판점의 결산 현황을 살펴보자.

(억엔)

기업명	年度	매출액	매출총이익율	판관비율	영업이익	영업이익율
BEST電器	1988	1,708	14.5%	10.7%	64.8	3.8%
	1987	1,440	15.0%	11.3%	53.3	3.7%
다이이치	1988	1,534	20.6%	15.8%	73.9	4.8%
	1987	1,346	21.1%	16.2%	65.7	4.9%
上新電機	1988	1,474	25.9%	20.5%	80.4	5.5%
	1987	1,058	24.4%	19.4%	53.1	5.0%
第一家庭電器	1988	829	23.4%	21.9%	12.0	1.4%
	1987	764	23.9%	22.3%	12.5	1.6%
LAOX	1988	756	24.0%	20.1%	29.2	3.9%
	1987	726	24.9%	21.1%	27.9	3.8%
마쯔야	1988	615	15.4%	10.5%	30.4	4.9%
	1987	519	15.8%	11.1%	24.5	4.7%
야마다電機	1988	213	19.7%	18.3%	3.0	1.4%
	1987	184	18.8%	17.8%	1.9	1.0%

※ 당시 각사 발표 자료(고지마는 결산 비공개)

　　1988년 전자 전문 양판점 중 매출 1위는 매출 1,708억 엔으로 BEST 電器였다. 판매 관리 비율이 10.7%로 경이적인 숫자로 타 양판점에 비해 압도적으로 낮은 수치를 기록하고 있다. 2020년 1위인 야마다전기는 당시에 순위에도 들기 어려울 정도의 매출과 높은 판관 비율을 나타내고 있음을 알 수 있다. 1980년대 NEBA 및 비NEBA 대형 양판점은 매년 큰 폭의 성장을 하였고, 역설적으로 양판점의 성장으로 인해 제조 메이커의 이익률은 저하되게 된다. 또한 1980년대에 들어 가전 분야 매출에서 일대 세력을 이루었던 체인스토어의 1988년도 총매출과 가전 매출을 살펴보면 다음과 같다. 식품과 의료품 중심의 체인스토어인 다이에의 1966년 총매출은 400억 엔, 세이유(西友)는 230억 엔이었다. 그 후 체인스토어가 잇따라 오픈되었으나 다이에는 가전제품 판매에도 주력하여 1973년에는 가전 매출이 450억 엔에 달하였다. 이 시점에 2위인 세이유(西友)

의 가전 매출이 140억 엔이었다. 다이에는 그 후 자체 브랜드 가전제품의 개발 등으로 가전제품의 매출을 더욱 확대하여 15년 동안 약 4배 정도인 2,100억 엔의 매출을 달성하였다.

1988년 체인스토어 가전매출

기업 명	총매출	가전매출
다이에 그룹	1조6,500억 엔	2,100억 엔
쟈스코 그룹	1조1,551억 엔	500억 엔
丸井	4,964억 엔	483억 엔
長崎屋	3,364억 엔	450억 엔
이토요카도	1조1,601억 엔	352억 엔
西友	9,695억 엔	330억 엔
니찌이	6,066억 엔	237억 엔
유니	4,732억 엔	200억 엔

※ 당시 각사 발표 자료

이는 전자전문 양판점의 Top인 BEST電器의 매출보다도 오히려 400억 엔이 더 많았다. 전자 전문 양판점의 1988년 매출은 상위 5社가 6,301억 엔인데 반해 체인스토어의 상위 5社 가전 매출도 3,885억 엔으로 일대 세력을 이루고 있음을 알 수 있다. 그러나 급속도로 성장해 온 체인스토어의 가전 매출도 1988년 무렵부터 1994년까지가 절정기였고, 그 이후는 성장이 둔화되었다.

다이에는 많게는 연간 40~50점포씩 출점하며, 전국 각지에서 전자 전문 양판점들과 치열한 가격 경쟁을 하였다. 체인스토어는 Self-Service 방식을 기본으로 삼고 있어 소비자가 완전히 사용 숙지한 종래형 가전제품의 판매에는 강했으나, 상품 변화와 고부가 가치 상품의 판매는 전자 전문 양판점보다 아무래도 뒤떨어졌다. 체인스토어인 나가사키야(長崎屋)는 이러한 장애를 극복하기 위해 'SUN 가전'이라는 가전 전문점을 만들었으나 실패하였다. 특히, 1990년대에는 PC 등 정보 기기가 전자 전문 양판점의 주류를 이루는 시대였으나, 체인스토어의 대부분은 판매 인력 측면에서 대응할 수 없어 크게 뒤떨어지게 되었다.

4) 연대별 일본 가전 유통의 요약

1960년대 일본의 가전 산업은 각종 주력 가전제품의 도입·보급기로서 세탁기, 냉장고, 흑백 TV, 에어컨 등이 시장에 투입되어 메이커나 계열점에 있어서도 총체적으로 고수익 영업이 가능한 시대였다. 1970년대가 전자 전문 양판점, 체인스토어, 디스카운트 스토어가 대두되는 시대라고는 하지만 앞에서 언급한 대부분의 상품이 성장을 지속하였고, 본격적인 대형화와 고부가 가치화로 오디오 제품도 인기 품목이 되었다. 가격 혼란이 본격화되었지만 계열점의 절대적인 숫자도 지속해서 증가하는 등 그래도 아직은 성장을 기대할 수 있는 시대였다. 1980년대는 VTR 등 제품의 본격 보급과 CD 플레이어가 시장에 도입되는 한편, 가전 전문 양판점과 체인스토어, 디스카운트, 홈센터 등의 성장 속도가 급속도로 빨라져 이러한 대형점 간, 업태 간 소매업의 경쟁이 본격화되었다. 메이커도 다양한 마케팅 방법으로 경쟁에서 살아남기 위해 Market Share 제고를 도모하기 위한 전략을 구사했지만, 유통의 Buying Power 증대로 시장에서 점점 가격 주도권을 잃기 시작하여 가전 사업의 이익률은 저하되기 시작하였다. 1989년 메이커의 Control 가능 Market인 계열점의 Share가 50% 이하로 떨어졌다.

지역 전기점인 계열점, 전자 전문 양판점의 점포 수는 3년마다 실시하는 통상산업성의 상업 통계 조사를 보면, 1982년 71,293점으로 최고였으나 이후 급속도로 줄어들었으며 특히 소규모 점이 급격히 감소하였다.

日本의 상업 통계로 보는 전기점數 추이

(점)

구분	1982년	1985년	1988년	1991년	1994년	1999년
전기점數	71,238	67,768	65,847	63,271	60,592	57,605
1~2人	40,049	37,447	34,593	31,291	30,750	28,636
3~4人	20,761	19,726	19,814	19,858	17,313	15,757
5~9人	8,088	7,939	8,809	9,150	8,973	8,422
10~19人	1,842	1,863	2,020	2,237	2,584	2,876
20~29人	338	277	328	385	528	880
30~39人	139	162	174	217	294	611
50人이상	66	72	109	128	150	423

※ 일본 경제산업성 상업 통계 인용

1982년을 절정기로 전기점 수는 감소 일변도를 달렸다. 1999년은 1982년 대비 20% 이상 감소하였고, 특히 1~2人의 소규모 점은 29% 감소하였다. 5~9人 규모 점포는 증가, 10~19人 규모점은 50% 이상 증가하는 등 규모가큰 점포일수록 증가하고 있으며 50人 이상 대규모 점은 6배 이상이 되었다.

2020년 현재는 파나소닉(구 마쯔시타전기)의 슈퍼프로샵 5천여 점 등을 포함해 메이커 계열점은 많아 봐야 12,000점을 넘기지 못하는 것으로 알려지고 있다.

전기/전자제품의 일본 국내 출하 금액 추이

(백만엔)

구분	電機용품	電子제품	합계	PC 본체 출하 금액
1975년	912,949	728,107	2,094,873	-
1980년	1,333,554	1,132,500	3,368,458	-
1985년	1,891,738	1,890,100	4,654,730	-
1988년	2,226,681	2,527,000	5,845,402	-
1990년	2,502,877	2,432,800	6,244,775	-
1991년	2,676,198	2,329,699	6,388,124	-
1993년	2,261,485	1,943,760	5,479,257	633,800
1996년	2,555,152	2,000,918	5,978,754	1,685,600
1998년	2,169,740	1,937,148	5,411,733	1,564,100
2000년	2,216,803	2,018,933	5,587,490	2,105,200

※ 일본 경제산업성 상업 통계 인용(합계는 전기/전자 용품(민수용) 外 조명, 전지류 등 포함

가전 양판점 단체(NEBA)

고도 경제 성장의 전성기를 맞아 가전제품의 판매 채널은 다원화되었다. 급성장하는 종합 슈퍼(GMS, General Merchandise Store)도 가전제품을 취급하게 되었으며, 특히 다이에는 '메이커로부터 가격 결정권 탈취'를 주창하며 가전제품의 할인 판매를 하였기에 가전 메이커와의 마찰이 계속되었다. 그중 가전업계의 1위인 마쯔시타는 정가 판매를 지속하는 계열 소매점을 보호하기 위해 다이에와의 결전을 표명하고 제품 출하를 정지하였다. 마쯔시타(松下電器)의 창업자 마쯔시타 고노스케(松下幸之助)는 살아생전 '내 눈에 흙이 들어가기 전에는 다이에에 가전제품을 공급하지 않겠다.'고 못을 박았을 정도다. 그 정도로 종합 슈퍼와 메이커는 가격 마찰이 심했고, 메이커는 가격 마찰에 경기(驚氣)를 일으켰다. 특히나 계열점의 비중이 강한 마쯔시타(松下電器)는 더욱 그러하리라.

그러나 판매 채널의 확대는 시대의 추세로서 마쯔시타(松下電器)라 해도 멈출 수가 없었다. 거리의 전기점인 계열점에 비해 혼매점은 점점 대형 점포화를 통해 가전 양판점으로 발전해 가고 있었다. 아무리 메이커가 계열점을 지원한다 해도 가전 양판점의 Buying Power를 무시할 수가 없는 일대 세력이 되어가고 있었던 것이다.

NEBA는 1963년 全日本電気大型経営研究会(全日電)를 전신으로 해서 1972년 2월, 전국의 가전 양판점 79사가 참가해 설립한 '日本電氣專門大型店協會(NEBA, Nippon Electric Big-Stores Association)'의 약칭이다.

NEBA의 설립 취지서는 그 목적을 이렇게 기록하고 있다. '우리나라 가전 전문 대형점의 건전한 보급과 발전을 도모함으로써 소매업 경영의 개선을 통해 가전 유통업의 합리화, 근대화를 추진하며 그와 동시에 양품(良品)·적정 가격을 모토로 소비 생활의 향상에 기여한다.'

NEBA는 두 가지 사항에서 '공존공영(共存共榮)'의 관계가 지켜지는 방향을 원했다. 첫째는 메이커 계열점과의 상생 표방이다.

가전 양판점과 메이커의 지역 판매점 간 가격 싸움을 자제함으로써 먹느냐 먹히느냐의 적대 관계가 아닌 상생을 도모한다는 것을 표방하였다. 당시만 해도 양판점은 커가고는 있었으나 그래도 신생 유통에 불과하였고 메이커의 주도권이 강한 시기였기에 메이커의 전속 유통과 마찰을 일으켜 제품 수급에 지장을 주지 않도록 몸을 낮춰 계열점과의 마찰을 피하려고 하였다. 그로 인해 메이커로부터 판매 채널로서의 유효성을 인정받게 되었다.

두 번째는 NEBA의 회원사 간 본거지에는 출점을 않는다는 것이었다.

NEBA의 회원사 간 상호 지역에는 서로 침범하지 않고 세력의 균형을 이루고자 하였다. 어떤 의미에서는 상호 불가침 조약과 같은 상황이라 볼 수 있었다. 예를 들면, 후쿠오카(福岡)를 기반으로 하는 베스트전기, 츄고쿠(中國) 지역의 데오데오, 오사카의 죠신덴키, 나고야의 에이덴, 동북 지역의 덴코드, 홋카이도의 소고전기라는 형국이다. NEBA의 회원 기업은 메이커와의 우호 관계를 원했기에 어떤 의미에서 암묵적인 룰로서 메이커, 지역 판매점(소매점), 가전 양판점 3자 간에 목가적인 시대가 도래하게 된 것이다. 이후 NEBA는 1970년대~1980년대를 걸쳐 시장 점유율을 가전 양판점, 메이커 계열점, 기타 유통이 각각 1/3씩 가져가는 구조가 되었으며, 2000년대에 들어서는 50% 이상을 점유하게 되었다.

하지만 이런 NEBA도 북관동의 YKK와 같은 비NEBA 소속 양판점과는 가격 경쟁이 되지 않았고, 요도바시카메라와 같은 도심형 매장 등에 밀려 결국 2005년 8월 해산하며 역사 속으로 사라졌다.

버블 붕괴 이후 무자비한 가격 경쟁과 전국 多출점 전략, 디지털 제품 등의 증가는 33년을 이어 온 NEBA를 쇠망으로 이끌었다. 이후 양판점은 각자 도생 및 업체 간의 합종연횡을 통한 몸집 불리기 등의 길로 접어든다.

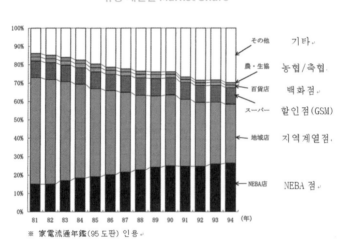

유통 채널별 Market Share

※ 家電流通年鑑(95 도판) 인용

버블 경제의 붕괴와 바잉 파워
(1991년~2020년)

1) 버블 붕괴

1991년은 버블 경제의 붕괴가 시작된 해이며, 이듬해인 1992년에는 실질 경제 성장률이 0.3%였지만 1993년은 △0.2%로 전환되어 이후 장기간에 걸친 경기 저조 형태가 지속되었다.

가전업계에서도 제품에 따라 다르긴 하지만, 1989년~1991년에 수요(금액 기준)의 절정기를 맞이한 이후 축소 일변도를 달리는 상품이 많았다. 1990년대는 계열점 M/S가 30% 이하로 떨어져 가전 판매 주역의 자리를 타 업태에게 물려준 시대였다. 1990년대 전반은 1991년 버블 붕괴, 1993년 円高 등의 어려운 상황에서도 1994년~1995년은 전반적으로 호조를 보였고, 특히 NEBA店이 순조로운 성장을 하였다.

1991년~1993년은 매력적인 상품의 시장 투입도 없었고, 美日 무역 불균형 해소협의 여파로 해외 기업들의 일본 시장 참여의 장애 요인을 제거하기 위하여 정부 주도로 상거래 관행 개선을 실시하였다.

그 중 메이커 계열 제도에도 눈을 돌려 전매율 리베이트 등 계열 강화로 이어지는 거래 조건 등의 개선이 요구되었다. 공정한 경쟁의 분위기 조성이 과제가 되어 공정 거래 위원회도 이를 저해하는 요건에는 엄중히 대처한다고 밝혔다. 당시 각 메이커는 판매점이 매입한 상품을 소비자에 판매하지 않고 타 유통에 전매하는 행위를 강하게 규제하였다.

1994년 무렵부터 PC가 유망 상품으로 주목받았으며, 1995년 'Windows 95'의 발매로 PC 붐이 도래하였다. 전자 전문 양판점, PC 전문점, 카메라점이 PC 관련 매장을 확충하고 주변 기기와 소프트웨어 등의 대응을 강화하였다. 이 시기 전자 전문 양판점의 대폭적인 매출 향상은 PC 관련 상품이 주류를 이루었으며, 매년 확대되는 PC 수요, IT 수요가 모든 채널의 성장 기반이 되었다.

2) 카테고리 킬러의 본격 성장

1980년대~1990년대 전반은 1990년에 BEST 전기가 처음으로 2,000억 엔대의 매출을 달성하였고, 죠신덴키, DeoDeo, 마쯔야전기가 그 뒤를 이음으로써 NEBA점을 가전 유통의 주류로 볼 수 있었다. 그러나 1980년대 전반까지만 해도 메이커 계열점 출신이었던 고지마 및 야마다 전기가 가격소구형 염가 판매점으로 새롭게 등장했고, 1990년대 중반에 Low Cost Operation을 전개하여 관동 지역, 수도권 지역에 공세를 강화하였다.

그 후 일본 전역을 Target으로 삼아 홋카이도(北海道)에서 규슈(九州)

에 이르기까지 연간 20~40점씩 신규 출점을 전개하였으며, 1,000~1,500 평 규모의 대형 매장으로 출점하였다. 매장 오픈 시 수백만 장의 대형 리플렛으로 TV, 청소기, PC 등의 상품을 대상으로 '선착순 대수 한정 1엔 Sale'을 실시하여, 타사보다 싸다는 것을 철저히 소구하였으며 수차례 공정 거래 위원회의 시정 권고를 받았으나 계속해서 시장 공세를 감행하였다.

1996년에는 드디어 고지마가 가전 매출 일본 1위의 자리를 확보하였으나, 2001년에는 추격하던 야마다전기가 고지마를 제쳤다.

가전 전문 양판점의 매출 추이

(억엔)

구분	BEST	DEODEO	上新	LAOX	고지마	야마다
1991년	2,107	1,610	2,026	934	938	331
1993년	2,004	1,462	1,956	949	1,235	467
1995년	2,384	1,833	2,295	1,262	2,264	879
1997년	2,556	2,058	2,248	1,417	3,016	1,620
1999년	2,646	2,039	2,392	1,542	3,664	2,428
2001년	3,686	2,347	2,379	1,798	4,960	5,609

※ 당시 각사 발표 자료

카테고리 킬러로 불리는 야마다전기, 고지마의 전국 출점은 기존 양판점과의 지역 전쟁을 일으켰고 가격 경쟁을 격화시켜 전체적인 단가 하락을 촉발시켰다. 2000년대 초반의 야마다전기의 매출 이익률은 14.5~15.0%, 판매 관리 비율은 13.0% 수준이었다. 실제로는 제조 메이커들에게 출점 협찬금, Open 협찬금, 판매 사원(Helper) 파견, 세일 시 협찬금과 물류 Cost의 분담 등을 부담시켜 메이커의 Cost가 크게 늘어났다.

이러한 실태가 알려지면서 타 양판점들도 메이커에 더 큰 요구를 하게 되었고, 메이커는 수동적으로 방어하면서도 양판점에 양보할 수밖에 없는 상황이 계속 이어지고 있는 것이 현재 일본 가전 시장의 실태이다. 1990년대 후반부터 메이커는 제품별 사업부에서 양판점과의 직접 상담을 시작하였으나, 양판점은 Buying Power를 더욱 강화하기 위하여 그룹화(5社 聯合), 타 양판점 인수 합병 등으로 대응하였으며 양판점 주도의 상품 개발력을 강화하여 메이커에 전용 제품 공급까지 요구하게 되었다.

2001년~2002년에 걸쳐 PC를 중심으로 한 대폭적인 수요 하락으로 가전 수요는 7% 역성장하고, 전자 전문 양판점의 매출은 9% 역성장하였다. 고지마, 죠신덴키, DeoDeo, LAOX, 마쯔야전기 등은 매출이 전년보다 하락하였고 BEST전기, 미도리電化, 케이즈전기 등은 겨우 전년을 상회하였으나 야마다전기는 19% 증가한 5,069억 엔의 매출을 기록하여 독주 태세를 다졌다. 또한 야마다전기는 와코전기와 제휴, 다이쿠마 매수 등 급속도로 매출 확대를 전개하였으며, 2002년에도 1,000평 점포를 20점 출점하는 등 1조 엔 매출에 도전하게 된다.

이에 대해 NEBA店인 DeoDeo와 에이덴은 경영 통합으로 'EDION Group'을 발족시켰고, 죠신덴키, 미도리電化, BEST전기까지 포함해서 1조 3천억 엔이 넘는 최대 매출 그룹의 형성을 도모하였다. 또한, 1990년대는 핵심 상권 내 초역세권을 중심으로 한 카메라점의 급성장을 꼽을 수 있다. 불과 30여 점의 점포 수로 他 양판점의 매출과 이익을 압도하며, 폐업한 백화점(오다큐, SOGO 등) 건물을 임대하여 출점을 강화하였다.

카메라 전문점의 성장 동력을 살펴보면,

① 일반 양판점 중 동일 기종의 모델 수를 가장 많이 진열한다. 통상 일반 양판점의 3~4배 수준인 매장당 80만 개의 Item을 갖추고 있다.

② 요도바시 카메라의 경우, 양판점 중 고객 포인트 환원 카드를 최초로 도입하는 등 우수한 고객 관리 능력을 보유하고 있다.

③ 아날로그 카메라 판매 기술을 바탕으로 DSC 보급 확대와 함께 DSC+PC/프린터/스캐너 등을 엮는 솔루션 영업을 실천하고 있다. 이를 바탕으로 모바일 및 가전까지 고정 고객을 확보, 급성장의 기반을 마련하였다.

④ 他 양판점 比 소물을 풍부히 진열하는 등 소물 운영 노하우가 우수하다. 예로 휴대폰 액세서리의 경우 30坪↑ 할애하여 일본內 全브랜드 및 全모델을 판매한다.

⑤ 시내 초역세권에 출점함으로써 퇴근 후 직장인, 학생 등을 유인하여 집객력을 높인 매장으로 거듭난다.

가전업계가 주목하고 있는 요도바시카메라는 2001년 11월에 오사카역 앞에 매장 면적 7,000평 정도의 요도바시 멀티미디어 우메다점(梅田店)을 개점하였는데, 당시 개점 초년도 매출로 5백억 엔을 목표로 하고 있으나 실제로는 그 배 정도의 매출을 달성하였다.

1개 매장에서 연간 한화 1조 원 규모를 판다는 것이 놀라울 따름이다. 요도바시카메라의 2001년 매출은 4,321억 엔이었으나, 2002년 매출은 5천억 엔 정도가 되었다. 참고로 2020년 3월기 매출은 7,046억 엔, 경상이익 601억 엔(8.5%)이다.

3) 본격적으로 Buying Power를 발휘하는 양판점

2000년대를 들어서자 결산에서 마쯔시다를 비롯한 각 메이커는 비슷한 수준의 적자를 기록하였다. 가전 메이커 10개사의 1984년 결산과 16년 후인 2000년 결산을 비교해 보면, 2000년 영업 이익이 420억 엔으로 1984년보다 98% 감소된 것이다. 이 말의 뜻은 10개사의 영업 이익 합계(적자 기업 포함)가 16년 전에 비해 1/50이 되었다는 뜻이다.

2001년도 결산은 더욱 사정이 악화되었고 거의 모든 메이커가 적자 기업이 되어, '이익을 내지 못하는 가전 산업'으로 경제지 등에서 수없이 지적되는 상황에 이르렀다.

이런 가운데 개별 기업에서는 대량 구매를 통한 거래상 우위를 가질 수 있는 Buying Power 발휘가 아직 약한 전자 양판점의 통합·그룹화가 진행되었고, 종래의 대량 매입에 따른 거래 조건을 근본적으로 유리하게 만들기 위해 유통 측이 주도하는 상품 개발을 메이커에 요구하기 시작하였다. 즉, 해당 유통사만을 위한 전용 제품의 라인업 공급 요구이다.

일본 메이커 측으로부터 전해진 이야기는 유통 측에서 '요구에 응하지 않을 경우는 중국 메이커에게 상품 생산을 맡긴다.'고 협박하였다고도 한다. 양판점의 Buying Power를 드러내는 순간이며, 전속 유통 붕괴로 유통 채널에 대한 리더십을 잃은 메이커의 비애일 뿐이다.

4) New Biz 공략 강화

버블 경기 붕괴 이후 양판점은 가전 시장의 정체와 치열한 양판점 간 경쟁 돌파를 위해 합종연횡을 통한 몸집 불리기를 지속하면서, 2000년대 후반부터 새로운 먹거리로 주택 부분 Biz에 눈을 돌려 하우스 사업 진입 및 관련사 인수 등 홈 주택 사업을 강화하였다. 또한 온라인 시장 급성장으로 인한 위기감으로 TV 쇼핑 분야 및 온라인 쇼핑몰 구축, 라쿠텐과의 신규 회사 설립, 또는 관련 온라인몰 인수 등 온라인 시장에 대한 공략을 적극 추진하였다.

야마다전기의 경우 2006년 9월, 간사이(關西) 및 홋카이도(北海道) 지역에서 야마다TV 쇼핑(ヤマダTV ショッピング) 방송을 개시하여 2007년 1월부터 지상파 및 위성 방송인 BS로 전국 방송을 통한 TV 쇼핑 분야의 진출을 본격화하였다. 또한, 2017년 주택 전시와 병행한 체험형 점포인 'LABI LIFE SELECT센리(千里)'를 리뉴얼 오픈하였으며, 주택 부분을 강화하기 위해 2011년에 에스바이엘 주식회사(エス"バイエル株式会社), 2012년도에는 주식회사 하우스테크(株式会社ハウステック)를 자회사로 편입하였다. 게다가, 2013년에는 주식회사 야마다우드하우스(ヤマダ"ウッドハウス)를 설립하고, 2018년에 하우스 사업을 통합하며 주식회사 야마다홈즈(ヤマダホ-ムズ)를 설립하여 홈 주택 사업을 강화하였다.

온라인 시장 강화를 위해 빅카메라의 경우에는 2017년 12월 온라인 쇼핑몰 라쿠텐(楽天)과 신규 회사를 설립하였고, 2018년 4월에는 라쿠텐 시장점(楽天 市場店)을 인수하여 라쿠텐빅(楽天ビック)을 개시하였다.

TIP 5.

아키하바라(秋葉原)

동경의 전자 상가 아키하바라(秋葉原)라고 하면 한국인도 모르는 사람이 없을 정도로 전자 전문 상가로 유명하다. 용산 전자 상가처럼 말이다.

일본에는 유명한 전자 상가가 두 군데 있다. 동경의 아키하바라와 오사카의 니혼바시(日本橋)가 있는데 좀 더 유명한 아키하바라를 알아보자.

아키하바라 주변은 2차 세계대전 후 라디오 부품 등 전기 관련 부품을 판매하는 노점상이 모이는 장소였다. 1950년대 일본의 고도 경제 성장으로 TV, 세탁기, 냉장고 등 가전제품을 판매하는 전자 상가가 번성하였으며, 1980년대 PC붐 당시에는 멀티미디어의 거점으로 바뀌었다. 최근에는 애니메이션, 게임 등을 좋아하는 사람들이 모이는 마니아의 거리 "아끼바"로서 주목을 받고 있다. 아키하바라 거리의 모습은 변하였지만 항상 일본의 최첨단 기술의 거점으로 존재해 왔으며, 최근에는 지자체에서 산학 연계 등을 통해 새로운 산업을 창출하는 거점으로 육성하려고 하고 있다.

[지역 개요]
- 아키하바라 전체 면적 : 약 64,500평
  ; 남북 : 만세바시(万世橋)~수에히로초역(末広町駅)
  ; 동서 : 쇼페이바시(昌平橋) 거리~아키하바라역(秋葉原駅)
- 점포 수 : 약 48社 150여 점포(秋葉原電氣街 振興會 가맹점포)

- 아키하바라역 이용객 : 1日 약 40만 명(JR 22万+지하철 13万+Tsukuba Exp 5万)
- 아키하바라 산학연계 단지 '아키하바라 크로스필드' 빌딩 오픈('06)
  ; 입주는 동경대학, 산업기술 종합 연구소, 쯔쿠바대학(筑波大学) 外 여러 대학기관들과 일본변리사회 등 12개 기관이 입주하여 산학 연구, 교육, 벤처육성 등을 하고 있음.

아키하바라(秋葉原) 1950년대 후반과 2020년 모습

아키하바라(秋葉原)의 유래는 1869년 화재로 불에 탄 빈처(現 JR 秋葉原역 구내)에 메이지 정부가 화재 예방神인 아키바다이곤겐(秋葉大觀現)을 시즈오카현에서 초청하여 진화신사(鎭火神社)를 1870년에 설치하였다.

신사 설치 초기에는 친카바라(鎭火原)라고 했으나, 신사가 '아키바신사(秋葉神社)'로 변경되면서 이러한 호칭이 주민에게 알려지게 되었다.

1890년 우에노(上野)에서 철도가 연장되어 전철 역명을 '아키바하라'가 아닌 '아키하바라'라고 잘못 읽은 것이 일반화되어 '아키하바라'라는 호칭이 정착되었다.

태평양 전쟁 후 아키하바라 주변에는 라디오 부품 관련 노점상들이 모여 있었으나, 1949년 GHQ(연합국군총사령부)가 노점상 철수 명령을 내리자 노점상들은 아키하바라역 근처의 대체 부지에서 '라디오 스토어'를 건설한 것이 현재의 아키하바라 전자 상가가 형성되는 계기가 되었다.

아키하바라에서는 戰前부터 히로세상회(広瀬商会, 1925년 創業), 야마기와덴키상회(山際電気商会, 1923년 創業) 등이 공장 및 가정용 전기 공사 부품, 라디오용 부품을 판매하고 있었다. 1949년 노점상 철수 명령 이후에는 조합 단위로 라디오 부품 점포가 모인 라디오회관, 라디오아파트, 라디오센터 등의 종합 시설이 잇따라 건설되었다.

전자제품 관련 점포가 아키하바라 주변에 모인 이유는,

① 전국에 네트워크를 가진 히로세상회(広瀬商会)를 중심으로 지방에서 소매점 및 도매상이 모이게 됨.

② 업체들이 모이다 보니 적절한 홍보로 인해 가격이 싼 곳으로 유명해짐.

③ 국철 및 도전(都電, 동경도가 운영했던 노면 전철)의 중계지로서 교통 등이 편리하였기 때문이었다.

원래 아키하바라 이면 거리에서 영업하고 있던 게임, 소프트웨어, 피규어 등의 취미 전문점이 현재는 중심부로 점포를 이전하여 가전과 다른 판매 트렌드가 형성되었다. 애니메이션이나 PC, 게임, 철도모형, 코인 수집 등에 관심이 많은 사람들, 소위 '오타쿠(Otaku)'가 모이는 장소로 1990년대 후반부터 'Otaku' 문화의 발신지로 아키하바라가 유명해졌다.

'Otaku'는 일본 내에 170만 명이 존재하는 것으로 알려지고 있으며, 그

시장 규모는 4,100억 엔에 달할 것이라는 보고도 있었다. (노무라종합연구소 추세)

이 지역에서는 'Tskuba Express' 개통(2005년 8월) 및 IT 관련 시설이 집적한 '아키하바라 크로스필드(다이빌딩 2005년, UDX빌딩 2006년)' 오픈에 따른 재활성화를 도모하고 있다.

향후에는 '아키하바라 크로스필드'를 중점 핵심 지역으로 하여 동지역의 강점인 전문 전기점과 기술자를 충분히 활용하면서 사람과 정보 기업, 대학의 교류 거점으로 활성화가 기대되고 있다.

동경도와 치요다구는 연구 학원 도시 Tskuba市와의 연계를 통해 아키하바라를 전자 상가의 특성을 살린 Robot 관련 산업의 집적지로 변화 시키려 하고 있는데, 치요다구는 '전국 최대 규모 로봇 프로그래밍 교실', '로봇 거리 즈쿠바', 아키하바라에서 '산학 연계 촉진市'를 개최(2020.2.) 하는 등 산학 연구 개발을 촉진하기 위한 다양한 노력 등을 하고 있다.

이러한 노력이 아키하바라의 전성기 시절 명성을 다시 구가할 것인지, 아니면 전자 양판점과 인터넷에 치어 그냥 흐지부지 명성을 잇지 못하고 저물어 갈 것인지 궁금하다.

年代	아키하바라(秋葉原)		비고

1920~	- 라디오 부품 도매상
	  (히로세商會, 야마기와電氣 등)
		부품	- NHK 라디오 방송 개시
			  ('25년)

戰後 ~'50	- 전후 노점상으로 재개 - 조립 라디오 인기에 번영 ※ 노점 철폐 전자 상가 형성('49년)	전기 제품	- NHK TV 방송 개시('53년) - '三種의 神器' 등장 (흑백 TV, 냉장고, 세탁기)

'60~	- 국민의 대량 소비에 따라 판매점
	  대형화
			- 동경 올림픽 개최를 계기로
			  컬러TV 보급('64년)

'70년~	- 일본 최초 'Micom shop' PC 전
	  문점 개업('76년) 이후 확대
	- 각 점포에서 면세점을 설치
		Micom	- 'Made in Japan' 人氣
			- '新三種의 神器' 등장
			  (CTV, 에어컨, 자동차)
			- Intel社 Micro Processor 발
			  매('77년)

'80~	- 가정 전기제품 고급화, 대형화에
	  따라 신규 구입자 증가
	- Discount Store 대두로 전체 매
	  출이 정체
	- 과밀 해소를 위해 간다 神田 청
	  과 시장이 오타(大田)市로 이전
	  ('89년)
		가전
		/
		PC
			- Apple社 맥킨토시 발매('84)
			- 가전 양판점의 전국 체인 전
			  개로 신주쿠, 이케부쿠로, 시
			  부야에 할인점 급증

'90~	- 老鋪 히로세無線 폐점('93) - PC전문점 잇따라 개업 (T-Zone, 라옥스Computer館 등)	HHP	- Window95 발매('95) - 휴대폰, 인터넷 보급 - 멀티미디어 매출 증가
'00년~	- Game 및 관련 Soft Ware, Figure 전문점 증가 - Tskuba Express 개통('05) - 秋葉原 크로스필드 오픈('06)	온라인	- 가전 불황시대 - 아이폰 출시('07) - 아이패드 출시('10)

3. 우리가 몰랐던 동경의 역사_이탈리아 대사관

일본의 근대화 과정에서 대사관의 필요성에 의해 각국은 도심의 넓은 부지인 다이묘(大名) 저택을 양도받았으며, 이탈리아 대사관도 이에 해당한다. 1866년 이탈리아와 일본이 수교한 이후 초기에는 대사관 부지가 정해지지 않았으나, 이후 1929년 당시 다이묘였던 이요마쯔야마(伊予松山) 번주가 살던 저택의 정원으로 이전을 합의하였고, 1932년 현 부지의 환경을 살리면서 건물을 세워 이전하였다.

이로 인해 다이묘의 저택이 대사관으로 되면서 일반인은 쉽게 볼 수 없게 되었으나, 그 덕택에 부동산 개발이 안 되어 에도(江戶)의 흔적이 그대로 남아 있는 몇 안 되는 곳이 될 수 있었다. 이탈리아 대사관 이외에도 정원이 남아 있는 대사관이 몇 곳 있으며, 결과적으로는 일본의 순수 문화를 외국이 지키고 있는 형태가 되었다.

※ 대사관 위치 : 2 Chome-5-4 Mita, Minato City, Tokyo 108-0073

주일 이탈리아 대사관 정원

※ 에도(江戶) 시대의 정원을 보존하고 있는 이탈리아 대사관

제4장

메이커 계열점의 흥망성쇠

계열점의
탄생

가전제품은 메이커의 공장에서 생산된 후 유통(도소매점)을 거쳐 소비자의 품에 도달한다. 이 과정은 지금이나 예전이나 변함이 없다. 태평양전쟁 이전에는 전자제품이라고 할 만한 게 없었고, 기껏해야 라디오 수신기, 전기 전등, 소켓, 자전거 램프 등이 초기 주류 전기제품이었다. 그 초기 전기제품을 만들어 팔아 글로벌 기업에 이른 대표적인 메이커가 마쯔시타(2003년 파나소닉으로 사명 변경)이다. 포탄형 자전거 램프와 사각 램프로 크게 성장하였으며, 특히 사각 램프부터는 '내쇼날'이라는 고유 브랜드를 붙여 판매하였다. 1955년에 들어서 소위 가전 붐을 맞아 양상은 급변한다. 메이커 각 사가 경쟁하듯 신상품을 발표함과 동시에 유통업체(도소매점)의 계열화를 진행하려고 했기 때문이다.

마쯔시타의 사사(社史)에 따르면, 1956년부터 1960년에 걸쳐 전기밥솥과 청소기, 트랜지스터라디오, 스테레오, 테이프 레코더, 에어컨, 건조기, 컬러 TV, 식기 세척기 등이 차례차례 시장에 출하되었다. 특히 '3種

의 '神器'로 불리는 흑백 TV, 냉장고, 세탁기의 대히트 상품이 가전 붐을 견인했다. 1955년에는 390억 엔에 지나지 않았던 가전제품의 생산액이 1960년에는 3,700억 엔으로 확대되었다. 연 성장률 57%라고 하는 경이적인 고성장이다. 그러한 가전 시장의 급성장에 대응하기 위해서 전자 메이커 각 사는 양산 체제의 정비를 서둘렀다. 1959년 전후에는 메이커 각 사의 양산 체제의 준비와 함께 대량 판매의 체제 확립을 위한 유통 기구의 계열화 및 재편성도 본격화되었다.

일반 소비자 상대의 비즈니스는 판매 규모를 예측하기가 어렵고 또한 생산량이 틀리면 그만큼 바로 제품 부족에 따른 판매 실기 또는 불량 재고가 되어 돌아오기에 자사 제품만을 판매하는 소매점의 확보 여부에 따라 안정된 생산 계획의 수립과 이익이 직결되었다.

유통업체의 계열화를 선수 친 곳은 태평양 전쟁 전부터 강력한 판매망을 자랑하는 마쯔시타였으며 우선 도매점부터 시작하였다. 1958년 마쯔시타는 자사 제품 취급량의 확대와 판매력 강화를 위해 메이커 각 사의 제품을 공평하게 취급했던 도매상에 대해 마쯔시타 제품만을 전매(轉賣)토록 요청하고, 응하지 않을 경우에는 가차 없이 관계를 끊어 버렸다.

반면, 마쯔시타의 계열로 들어온 도매상에게는 새로운 '판매 회사'를 공동 출자(마쯔시타의 출자 규모는 판매 회사마다 다르나, 통상 30%~50% 범위에서 출자함)하여 설립하고, 판매 셰어와 취급 제품의 범위를 명확히 하는 등 지역별, 제품별로 강력한 판매망을 구축하였다. 그다음 착수한 것이 가전 판매점(소매점)의 계열화였다. 마쯔시타에서는 마쯔시타 제품의 취급량에 따라 계열점을 구분하였다.

마쯔시타 제품만 취급할 경우 '내쇼날 샵', 마쯔시타 제품을 중심으로 취급하는 '내쇼날 店會', 그리고 마쯔시타 제품을 많이 취급하는 '내쇼날 연맹점' 이렇게 3개의 형태로 구분하였다. 당연히 마쯔시타의 취급량이 많을수록 마쯔시타로부터 충분한 원조를 지원받았다. 예를 들면, 매장 인테리어 비용과 광고 선전비 지원, 마쯔시타로부터의 경영 지도 등이다. 이러한 계열 소매점을 명확히 선별하여 순위를 매겨 계열 소매점의 육성에 힘을 쏟았다. 덧붙여서 말하면 마쯔시타의 계열점 망은 최종적으로 전국 방방곡곡까지 들어서 약 5만 점이나 되었다. 그 결과 마쯔시타는 신제품을 각 계열점에 한 대씩만 놓아도 5만 대부터 시작할 수 있었다. 이러한 안정된 생산 규모는 타사 제품보다도 마쯔시타 제품에 강한 가격 경쟁력을 가져오게 하였다. 한편 마쯔시타의 이러한 계열화 움직임에 대해 산요전기와 하야카와(現 샤프), 하오(現 후지쯔 제네랄) 등 다른 가전 메이커도 따라 하였으나, 계열화로의 착수가 늦어 마쯔시타의 판매 체제와 비교해서 열세일 수밖에 없었다.

02

家電 전업 메이커 vs. 重電 메이커

태평양 전쟁 패전 후 가전 부문에 신규 진입한 히타치제작소, 토시바, 미쯔비시전기 등 주요 전기(重電) 메이커도 판매망의 확충을 위해 유통 망의 계열화에 동참했다. 발전소 관계 부문에 사용되는 발전기 및 변압 기 등의 전력 설비, 생산재로써 사용되는 대형 전기 기계를 '重電 제품'이 라 부른다. 다시 말해 중전 메이커는 일반 소비자를 대상으로 하지 않고 국가나 기업 등의 법인을 주 고객으로 하고 있었다.

중전 메이커의 가전 사업 진입은 가전 전업 메이커와 비교했을 때 상 당히 늦었다고 볼 수 있다. 예를 들어 가전 붐을 견인한 3種의 神器 중 하 나인 흑백 TV의 마켓셰어를 보면 일목요연하다. 당시 경제산업성 상업 통계에 의하면, 1955년도에 남보다 빨리 대량 생산 라인을 완성한 하야 카와(現 샤프)가 24.5%로 1위였고, 2위가 마쯔시타 16.9%, 3위 하오(現 후지쯔 제네랄)가 14.9%, 그리고 산요전기 6% 등 모두를 합하면 가전 전 업 메이커가 62.3%를 점하고 있었다. 이에 반해 중전 메이커는 토시바가

9.8%, 미쯔비시전기가 4.2%를 넘지 않았고, 히타치와 후지쯔전기 양사는 TV의 생산을 아직 하지 않고 있었다. 게다가 3種의 神器 나머지 제품인 세탁기와 냉장고를 보면, 세탁기는 분류식(噴流式)으로 성공을 거둔 산요전기가 28%로 1위, 마쯔시타가 24.2%로 2위를 잇고 있었다. 가전 전업 메이커 양사만으로도 이미 과반을 넘는 압도적인 점유율이다.

역으로 냉장고는 重電 응용 제품이었던 면도 있어 중전 3사가 93%의 압도적인 점유율을 보인다. 단, 냉장고가 가전제품 전체에서 차지하는 생산 규모가 아직은 극히 낮았다. 그러나 가전 시장에서 가전 전업 메이커의 우위는 그리 오래가지는 않았다.

히타치제작소, 토시바, 미쯔비시전기의 중전 3사가 풍부한 자금력을 바탕으로 설비 확충과 판매망의 정비를 본격화했기 때문이다. 중전 3사 중에서 유통망의 계열화에 보다 빨리 착수한 것은 토시바였다.

토시바는 1953년에 각종 제품을 판매하는 '토시바 상사'를 설립했는데, 토시바 상사는 1930년대 중반부터 가전제품을 본격적으로 판매했다. 산하에 지점과 영업소를 전국 각지로 넓히고 토시바 제품의 취급량이 많은 소매점을 모아 '마쯔다會(후에 토시바 스토어가 됨)'를 조직하며 판매망 확충에 노력했다. 히타치제작소는 1937년에 가전 전문 판매 회사 '히타치 가전 판매'를 설립해 본사 영업부와 함께 2개의 판매 채널을 확보하고 있었다. 소매 단계에서는 戰後부터 히타치의 범용 모터를 취급하던 소매점 중심으로 '히타치 체인스토어'를 조직해 판매망 확립과 계열점 강화책을 추진했다. 미쯔비시전기는 미싱 총대리점을 하던 리코상회(利興商會)를 미쯔비시상회(菱電商會)로 개명하고 가전제품의 판매를 담당시켰다. 또한 미쯔비시 그룹 중에서 미쯔비시상회 대리점을 하고 있던 각지의 유력 상사를 일차적으로 도매상 지정하고, 판매망 강화에 박차를 가했다. 그러나 계열로서의 영향력은 히타치와 비교해서 약했다. 중전 3사는 대기업으로서 자금력과 조직력을 활용하여 마쯔시타 이외의 가전 메이커 상위 3사의 지위를 위협할 정도로 가전 부문의 강화에 성공했다.

1962년의 가전 시장에 있어서 메이커별 마켓셰어를 보면, 1위는 가전의 왕자 마쯔시타가 24%, 2위 토시바가 18%, 3위 히타치가 14%, 4위 미쯔비시가 10% 등 重電 3사가 연달아 순위를 달리는 등 상위에 랭크되어 있다. 5위 기업이 산요전기 8.8%, 6위 하야카와(現 샤프) 5.1%, 7위 Victor 3.5%, 8위 하오(現 후지쯔 제네랄) 3.5%, 9위 소니 3.3%를 잇고 있다. 다시 말해 1955년 이후 가전 붐은 소위 가전 전업 메이커와 중전 메이커 간의 치열한 마켓셰어 쟁탈전이 가져온 결과이기도 했다. 그 치열한 싸움의 결과로 메이커에 의한 유통 지배가 일거에 확산되어 가전제품의 가격은 메이커가 결정하는 '正價'로 결정되었다.

그 반면, 메이커의 유통 지배는 동시에 유통 측에 혜택을 가져다주었다. 특히 소매점의 계열화는 메이커 측에서 모든 가전제품을 자사 브랜드로 공급함과 공시에 유통 단계에서 충분한 마진을 지급했기 때문이다. 즉, 메이커 측은 계열 체제의 유지를 위해 판매 측에 안정된 상품의 공급과 이윤을 보장했던 것이다. 부가해서 얘기하면, 당시의 유통 단계에서의 마진은 '22:8:8'로 불리는데 계열 소매점이 22%, 도매점(1차, 2차)은 8%였다. 메이커 측이 계열 소매점을 얼마나 후하게 대접했는지 알 수 있다. 그 때문에 도매점에서 소매점으로 전환하는 경우도 적지 않았다.

또한 마쯔시타의 내쇼날샵과 같이 미쯔시타 세품만 취급하는 계열점을 '전매점'이라고 불렸으며, 계열점이면서도 他메이커의 제품도 취급하는 판매점을 '혼매점'이라 불러 구분했다. 즉, 메이커 계열이면서 他메이커와 거래하는 혼매점으로부터 현재의 '가전 양판점'이 생겨났다.

03

메이커 계열 정책의 실패 요인

가전메이커는 1950년대 경기 확장기 및 이후 1980년대까지의 고도 성장기 시기에 생산 품목 확대와 매출 급증에 대응하고자 자사 제품만을 취급하는 판매 회사와 계열점 확보에 많은 노력을 기울였다. 각 메이커는 도매상과 공동 출자하여 판매 회사도 만들고 소매점의 계열화도 확립하였으며, 이를 위해 천문학적인 비용을 투입하였다. 그러나 현재는 계열점이 붕괴하여 전성기에 마쓰시타만 5만여 점이 넘던 계열 매장 수가 이젠 메이커 통틀어 11,000여 점에 불과하고, 메이커의 계열점 매출 비중이 10% 이하에 머물러 결과적으로 계열점 정책이 실패하였다고 봐야 할 것이다.

특히, 1960년대~1990년대 초반까지는 일본 메이커의 주요 판매 채널로서 자리를 지켜 오던 계열점이 1990년대 중반 이후부터 급격히 쇠락의 길을 걷게 된다. 여러 가지 이유가 있겠으나 메이커가 시행한 정책을 바탕으로 계열 정책의 실패 요인을 정리해 본다.

1) '02~'03년에 걸쳐 일본 메이커의 계열점 선별 정책이 본격 시행되다

1990년대 중반부터 일거에 상위 양판점, 특히 야마다전기, 케즈덴키, 고지마로 불리는 北關東 지역을 근거지로 둔 업체들의 시발로 광역 상권 출점 가속화에 따라 전국 각지에 기존의 양판점들도 대항책으로 출점을 가속화함으로써 치열한 가격 경쟁과 출점 경쟁이 실시되었고, 이에 따라 계열점 수와 점당 매출이 크게 하락하게 되었다.

메이커는 이런 경쟁에서 제품 가격이 하락하고, 가전 분야의 매출 및 영업 이익이 급속히 악화하여 영업 부문, 판매 회사, 서비스사의 사업 재편성, 구조 조정 등이 실시되었다.

특히, 계열점이 치열한 가격 경쟁에 휘말려 경영 악화가 지속되자 메이커들은 계열점 중 상위점 중심의 Care전략으로 전환하였고, 계열점을 담당한 영업 사원을 대폭 구조 조정하게 되었다. 이 결과 마쯔시타의 SPS(명칭 슈퍼프로샵) 5,600점, 토시바(브랜드 리더샵) 1,300점, 히타치(엑셀런트 스토어) 2,200점 등 기본 매입 100만 엔 이상의 일정 매출 달성점과 메이커 제안의 수발주 시스템 및 판촉 제안 등에 찬성하는 매장 중심으로 계열점 정책을 진행하였으나 메이커 계열점 비중의 하락은 피할 수가 없었다.

2007년 경제산업성 상업 통계에 따르면, 가정 전기 기기 소매업은 39,746점으로 1982년의 71,000점과 비교해 45%가 감소하였다. 이 가운데 9인 규모 이하의 지역 전기점(계열점 등)이 36,454점으로 감소율이 가장 높았으며, 36,454점의 지역 전기점 가운데 26,000점은 종래의 계열 메이커와의 거래는 유지하면서도 실제 지원 협력 관계는 희박해져 독립형 경영을 할 수 없게 된 매장이 많았다.

2020년 10월 현재 메이커가 관리하는 계열점은 11,000여 점 수준에 불과하다. 1982년과 비교 시 1/7 수준, 2007년의 약 1/4수준으로까지 줄어들어 메이커 내 매출 비중은 2007년 7.9%에서 더욱 줄어들었다.

제조사별 계열점 정책

구분		마쯔시타전기 (現 파나소닉)	도시바	히타치	미쯔비시
계열점 명칭		파나소닉샵	도시바스토어	히타치체인스톨	미쯔비시 전기스토어
계열점 수 추이	2020.10월	5,000	1,726	3,026	1,408
	2010년대	18,000	4,000	5,000	2,400
	1990년대	27,000	10,500	9,000	4,000
	1980년대	16,000	12,000	10,500	4,300
	1970년대	17,000	7,600	5,800	3,700
	1960년대	10,000	5,500	3,400	3,300
계열점의 판매 비율		30% 내외	15% 이하	20% 이하	12% 이하
2000년 이후 중점 정책		-'03년 2만여 점 중 우수점만 엄선해 집중 육성 시행(슈퍼프로샵, SPS) -'07년 내쇼날샵과 파나소닉샵을 통합 -'12년 이후 SPS限 주택 리폼, 태양광, ECO 등 Network&ECO House(약칭 N&E)로 지정, 통상의 SPS比 우대 정책 시행 -'3D&Link 마케팅' -태양광·ALL 電化 ECO마케팅 확대 -One to One 데모그래픽 마케팅 실시	-'08년 1만여 점 중 우수점(4천 점)만 엄선해 집중 육성 -ALL電化 멤버즈 중심으로 한 태양광 발전 -토시바스토어 Shop Identity 리뉴얼 -인재 채용 지원 제도 추진 등 인적 서포트 강화 -도시바 청년 경영자 스쿨 운영 통해 후계자 육성 강화	-ALL電化 인정점 'ALL 電化 스테이션' 확대/ ALL 電化 코어점 육성 -태양광 발전 시스템 추진 강화 -히타치 엑설 런트 스톨/ 히타치 슈퍼 엘설런트 스톨 육성 지원 -히타치 퓨처 클럽 통한 후계자 육성 강화 -'12년 T포인트 제도 도입	-주택 리폼 사업 추진 강화 -ALL 電化 클럽 중심으로 ALL 電化·태양광 발전 시스템 추진 후원 -스몰 Biz/ 상업 공간 공략

2) 메이커의 채널 가격 전략이 발목을 잡다

계열점 제도는 메이커의 유통 채널 전략의 하나로서 메이커는 매입 규모가 큰 양판점을 우선하여 판매 마케팅을 진행하게 되었다.

그러나 일본의 가전 소매업은 지역 밀착형 비즈니스가 중요해 계열점은 상권 내 고객의 니즈에 맞는 CS 경영 및 고객 편의를 지원하면서 영업하는 이른바 솔루션 경영을 실시하였다. 그러나 이런 지역 밀착형 영업에도 불구하고 매입 격차가 양판점과 비교 시 너무 커 고객의 구입처 선택은 가격소구형인 대형 양판점으로 이동하였다.

계열점은 제조 메이커의 전속형이라 상품 구색이 대형 양판점에 비해 상대적으로 불충분하며, 가격 경쟁력 면에서도 격차가 컸기에 대형 양판점의 성장과 동시에 경쟁력을 잃게 되면서 고객 이탈이 가속화되었다.

1980년대 이후 대형 양판점의 Buying Power에 의한 매입 가격 DC율이 높아졌으며, 메이커는 각종 협찬금, 판촉 사원 지원, 물류비용 부담 등으로 인해 양판점에 대한 거부감이 컸으나 판매 볼륨의 차이가 현격한 상황이어서 양판점에 대한 지원을 강화할 수밖에 없었다.

이는 계열점과 양판점 간의 격차를 더욱 가중시켜 계열점의 몰락을 가져온 결과가 되었다. 즉, 메이커의 유통 채널별 가격 정책 실패가 지역 밀착형 영업의 힘을 빼게 된 것이다.

3) 메이커의 컨트롤 타워 부재_정책의 일관성 결여

제조 메이커는 1950년대부터 전후 복구 및 고도성장기에 진입하자 계열점 중심으로 유통 전략을 수립하여 진행하였다. 하지만 양판점 및 다이에와 같은 新유통이 1960년대 이후 성장하자 매출 볼륨에 맞게 확대 전략으로 제도 및 정책을 변경해 나갔다. 이렇다 보니 계열점은 계속 찬밥 신세가 되어 갔다. 이러한 유통 전략이 통용된 이유는 메이커의 '컨트롤 타워 부재' 원인이 컸다고 볼 수밖에 없다. 계열점도 성장하는 新유통도 모두 중요하지만 회사의 전략 방향에 맞게 유통 채널별 성장 정책, 견제 정책, 성장 포기 정책 등의 종합적이고 장기적인 채널 Portfolio 전략을 구사했어야 했다. 그나마 유일하게 마쯔시타만이 다이에의 가격 문란 행위에 맞서 '제품 공급 중지'라는 초강수를 둘 정도로 계열점 우선의 유통 전략을 이어 갔다. 마쯔시타 고노스케(松下幸之助) 창업자가 있었기에 과감한 결정이 가능했다. 그는 전속 유통의 중요성을 알고 있었고, 전속 유통의 최적화를 위해 고민하였다. 그러나 타 메이커는 그렇게 하지를 못했다. 시장에서 마쯔시타보다 매출이 작았고 부서 이기주의도 심했기 때문이다. 양판점 및 다이에와 같은 新성장 유통을 맡은 부서는 전속 유통인 계열점은 안중에도 없었고, 매출 확대만을 위해 내달렸다. 이를 조정할 회사 내 '컨트롤 타워'도 없었다.

또한 메이커는 계열점 육성을 위한 중기 계획을 수립하였으나, 3년에 한 번꼴로 계열점 정책을 변경하며 또 새로운 정책으로 변경하는 예가 많았다. 판매점에 대한 정책을 철저히 주지시키고 실행하도록 하기 위해서는 5년 이상의 꾸준한 노력과 시간이 필요한데, 계열점이 메이커의 제도·정책을 따라가서 익숙해질 만하면 변경하곤 해 메이커 정책에 대한 불신이 자라게 되었다.

4) 메이커 및 판매 회사 사원의 능력 부족과 리더십 부족

메이커 및 판매 회사에 있어서는 자사 상품을 확대할 필요가 있으며 그러기 위해서는 세일즈 활동 중심형이 되어야 하는데, 거래 계열점의 경영 향상을 위한 대응이 부족하거나 아예 못한 경우도 있었다. 또한 판매 회사 영업 사원의 소매 Management 지식, 능력, 의욕도 부족하였다. 오로지 매출 확대를 위한 Sell-in(계열점으로의 매출)에만 관심을 두었던 것도 결국 계열점의 자생 경쟁력을 떨어뜨리는 결과를 가져오게 되었다.

5) 계열점의 몰락이 메이커 부담으로 이어져

한국의 대리점과 일본의 계열점 업무에는 차이점이 있다. 일본 계열점에서 중시되는 본래 기능은 고객의 제품 구입 전후에 해당 고객의 라이프 스타일에 맞는 상품 선택 어드바이스 및 제안 기능, 배송, 시공·설치, 제품 세팅, 상품 트러블 상황 인식과 간단 수리 서비스, 매장 수리가 불가능할 경우 메이커 서비스로의 수리 요청, 제품의 사용 방법 어드바이스, 안전 사용의 점검 등 고객 입장에서 불편한 점 등을 해결하는 솔루션 기능을 가지고 있다.

한국의 경우는 해당 메이커에서 배송·설치를 하고, 제품에 이상이 있을 시 고객이 서비스 센터에 연락하거나 서비스 센터를 방문하면 대부분 해결이 되지만, 일본의 경우는 계열점이 이러한 부분에 있어 많은 역할을 담당한다.

일본과 한국의 인구 차이, 일본의 가옥 구조의 다양성, 계열점과 메이커 서비스 간의 인건비 차이, 지역 밀착형에 따른 이동 비용 및 대응 처리 시간의 신속성 등 면에서 일본 내 계열점은 그 존재 의의가 컸다. 또한, 일본에서는 1990년대 후반부터 각종 생활용품 및 가전제품의 해외 생산 이전(특히 중국 등)이 진행되어, 이에 따른 소비자 구매 제품이 경년열화(經年劣化, 제품의 낡아짐) 등의 문제가 발생하곤 하였다.

식품의 안전 문제와 함께 가전제품 등의 생활용품 안전에 관한 관심이 높아져 기존 관공청(官公廳)에 의한 대응에 한계가 발생되어 소비자청(消費者廳) 설치가 결정되었는데, 이런 와중에 제품의 안전 사용에 관련한 소비자 생활용품 안전법 개정이 2005년 이후 몇 차례에 걸쳐 진행되어 안전상 문제가 있는 제품의 리콜, 장기 사용 제품의 경년열화(經年劣化)에 대한 경고, 장기 사용 제품의 점검 제도 등이 시행되었다.

이러한 문제에 대해 죠신전기, 에이덴 등과 같이 가능하면 고객 관리 및 CS 체제를 충실하게 하려는 상위 양판점도 있으나, 한편으로는 야마다전기 및 케즈덴키와 같이 급속한 광역 출점 및 가격 경쟁력을 향상시키기 위해 CS를 무시(보증서의 불완전 발행)하는 등의 문제로 리콜제의 추적, 파악 대응이 안 되는 사례가 많이 발생하였다.

예로 마쯔시타의 석유 팬히터의 리콜 대응(2005년)에 400억 엔 이상의 비용을 썼는데, 계열점에서 판매한 상품 대부분은 파악되었으나 양판점 경유 판매분의 파악 및 대응에 어려움을 겪었다. 결국, 이러한 문제는 계속 표면화되어 사회적인 비판이 양판점 등뿐만 아니라 메이커에게도 비난의 화살로 돌아오게 되었다.

일본 전자 메이커의
후회

일본의 전자 메이커가 한때 글로벌 맹주의 자리에서 지금의 상황으로 변한 데에는 일본 국내 유통 정책 측면에서만 보자면, 정부의 제도·정책 변경(大店法)에 따른 양판점 성장의 변화 파악이 늦었고 게다가 제조 메이커의 유통 전략 부재로 인한 전속 유통의 붕괴를 스스로 가속화시킨 원죄가 있다 하겠다. 물론 판매에 전문성을 갖춘 대형 유통의 성장이라는 큰 변화의 파고를 직접적으로 막을 수는 없었을 것이나, 전속 유통의 존속과 컨트롤 타워가 있는 채널 밸런스 전략이 있었다면 현재와 같은 처지는 되지 않았을 것이 분명하다.

저자는 과장 실무자 시절 벤치마킹 및 스터디를 위해 일본에 자주 방문하였다. 일본 가전 메이커의 유통 전략, 제품 트렌드, 양판점 동향 등 많은 부분을 스터디하여 업무에 적용하곤 하였다. 일본에 자문이 한 분 계셨는데 귀찮을 정도로 많은 자료 요청과 의견 등을 여쭙곤 하였는데도 불구하고, 한 번도 짜증 내거나 불편해하지 않고 적극적으로 자료를 보내 주며 다양한 의견을 주곤 하셨다. 물론 한국으로 초빙하여 간담회도 수시로 열었다. 한국 공식 방문 일정이 끝나고 주말에 개인 일정으로 서울 투어를 하는데 내가 가이드를 하게 되었을 때의 일이다. 평상시 궁금했던 내용을 몇 가지 여쭈어 봤다.

그중 한 가지 질문은 "일본의 가전 메이커들은 만약 양판점 등 新유통이 성장하기 전으로 돌아간다면 무슨 전략을 추진할까요?" 즉, 다시 말해 "지금 일본의 메이커는 무엇을 가장 후회하고 있을까요?"라는 내용이었다. 일본의 제조 메이커와도 교류가 많았던 고문께서는 이렇게 말씀을 하셨던 기억이 난다. "일본 제조 메이커의 고위층으로부터 들은 이야기인데…." 하며 말을 꺼내셨다.

일본의 제조 메이커는 전속 유통의 중요성을 절실하게 인지하지 못했다고 한다. 양판점 등 新유통이 성장하니까 매출 욕심으로 모든 걸 들어주게 되었고, 그러다 보니 계열점은 어느새 몰락해 있더란다.

양판점이 성장하면 메이커 자신들의 매출과 Market Share도 올라가니 좋을 줄 알았는데, Buying Power가 생긴 양판점으로 협상의 모든 리더십이 넘어간 후 양판점이 그렇게까지 혹독하게 메이커를 몰아붙일 줄은 꿈에도 몰랐다는 것이다. 만약 그들이 다시 돌아갈 수만 있다면, "첫째는 메이커의 직영 유통을 만들 것이고, 둘째는 컨트롤 타워를 만들어 일관된 유통 전략과 부서 이기주의를 강력히 조정하면서 양판점의 성장을 최대한 늦췄을 것이다."라는 언급을 하셨다.

물론 그 당시 메이커들도 '직영 유통을 만들어야 하나?'라는 의문이 있었다고 한다. 다만 전국적으로 직영 유통의 출점은 많은 비용이 수반되고, 기존 계열점 및 대형 양판점들의 반발, Retail 소매 영업 경험이 없는 메이커가 직접 직영 유통을 운영해야 하는 리스크 등 많은 허들이 있었다. 이런 리스크를 고려하여 양판점의 주식을 일부 보유하는 전략으로 갔다고 한다. 그래서 삼성전자는 그런 우(遇)를 범하지 말라는 입장에서 Advice를 한다고 말씀하셨던 기억이 난다. 일본의 가전 시장에서는 메이커 및 관련 회사가 직접적이든 간접적이든 자체 출자하여 가전 전문 직영점(양판점형)을 만든 사례가 전무하다. 기존의 전문 양판점이 성장해 증자할 경우 메이커에게 주식 보유(출자)를 요청, 주주가 되는 경우는 있으나 이는 양판점 측의 요청에 대응해 주주로서 조금이라도 매출을 늘리려는 의도로서 제한된 범위의 출자였다.

가전 양판점의 경우, 월 10억 엔 이상의 매출 규모가 되면 1社 전매형 비즈니스는 성립할 수가 없다. 일본은 가전 메이커가 많아 주거래 메이커만으로도 5社~6社 이상은 되어야만 상품 구색 및 진열 등에서 다른 양판점과 경쟁을 할 수 있기 때문이다. 즉, 특정 메이커 중심의 비즈니스는 성립하지 않는다고 봐야 한다. 상위 양판점은 물론이거니와 지역 양판, 대형 계열점 등도 일정 매출 규모가 되면 소비자 니즈에 맞춰 취급 상품의 多브랜드화를 피할 수 없었다.

또한 과거 추이를 보면 전문 양판점의 Top 기업이었던 다이이치카덴덴키(製一家庭電機), 세이덴샤(星電社), 마쯔야 등이 10년~20년의 단위로 볼 때 도산 및 상위 자리를 유지하지 못하고 퇴출당하였다.

이러한 사례를 볼 때 메이커 스스로 주도해서 양판점을 만들 경우 그 리스크가 크고, 타 양판점 및 계열점으로부터 부정적 반응, 유통 소매 기업의 쇠퇴, 도산, 합병, 흡수 등 퇴출 또는 기업 도산에 가까운 상황에 빠지는 사례도 흔하기에 일본에서는 섣불리 가전업계가 직영 양판점을 만들지 못했다. 당시 일본의 제조 메이커 상황과 삼성전자의 상황은 다르기에 무엇이 옳다, 그르다고 단정적으로 말하기는 어렵다. 다만, 일본 자문으로부터 이야기를 전해 듣고 느낀 것은 일본의 제조 메이커가 자신들의 전속 유통을 잃고, Buying Power에 협상의 리더십까지 新유통에 빼앗긴 상황을 그 이전으로 다시 되돌리고 싶어하는 혼네(本音)의 목소리였으리라 생각한다.

TIP 6.

일본의 전자 시장 규모

가전 및 IT제품

GfK Japan에 따르면, 2019년 일본의 전자 시장 규모는 7조 800억 엔으로 전년 대비 +300억 엔(+0.4%) 수준이다. 2019년 10월 소비세 증세(8%→10%)에 따른 先 구매 수요로 TV, 세탁기, PC 등은 성장한 반면, 휴대폰은 2000년 이후 과거 대비 사상 최소의 출하 대수를 기록하였다.

제품별로 보면, 플랫패널 TV 560만대(전년비 +8%), 냉장고 460만대(+2%), 세탁기 530만대(+4%), 에어컨 920만대(0%), 청소기 800만대(0%), PC 1,850만대(+46%), 태블릿 710만대(-1%), 웨어러블 200만대(+44%)이다.

경로별 매출 비중을 보면, 오프라인이 5조9,472엔(비중 84%)으로 전년비 역성장한 반면, 온라인 시장은 1조1,328엔(16%)으로 +2%P 증가하였고, 국민 1인당 연간 가전제품 구입비는 56.3천 엔, 세대당 174천 엔을 기록하였다.

휴대폰

2019년 총 출하 대수는 3,125만대(전년비 -9.6%)이며, 스마트폰은 2,803만대(-8.5%), SIM 프리폰은 301만대(+0.5%), 피처폰 323만대(-18.3%)로 휴대폰 출하량이 사상 최저치를 갱신하였다.

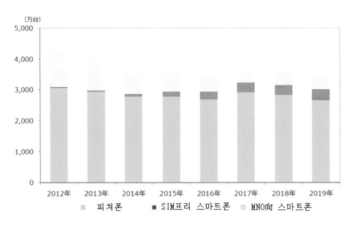

일본 국내의 휴대폰의 연도별 출하량 추이

※ MM 종합연구소 발표자료 인용

통신 시장 구조

일본은 이동 통신사 3社가 주도하는 시장으로 가입자 수가 포화 상태인데 일본 전기통신사업자협회에 따르면, 2020년 6월 기준 사업자별 개통 M/S는 Docomo 43.9%, au 32.3%, SoftBank 23.8% 수준이며, 매장 수는 3사 모두 각각 2,300여 개씩의 직영 매장을 보유 중이다. SoftBank 의 경우 2008년 아이폰 독점 판매 후 2위와의 격차를 좁힌 상태이다.

일본은 2015년 12월, '스마트 폰 요금 부담 경감 및 단말기 판매 적정화 대처 방침' 시행으로 공짜폰 판매 금지, 과도한 캐시백 금지, 스마트폰 전용 저가 요금제를 도입하였는데 이것이 일본판 단통법 시행이다(한국은 2014년 10월 시행).

일본 휴대폰 시장은 복잡한 유통과 사업자가 지배하는 구조로서 Docomo의 경우, 1차 대리점과 2차 대리점(직영샵, 대형 양판점, 대형 병행 판매점), 3차 대리점으로 구분하여 거래한다.

다만, SoftBank의 경우에는 대형 양판점을 1차 대리점으로 운영하고 있으며, au의 경우도 양판점을 1차 대리점 운영으로 전환하고 있다.

일본의 사업자 매장 및 개통 M/S

일본		
이동 통신사	매장 수	개통 M/S
소계	7,035점	100.0%
Docomo	2,319점	43.9%
au	2,363점	32.3%
SoftBank	2,353점	23.8%

※ 일본 개통 M/S는 '20.6월(電気通信事業者協会), 매장 수는 '19.6월(MCA) 기준

일본의 주요 전자 양판점 현황

1) Yamada Denki

- 회사 개요

  - 소재지 : 群馬県高崎市栄町1番1号

  - 대표자 : 山田 昇(Yamada Noboru, 1943년생)

  - 설   립 : 1973년 4월 창업, 1983년 Yamada Denki 설립

  - 매   출 : 16,115억 엔 ('20년 3月期)

  - 종업원 : 야마다전기 10,539명, 연결 자회사 9,446명('19년 4월 현재)

  - 점포수 : 국내 12,810점, 해외 48점(직영점 990점, FC 16,868점)

- 회사 특징

  - 1973년 군마현(群馬県前橋市)에서 마쯔시타의 내쇼날숍인 '야마다電化 센터'를 창업하였고, 이후 1983년 (株)야마다전기를 설립함.

  - 1980년대 북관동 지역에서 코지마, 케이즈덴키 등과 치열한 경합을 이며 규모를 확대하여 2002년 코지마를 제치고 1위가 됨.

  - 2005년 업계 최초 1조 엔의 매출에 이어 전국 체인망을 완성함.

  - 2006년 오사카에 'LABI 1 난바점'을 오픈하는 등 현재까지 19점의 도심형 매장을 출점함. 또한 휴대폰 및 휴대 오디오 등 모바일 기기

를 전문으로 취급하는 소형 점포의 신업태인 '테크사이트'를 동경 나가노역 앞에 출점한 것을 시작으로 전국 전개를 추진함.

- 2006년 9월, 간사이 및 북해도 지역에서 〈야마다 TV 쇼핑(ヤマダ TVショッ ピング)〉 방송을 개시하였으며, 2007년 1월부터 지상파 및 위성 방송인 BS로 전국 전개를 하여 TV 쇼핑 진출을 본격화함.

- 2012년 규슈(九州)의 베스트전기(ベスト 電器)를 자회사화함.

- 2017년 주택 전시와 병행한 체험형 점포인 'LABI LIFE SELECT 센리(千里)'를 리뉴얼 오픈함. 주택 부분을 강화하기 위해 2011년에 에스바이엘 주식회사(エスバイエル株式会社), 2012년도에는 주식회사 하우스테크(株式会社ハウステック)를 자회사로 함.

또한, 2013년에는 주식회사 야마다우드하우스(ヤマダ"-ウッド ハウス)를 설립하고, 2018년에 하우스 사업을 통합하여 주식회사 야마다 홈즈(ヤマダホ-ムズ)를 설립하여 홈 주택 사업을 강화함.

• 매출 및 영업 이익

비고	2020년 3월	2019년 3월	2018년 3월	2017년 3월	2016년 3월
매 출 액	16,115	16,006	15,739	15,631	16,644
영업이익	383	279	387	579	199
(%)	2.4	1.7	2.5	3.7	1.2

※ 야마다 홀딩스의 IR 발표자료 기준 작성 (전년 4월 1일~당해년 3월 31일, 억 엔)

• 부문별 매출 및 구성비

사업 부문		2020년 3월 결산 기준	구성비 (%)	비고
합계		1,611,538	100.0	
가전	소계	978,360	60.7	
	TV	127,730	7.9	
	비디오/DVD	38,199	2.4	
	오디오	23,764	1.5	
	냉장고	134,397	8.3	
	세탁기	123,526	7.7	
	조리가전	73,146	4.5	
	에어컨	117,394	7.3	
	그 외 냉난방 기기	25,565	1.6	
	공사	65,895	4.1	
	그 外	248,739	15.4	건강 관련 상품, 이미용 상품, 클리너, 서비스 관련 매출
정보 가전	소계	354,022	22.0	
	PC	140,095	8.7	
	디지털카메라	23,618	1.5	
	PC 주변 기기	48,410	3.0	
	휴대폰	90,250	5.6	
	그 외	51,648	3.2	
주택 관련		142,284	8.8	태양광을 제외한 주택·리폼 관련 매출
그 外		136,870	8.5	태양광, GMS상품, AV소프트·서적 등 매출

※ 야마다 홀딩스의 IR 발표 자료 기준 작성

ヨドバシカメラ

2) Yodobashi Camera

• 회사 개요

- 소재지 : 新宿區 北新宿 2丁目

- 대표자 : 藤澤 昭和 (Fujisawa Terukazu, 1935년생)

- 설   립 : 1960년 4월 창업, 1974년 現 Yodobashi Camera로 변경

- 매   출 : 7,046억 엔 ('20년 3월경)

- 종업원 : 5,000명('19년 4월 현재)

- 점포 수 : 전국 23개 점포 보유 ('20년 4월 현재)

- 株   主 : 藤沢 昭和(Fujisawa Terukazu) 50.5% 보유

  (株)Yodobashi 기획 49.5% 보유 : 대표 일가 자산 운용 관리 회사

※ Yodobashi Camera는 비상장 기업이지만, 자사주 보유율은 藤沢(Fujisawa) 회장이 50.5%, 자산 운용 회사가 49.5%를 각각 보유하는 一家회사이며, 2020년 7월 회사 운영도 장남인 和則(Kasunori)에게 사장직을 넘겨주고 藤沢(Fujisawa) 본인은 회장으로 취임함.

• 회사 특징

- 카메라 전문점으로 시작하여 컴퓨터 및 IT제품, 가전, 기타 생활용품 등 50만 개 이상의 Item을 취급함.

- 일본 전국의 주요 역세권을 중심으로 출점함(新宿, 大阪, 福岡驛 등).

  ; 아키하바라점(秋葉原店)은 일본 내 전자 매장 최대 크기의 점포로 일본 최대 50만 개의 Item을 취급('05년 9월 Open, 10층/11,700평).

  ; 우메다점(梅田店)은 일본 최대급 쇼핑몰로 의류, 식품 포함하여 연

간 약 2천억 엔의 매출 중 전자제품을 약 1천억 엔 판매함('01년 11월 Open, 총 24,240평(B1~8F) 중 전자매장 6,060평(B1~4F)).

평일 5만 명, 휴일 10만 명이 방문하는 매장으로, 1일 유동 인구만 약 200만 명이 이용하는 광역 복합 역인 우메다(梅田) 역사에 위치함 (JR, 私鐵 2, 지하철 3개선, 버스 터미널 등).

- 후지사와 테루카즈(藤澤 昭和) 회장은 매출 중심의 '외형 경쟁'보다 '質 경영'에 중점을 두고 영업함. 특히, 고객에게 얼마나 제대로 대응할 수 있는가에 대한 집념을 항상 직원들에게 강조함.

; 평당 매출 : 1,600만 엔/月(일본 양판점 평균 매출의 3배 수준)

- 업계 최초로 포인트 카드 제도를 도입하여 5~20%까지 포인트 환원을 함으로써 고객을 잡아 두는 전략을 구사함(멤버십 1,700만 명). 또한 업계에서는 빠르게 1998년부터 인터넷 판매를 시작하였음.

- 1985년 POS를 도입하였고, SAP R3를 1994년 도입하였으며, 기타 ERP, 자동 발주 등의 시스템을 조기에 도입하여 활용함.

; 경리 4명, 인사/총무 5명(채용, 교육 훈련 제외)이 전사 관리함.

고베(神戶), 나가사키(長崎), 하네다(羽田)에 물류센터를 운영하며, 특히, 하네다는 55,000평으로 365日 24시간 체제로 운영하고 있음. 진열 상품을 제외한 운영 재고는 통상 年 19~20回, 1개월에 1.5回 정도 회전되고 있으며, 창고 내 재고는 모두 요도바시카메라가 매입하여 운영함. 판매 및 재고 정보는 Maker별/모델별/점포별로 제공하며, 판매 예측은 메이커와 협의하기도 하나 기본적으로 메이커가 직접하고 있음.

- 후지사와(藤澤 昭和) 회장은 특히 매출보다는 이익 증대를 매우 중요

시하며, 부가 가치를 항상 염두에 두고 영업하도록 강조하고 있음. 부가 가치 중심의 운영을 하다 보면 매출 성장은 자연스레 따라온다고 생각하여 물건을 싸게 파는 것을 꺼림.

- 점포의 80%가 自社 소유여서 타 유통과는 달리 오히려 임대 수입이 발생하는 구조이며, 自社 소유 점포의 약 20%를 임대하고 있음. 신주쿠(新宿) 본점, 아키하바라(秋葉原) Multimedia館 등의 주요 대규모 점포는 창업주 또는 회사 소유로 되어 있음.

- 매장 내에 행진곡과 같은 '요도바시 Song'을 만들어 방송하여 방문 고객이 자연스레 회사 이름을 뇌리에 각인되도록 하고 있음.

찬송가(388장, 마귀들과 싸울지라)이자 남북 전쟁 당시 북군 측의 행진곡이었던 이 곡을 창업주가 40여 년 전에 각색하고 가사를 넣어 고객이 즐겁고 재미있게 흥얼거리도록 만들었으며, 한국 고객을 위해 한국 가사로도 만들어 방송하고 있음.

• 매출 및 경상 이익

비고	2020년 3월	2019년 3월	2018년 3월	2017년 3월	2016년 3월
매 출 액	7,046	6,931	6,805	6,580	6,796
경상이익	601	606	556	512	511
(%)	8.5	8.7	8.2	7.8	7.5

※ 요도바시카메라 IR자료 기준 작성(전년 4월 1일~당해년 3월 31일,억 엔)

ビックカメラ

3) BIC Camera

• 회사 개요

- 소재지 : 東京都 豊島区 西池袋 3-28-13

- 창업자 : 新井 降二(Arai Ryuji, 1946년생)

- 설 립 : 1968년 3월 설립, 1972년 現 Bic Camera로 사명 변경

- 매 출 : 8,940억 엔 ('20년 8월경)

- 점포수 : BIC 직영 45점(코지마/SofMap/빅스타일 등 제휴사 별도)

- 대표자 : 宮嶋宏幸(Miyazima Hiroyuki)

※ 최초 설립 지역인 군마현 타카사키시(群馬縣 高崎市)에서 본점을 이케부쿠로 히가시구치점(池袋東口店)으로 옮긴 후, 젊고 패기 있는 점장을 임명한 장본인으로 이후 BIC 실적공헌에 중추적 역할을 함.(2005년 사장 취임)

　　Bic Camera는 상장업체로 대주주인 新井(Arai) 회장이 48.8%, 개인 자산 관리 회사가 11.7% 등 주식 과반수를 보유하고 있으며, 부동산 관련 사업도 겸하고 있고 행정 허가 등에 20년이 걸렸음에도 불구하고 동경 이타바시구(板橋區)에 고아원을 설립하는 등 사회 공헌에도 많은 노력을 기울임.

• 회사 특징

- 'BIC Camera' 이름의 유래는 아라이 회장이 인도네시아에서 원주민 아이들과 나무 타기 시합을 하여 이기자, 현지어로 '친타 빅'이란 말

을 들었는데 '친타'는 당신, '빅(BIC)'은 최고란 뜻으로 이를 사명으로 정함

- 군마현(群馬縣)에서 약국집 차남으로 태어났으며, 5세 때 모친이 간 위축증으로 사망하였는데 19세 때 제약 회사를 설립하여 관련 약을 개발하여 판매함. 이 약이 있었다면 모친 사망을 막을 수 있었다고 남긴 말은 일화로 남음. 후일 이 제약 회사를 '쇼코라BB'라는 유명 영양제를 판매하는 에이자이(エーザイ) 제약社에 매각함.

- 의료 관련 사업에도 관심이 많아 혈압, 체온, 심장 박동 등 간편하게 측정 가능한 제품 연구도 하고, 피를 뽑지 않고 손가락만 끼고도 혈당을 측정하는 측정기 등도 만듦. 본인이 설립한 日本精密測機(株)에서 혈압기, 맥박기 등을 제작하며, 이곳에서 日本 감시 Camera 광학 부품의 70%를 만드는 등 제품 만드는 것을 좋아함.

- 모친 사망 후 모친 사진이 네거티브 필름뿐이라 복사가 안 되어 이를 복사하기 위한 기계를 만들다가 Camera점까지 설립하게 됨. BIC Camera는 신문 광고는 안 하고 TV CM만 고집하는 것으로도 유명함.

- 1999年에 위성 방송권 Slot 획득 경쟁이 있어 Sony 등 많은 기업이 경합하였으나, BIC Camera만 SD급 방송용 6 slot과 Data 방송용으로 1 Slot을 확보함. 2008년 위성 방송(BS)에서 Digital HD 방송용 Slot을 BIC Camera가 20 Slot, 미쯔비시 상사가 16 Slot을 확보함.

■ 참고. 1 : HD級 방송을 위해 16 slot이 필요하며, 4 Slot은 Data 방송용으로 활용 중이며, 3D 방송을 위해서는 20 Slot을 사용함.
■ 참고. 2 : 日本BS방송(株)은 BIC Camera가 72% 지분을 갖는 연결 자회사이며, 이외 마이니찌新聞社, Panasonic, 토시바, NTT docomo 등이 株主로 구성되어 있음

방송은 VHF에서 UHF로 송신 시 파장이 짧아지나, 日本은 국토의 70% 이상이 산지여서 음영 지역이 많이 발생하므로, 아라이(新井) 회장은 지상파를 위해 중계기를 설치하는 것보다 위성이 중기적으로 나을 것 같다는 생각에 20 Slot을 확보함.

- 최근 주요 연혁
  · 2006년 (株)SofMap을 증자 인수 연결 자회사化, 에디온과 업무 제휴, 베스트전기와 자본·업무 제휴 계약 체결
  · 2008년 동경 증권 거래소 1부에 상장
  · 2010년 베스트전기의 자회사 사쿠라야의 4개 점포 승계
  · 2012년 (株)SofMap 흡수 합병, 코지마와 연결 자회사化 신주쿠 히가시구치新店에 유니클로 입점을 계기로 同店에 빅카메라와 UNIQLO의 콜라보레이션 점포 '빅크로(BICQLO)' 리뉴얼 오픈
  · 2013년 베스트전기 제휴 해제 발표
  · 2017년 12월 온라인 쇼핑몰 라쿠텐(楽天)과 신규 회사 설립
  · 2018年 4월 楽天市場店을 인수하여 라쿠텐빅(楽天ビック)을 개시

• 매출 및 영업 이익

비고	2020년 8월	2019년 8월	2018년 8월	2017년 8월	2016년 8월
매 출 액	8,940	8,440	7,906	7,791	7,954
영업이익	259	292	244	220	200
(%)	2.6	3.2	2.8	2.8	2.4

※ BIC 카메라 IR발표자료 기준 작성(전년 9월 1일~당해년 8월 31일,억 엔)

4) Edion

• 회사 개요

- 소재지 : 大阪府大阪市北区中之島二丁目3番33号

- 대표자 : 久保允譽(Kubo Masataka, 1950年生)

- 설 립 : 2002년 3월 29일

- 매 출 : 7,336億円('20年 3月期)

- 종업원 : 8,778名(정규직, '20년 3월 말 기준)

- 점포수 : 전국 1,184점(직영 433점, 프랜차이즈 751점)

Edion Group 출점 지역

구분	계	직영점	FC점
전체	1,184	433	751
북해도	8	8	-
北陸	17	17	-
관동	11	10	1
중부	263	148	115
긴키	200	108	92
中國	338	87	251
四國	92	16	76
규슈·오키나와	255	39	216

※ 일본열도內 회색지역은 미출점 지역임

- 회사 특징

  - 일본 전자 양판점 Group 지주 회사이며, 각 지방의 가전 양판점을 그 룹化하여 판매점의 Network를 전국에 전개하는 것이 특징임.

  - 데오데오는 원래 '다이이찌산교(第一産業)'라는 이름으로 라디오를 생산하던 메이커 회사였음. 전자 유통업계는 태평양 전쟁 직후에는 '라디오組合'을 이루고 있었는데, 어디나 가격이 통일되어 있었음. 당 시 토시바의 공장장으로부터 "앞으로의 시대는 Mass production의 시대가 될 것."이라는 얘기와 라디오가 공장에서 빠른 속도로 생산되 는 모습을 보고는 고객에게 판매하는 소매업으로 업종을 전환함.

  - 당초 메이커로부터 시작하였기에 원가 개념이 있어 생산원가 + 이익 을 계산하여 메이커로부터 매입한 가격에 이익을 붙이는 형태로 판 가를 책정하여 판매함(당시의 통상 판매가에서 20~25% 싸게 판매).

  - 1992년 일본에서 인터넷 Biz를 시작하면서 언론 보도가 나갔는데, 도쿄 아키하바라에 있는 '다이이찌 家電(第一家庭電氣의 약칭)'로 오 보를 내 창립 50주년을 기점으로 '데오데오'로 사명을 변경함.

  - 데오데오는 '다이이찌 산업'의 D, 'Electronics'의 E, 'Organize'의 O를 합한 것으로 리듬감을 주기 위해 '데오데오'라고 지음.

  - 2002년 3월에 일본 츄고쿠(中國) 지방을 기반으로 하는 DeoDeo社 와 츄부(中部) 지방을 기반으로 하는 Eiden이 지주회사로서 "Edion" 을 공동 설립함. 또한 '05년 4월 긴키(近畿) 지방의 양판점 "Midori電 化"를 자회사화함.

  - 2009년 10월 Group 내 구조 개혁을 실시, 데오데오가 Midori電化를 흡수 합병하여 "Edion West"로, Eiden은 "Edion East"로 사명을 변경

함.

- 2012년에는 이시마루(石丸)전기, 에이덴, 미도리, 데오데오를 전국 통일 스토어 브랜드인 '에디온'으로 변경하고, 2017년에는 통판 사업을 위해 포레스트(株)를 자회사화함.

- 주요 관련 자회사
  - 이시마루(石丸)전기

    東京을 중심으로 백색, AV, PC 등 幅 넓은 상품을 취급하는 가전 양판점으로 '09년 2월에 Eiden에 흡수 합병됨.
  - 3Q社

    홋카이도를 기반으로 전개하는 양판점으로 '11년에 100% 자회사化.
  - Maruni木工

    본사가 히로시마(廣島)인 가구제조 판매회사로 DeoDeo가 30%의 주식을 보유하고 있으며 TV Board 등을 공동 개발함.

- 과거 관련 회사
  - Bic Camera

    '08년 2월에 업무 제휴하여 통합 준비를 하였으나 경영 방향의 차이로 '09년 2월 제휴 관계를 해지하였으며, 상호 3%의 보유주식도 '09년 8월 Bic Camera가 Edion 주식을 매각했다고 보도됨에 따라 상호 주식 보유 관계도 해소됨.
  - 죠신덴키(上新電器, 본사 大阪), Denkodo社(본사 아오모리) '02년 Midori電化, 3Q社와 5개 회사가 제휴하여 Original Brand 상

품의 공동 개발이나 공동 구입을 하는 'Voice Network'를 결성함.
그러나 '04년 Midori電化의 자회사化를 계기로 제휴 관계를 해지함.

- Original Brand
  - Key Word : 독신자용 가전제품
  - KuaL : Midori電化와 공동 개발한 Brand
  - EGG++(Egg Plus) : 低 가격 PC Brand
  - My & Our : Device 상품 Brand

• 매출 및 영업 이익

구분	2020년 3월	2019년 3월	2018년 3월	2017년 3월	2016년 3월
매출액	7,336	7,186	6,863	6,744	6,921
영업이익	123	178	154	153	171
%	1.7	2.5	2.3	2.3	2.5

※ EION IR발표 자료 기준 작성(전년 4월 1일~당해년 3월 31일, 억 엔)

5) 일본의 주요 전자 양판점 4社 비교

구분		Yamada Denki	Yodobashi Camera	Bic Camera	Edion
매출	2020년	16,115	7,046	8,940	7,336
	2019년	16,006	6,931	8,440	7,186
	2018년	15,739	6,805	7,906	6,863
	2017년	15,630	6,580	7,791	6,744
개요	점포 수	국내 12,810점, 해외 48점 ; 직영 990점 FC 11,868점	23점	직영 45점 (Air Bic, 코지마, SofMap, 빅스타일 등 제휴사 별도)	직영점 433점 FC 1,184점
	종업원 수	山田電機 10,539명 자회사 9,446명	5,000명	빅카메라 4,508명 자회사 8,742명	8,778명
	회사 설립	1983년 9월	1941년 9월	1980년 11월	2002년 3월
특징	구매 세대	全세대 (패밀리층 중심) ※ LABI 10~30대 중심	全세대 (10~30대 중심)	全세대 (10~30대 중심)	全세대
	판매 전략	① 타점포와 철저한 가격 경쟁	① 포인트 카드 제로 할인 판매 (업계 최초) → 고객 Lock-in	① 포인트 카드 제로 할인 판매	① 사업을 통한 Know-How 공유
		② 타사 기존점포 지역에 적극적 신규 점포 OPEN	② 친절한 접객, 상품 지식, 다양한 취급 Item	② 친절한 접객, 상품 지식, 다양한 취급 Item	② 石丸전기, 3Q 등 흡수로 전국 출점 전개
		③ 사원 교육 강화, 고객 만족도 향상에 집중	③ 부가 가치 판매에 집중, 역세권에 복합매장 출점	③ 다양한 Item/ 부가 가치 판매, 이업종 연계	③ Volume Zone 상품 판매력 강화

※ 각사 IR 자료 기준 작성

4. 우리가 몰랐던 동경의 역사_
가마이케(がま池)와 덴포인(伝法院)

가마이케(がま池)

'거대한 개구리가 물을 뿜어 불을 껐다는 전설'이 있는 가마이케(がま池)는 동경 미나토구 아자부(麻布) 지역에 있는 면적 약 500평 규모의 연못이다.

에도 시대 5천 석의 영주 야마자키 하루마사(山崎治正)家의 집에 포함된 연못이었는데, 어느 날 가신이 저녁 밤에 거대한 두꺼비에게 죽임을 당하게 되고, 영주는 이 두꺼비를 잡으려 하자 두꺼비가 밤에 영주 꿈에 나타나 사죄를 하였다고 한다. 그 이후 영주의 집 일대가 큰불에 다 탔으나 영주의 집만은 두꺼비가 나타나 물로 불을 껐다는 전설이 내려오고 있다.

해당 연못은 5천여 평이었으나 현재는 개발로 인해 500여 평 정도만 남아 있으며, 특이하게도 맨션에 둘러싸여 맨션 이외의 인근 주민은 본 적이 없는 사람도 많다는 것이다.

연못을 메우고 개발을 하자는 이야기도 있으나, 맨션에 살고 있는 외국인 세대주들이 일본을 느낄 수 있는 장소라는 이유로 개발을 반대하여 현존하고 있다 한다.

동경 미나토구 아자부(麻布)에 있는 가마이케(がま池)

아사쿠사(浅草)의 덴포인(伝法院)

아사쿠사(浅草)의 덴포인(伝法院)에는 도쿄에서 가장 아름답다는 정원이 있다. 센소지(浅草寺)라는 절 옆에 위치한 덴포인(伝法院)은 수행하는 스님을 위한 곳으로 将軍(Shougun, 에도 막부의 수장)은 출입이 가능했으나 지금은 국가 지정 명승 정원으로 비공개 되고 있다.

1985년 덴포인의 연못 물을 갈기 위해 펌프로 퍼 올린 결과, 바다 냄새가 나면서 조개가 발견되었으며 감식 결과 4,000년 이상 전의 것으로 추정되었다. 이것은 조몬 시대(縄文, 지금부터 약 16,500년 전~3,000년 전)에 아사쿠사까지 바다였음을 뒷받침해 주는 증거라 한다.

※ 센소지(浅草寺)라는 절은 동경에서 제일 큰 절이며, 승려 쇼카이가 645년에 세운 것이 유래가 되었다. 관동 대지진과 태평양 전쟁 시 모두 소실되었으며, 1960년 이후 정부에 의해 재건되어 현재에 이르고 있다. 많은 관광객이 꼭 들르는 관광 명소이기도 하다.

아사쿠사(浅草) 덴포인(伝法院)과 유적 출토 조개(縄文時代)

제5장

변화의 모습

최근 몇 해 전부터 '디지털 트랜스포메이션(Digital Transformation)'이란 단어가 귀에 자주 들려 온다. 이 말의 뜻을 정의하는 곳마다 약간씩 다른데, 시장 조사 기관 IDC는 "기업이 새로운 비즈니스 모델, 제품, 서비스를 창출하기 위해 디지털 역량을 활용함으로써 고객 및 시장(외부 생태계)의 파괴적인 변화에 적응하거나 이를 추진하는 지속적인 프로세스"라고 정의하였다.

반면, IBM은 "기업이 디지털과 물리적인 요소들을 통합하여 비즈니스 모델을 변화시키고, 산업에 새로운 방향을 정립하는 전략"이라고 정의를 내렸고, 컨설팅 회사 A.T.커니는 "Mobile, Cloud, Big data, AI, IoT 등 디지털 신기술로 촉발되는 경영 환경상의 변화 동인에 선제적으로 대응함으로써 현행 비즈니스의 경쟁력을 획기적으로 높이거나 새로운 비즈니스를 통한 신규 성장을 추구하는 기업 활동"이라고 정의하였다.

여러 전문기관들이 내린 정의가 바로 쉽게 와 닿지는 않지만 대충 "기업이 새로운 디지털 기술로 제품이나 서비스를 공급하는 것."이라고 이해하면 될 듯싶다. 아마도 다들 아는 아마존이 대표적인 기업이라 볼 수 있을 것이다. 아마존은 다들 알다시피 온라인 서점으로 시작하였다. 그러다가 온라인 시장으로 확장했는데 인터넷과 웹이라는 IT를 사업을 효율적으로 하기 위한 도구로 사용했다.

온라인은 고객에게 제품을 보여 주고 판매를 하는 단순 채널이었다. 그러던 어느 날 아마존웹서비스(AWS)라는 것을 등장시켰다. AWS는 가상의 컴퓨터, 스토리지(저장 장치) 등을 판매하는 클라우드 서비스이다.

온라인 소매 유통 사업을 운영하기 위해 구비한 IT 인프라를 내부적으로 활용하는 데 그치지 않고 가상화, 클라우드 컴퓨팅 기술을 이용해 외부에 팔기 시작한 것이다.

현재 AWS는 세계 최대 규모의 클라우드 컴퓨팅 회사이며, 이익은 AWS가 아마존의 북미 유통 사업보다 더 많다고 한다. 북미지역 아마존 소매 판매 영업 이익률은 5%이며, AWS는 30% 이상으로 알려지고 있다. 더 이상 아마존을 소매 유통 회사라고 얘기하지 않는다. 온라인 기반 소매 유통 회사에서 디지털 트랜스포메이션에 성공했고 완전한 IT 회사로 거듭났다.

다른 대표 사례는 제너럴 일렉트릭(GE)이다. 예로 GE의 '프레딕스'라는 데이터 분석 플랫폼을 가지고 있는데, 발전터빈, 항공기 엔진 등 GE의 제품을 구매한 고객사에게 이 프레딕스를 공급한다. GE제품의 센서에서 나오는 데이터는 프레딕스에서 분석을 하고, 이를 통해 제품이 고장 날 가능성 및 이상 징후 등 작동 여부를 모니터링한다. 데이터가 쌓일수록 GE장비를 구매한 회사들로부터 벌어들이는 소프트웨어 매출은 계속 증가하게 된다.

GE는 기존엔 제품을 한 번 판매하면 끝이었는데, 이젠 프레딕스의 데이터 분석 서비스를 통해 추가적인 매출이 지속해서 일어난다. 기존에 GE는 발전터빈이나 항공기 엔진을 판매하는 제조 기업이 분명했지만, 이제는 데이터 분석 플랫폼을 제공하는 IT 기업으로 변신한 것이다. 이처럼 디지털 트랜스포메이션은 IT 기업으로의 변신을 의미한다.

과거 2차, 3차 산업에서는 제조업, 유통업, 금융업 등으로 구분됐는데, 앞으로는 Mobile, Cloud, Big data, AI, IoT 등 디지털을 활용한 새로운 기술의 업(業)으로 변신할 것이다. 이러한 변화에 살아남고자 노력하여 성과를 내는 일본의 가전 메이커와 유통들이 있어 이를 살펴보고자 한다.

01

파나소닉_
라이프스타일 회사로 거듭나다

디지털 혁명 시대에 가장 중요한 것은 정확한 시장 예측일 것이다. 차세대 주요 먹거리로 떠오른 사물 인터넷 분야에서는 아직 선도 기업이 없는 만큼 전 세계 기업들이 각축을 벌이고 있다. 4차 산업혁명의 근간인 5세대 이동 통신과 무인화를 바탕으로 자율 주행, 로봇 시대, 핀테크, e-커머스, IoT 등에서 기업의 사활이 걸려 있다. 기존 산업 사회일 경우에는 막강하던 일본의 제조 기업들이 정보화 시대에 들어와서는 맥을 못 추더니 최근 4차 산업혁명에서는 다시 주도권을 잡기 위해 나서고 있다.

그중에 파나소닉이 있다. 이 회사는 창업자인 마쓰시타 고노스케 회장이 1989년 타계하고 난 후 기존 사업과 비즈니스 패턴으로 이어 오다 낭패를 본다. 창업자가 만들었던 '사업부제'가 시대에 맞지 않게 되어 어려움에 처하게 된 것이다. 사업부제는 각 제품별로 개발~생산~영업을 모두 관리하는 조직 편제로서 다른 사업부와 중첩 개발하는 등 비효율 상황이 빈발하게 되었고, 개발과 판매 등 모든 업무가 서로 중첩이 되었다.

2000년에 취임한 나카무라 구니오 사장은 '파괴와 창조'를 내걸고 사업부제를 폐지하는 등 개혁을 밀어붙였다. 그러나 브라운관 TV에서 Flat Panel Display로 전환될 때에는 플라즈마 TV 사업에 집착하면서 적자가 쌓였다. 2012년 취임한 쓰가 사장은 컴퍼니제를 도입해 실질적으로 사업부제를 부활시키며 B2B 사업 중심으로 확대해 나갔으나 2년 만에 대실패로 끝났다. 2019년엔 반도체 사업을 접었고, 미국 테슬라와 제휴해 전기차용 배터리 사업에 대규모 투자를 실시해 주도권을 잡는 듯했으나 2020년에 LG화학에 전기자동차 배터리 1위를 내주기도 하는 등 아슬아슬한 행보를 보이고 있다. 하지만 내부적으로 끊임없이 혁신을 시도하며 기존의 틀을 깨고 본인들의 장점을 최대한 살려 4차 산업혁명 시대를 맞이하고자 노력하고 있어 그 내용을 살펴보고자 한다.

1) 일하는 방식을 바꾸되 본인의 장점에 집중하다

앞의 제3장과 제4장에서도 다루었지만, 파나소닉은 1918년 마쓰시타 고노스케(松下幸之助)가 설립한 배선 기구(配線器具) 및 전기 소켓 등을 제조하는 마쓰시타전기로 시작하였다. 제2차 세계대전과 전후의 혼란기를 거치며 1952년에는 네덜란드의 필립사(社)와 전구, 형광등, 전자관 등의 기술 제휴를 맺음으로써 본격적인 전기 회사로 탈바꿈하였다. 또한 1950년대 후반 급속한 기업 성장을 실현하고, TV, 세탁기, 냉장고 등 전기제품 시장을 적극적으로 개척하여 종합 가전 제조 제조업체로 부상하였다. 내셔널(National), 파나소닉(Panasonic), 제이브이시(JVC)라는 상표명으로 생산하였으며, 해외 시장에 단순한 제품 수출뿐만 아니라 생산 및 판매 거점을 형성하여 적극적인 해외 활동을 전개하였다.

파나소닉은 종합 가전 메이커로서 안 만드는 제품이 없을 정도로 생활과 밀접한 전자제품들을 만들어 왔다. 하지만 이런 파나소닉 역시 창업자의 타계 이후 타성과 관료주의 문화로 인해 회사가 정체의 길을 걷게 되었다. 신상품 아이디어를 내도 보스를 설득하기 쉬운, 보스의 성향에 맞는 아이디어만 찾았다. 고객의 Pain Point가 아닌 보스의 Pain Point를 해결해 주는 아이디어였다. 아이디어를 인정받는 내부 절차가 복잡했기에 기획에서 출시까지 2~3년은 걸렸으며, 신제품은 출시되자마자 구제품이 되는 악순환이 반복됐다. 이에 파나소닉은 큰 변화를 시도했다. 2017년 4월 글로벌 소프트웨어 기업인 독일 SAP의 바바 와타루(馬場渉) 부회장을 이노베이션 본부 사령탑으로 영입한 것이다. 당시 39세의 그가 집중한 것은 두 가지이다.

하나는 다테파나(縱Pana, 수직적 파나소닉)를 요코파나(橫Pana, 수평적 파나소닉)로 바꾸는 것, 다른 하나는 상품 개발 프로세스를 부서 간 경계를 허물고 필요에 맞게 소규모 팀(Cell)으로 구성해 업무를 수행하는 애자일(Agile) 조직으로 전환하는 것이었다.

그는 파나소닉 전체를 한꺼번에 바꾸기는 힘들다고 판단, 애플 등 글로벌 IT 기업들이 즐비한 미국 쿠퍼티노에 파나소닉의 혁신 거점인 '파나소닉 베타(Panasonic β)'를 설립하고 기존 파나소닉의 틀에서 벗어나 Digital Native 조직을 만들어 새로운 구상에 도전한다.

2) Speed 있는 프로세스 전환

파나소닉β는 제품 개발 방법부터 기존 파나소닉 방식과 다르게 움직였다. 기존에는 마케팅 부서의 제안 → 연구 개발 → 상품화 → 판매에서 시제품 → 고객 피드백 → 시제품 개선 → 고객 피드백 순이었다. 하지만 세탁기·TV 등 37개 제품 사업부로 운영되고 있는 파나소닉 조직의 틀을 벗어던졌다.

이곳에서는 수시로 직원 간에 자유로운 의견 교환과 동시에 디자이너가 그 자리에서 나온 아이디어를 컴퓨터로 직접 그래픽화한다. 소수 인원이 아이디어를 내고 시제품 제작, 제품화까지 한꺼번에 진행하면서 기능뿐만 아니라 소프트웨어·디자인 등 종합 역량을 키워 간다. 이런 과정에서 직원들의 자유로운 발상과 스피드를 우선시하였다.

상주 직원은 디자이너, 엔지니어, 프로덕트 매니저, 데이터 과학자 등 실행 인력 20여 명으로 제한했다. 그런 뒤 본사에서 40~60명 단위로 젊은 사원들을 3개월씩 파견하며, 파견된 직원들은 이곳에서 제품의 한 사이클 전체를 경험한다. 상사 눈치 보지 않고 아이디어를 내고 상주 인력과 협업해 시제품을 만들고 현지 고객의 피드백까지 받는다. 제품 제작도 수백 개 단위 소량 주문을 받아 제품을 만들어 판매해 보고 더 좋은 제품으로 개량해 나가는 방식을 취했다. 파나소닉β는 이들의 아이디어를 종합해 새로운 전략을 세우고, 파견 직원은 본사로 돌아가 새로운 방법론을 전파한다. 이렇게 하여 출범 1년 동안에만 아이디어가 5,000여 개에 달한다고 한다.

파나소닉은 2018년 10월 파나소닉 β의 1호 제품인 주거 공간용 서비스 'Home X'를 일본에서 출시했다. 주택용 조명 스위치 분야에서 파나소 닉의 일본 시장 점유율은 80% 이상을 차지하는데, 'Home X'는 이를 활용해 조명과 인터폰, 냉난방, 온수 등을 자동 조절하는 통합 플랫폼이다. 여기에 이어 그해 11월에는 'Home X Display'를 장착한 도시형 IoT(사물 인터넷) 주택 '카사트 어번(Casart Urban)' 판매도 시작했다.

무선 인터넷과 센서를 탑재해 벽에 설치한 터치 스크린형 디스플레이 하나만 있으면 각 가전제품의 리모컨이 없어도 가전 기구와 조명의 조절, 문단속 등을 할 수 있는 편리한 주택 플랫폼이다. 이를 위해 가전 등 Device를 주기적으로 업그레이드하는 '소프트웨어'로 정의하고, 조명을 제어하던 스위치 디스플레이 중심으로 홈 플랫폼을 구축하며, 파나소닉 제품뿐 아니라 가정 내 모든 기기, 장치를 인터넷으로 연결한다. 그리고 이를 바탕으로 고객에게 라이프스타일을 제공하며 최적화된 플랫폼을 판매한다는 내용이다. 가전 제조회사에서 라이프스타일 서비스 회사로 탈바꿈하겠다는 것이다.

여기에 이어 2019년 6월 1일 자 일본 The Page 기사에 따르면, 파나소 닉이 추구하는 Home X 프로젝트를 토요타社가 추진하는 '커넥티드 시티(Connected City) 프로젝트'와 손을 잡고 IoT(사물인터넷) 주택을 선보이기로 토요타와 파나소닉 양사가 공동 발표하였다고 전한다.

※ 2019년 6월 1일 자 일본 「The Page」 기사 이미지 인용

3) 'Home X' 프로젝트

① 집안의 Device를 업데이트하다

휴대폰의 안드로이드 버전을 업그레이드하며 UX(User Experience)를 개선하거나 'CAR'라는 Device를 업그레이드 가능한 제품으로 만들어 버린 테슬라 자동차처럼 파나소닉도 발상의 전환으로 집안의 Device들을 인터넷에 연결하고 사용자 요구도 반영하여 업데이트하는 소프트웨어로 만들겠다는 것이다.

② 거실 조명 컨트롤 박스를 홈 플랫폼으로 만들다

많은 기업들이 Home IoT를 위해 집안 거점 Device로 냉장고 또는 TV, 또는 휴대폰의 앱을 이용한 플랫폼을 생각해 왔다. 그러나 파나소닉이 홈 플랫폼을 구축하기 위해 선택한 아이디어는 조명 컨트롤 박스이다. 주택용 조명 스위치 분야에서 일본 시장 점유율 80% 이상을 점하고 있기 때문에 이를 IoT 디스플레이화해서 강점을 최대한 살리겠다는 의도이다.

모든 집안 내 Device, 예를 들면 조명, 가전, 전자제품, 조리 기구, 보일러, 창문, 커튼, 전자 거울, 웨어러블, 전기차 충전 킷 등 업그레이드가 가능한 모든 제품을 소프트웨어화해서 플랫폼 안으로 집어넣는다는 계획이다. 집안 모든 Device를 통제하고 업그레이드하면서 고객에게 더 좋은 라이프스타일을 제안하겠다는 것이다.

③ 내가 할 수 없는 건 모두 오픈한다

그런데 조명 컨트롤 박스를 디스플레이화 해서 IoT 플랫폼을 만든다고 다 되는 것이 아니다. 명실상부한 집의 사물 인터넷 플랫폼이 되려면 집안 대부분의 기기와 장치가 플랫폼 안으로 들어와야 한다.

파나소닉이 집 안의 모든 제품을 만들 수는 없기에 경쟁 가전이든 주택 회사든 서비스 회사든 간에 가정에서 쓰이는 제품과 서비스 관련된 곳이라면 누구와도 파트너가 되겠다고 오픈했다. 그래서 외부 회사가 플랫폼에 서비스를 탑재할 수 있도록 200여 종의 API(개발 도구)를 개발하였다. 'Home X 크로스 밸류 스튜디오'라는 조직도 만들어 스타트업 회사들과도 협업을 진행한다. 재생 에너지, 출장 요리 서비스, 수산물 회사 등 업종도 다양하다.

2020년 세계 최대 가전제품 전시회인 CES 2020이 미국 라스베이거스에서 열린 가운데, 파나소닉 부스에는 전가의 보도처럼 있어야 할 것 같은 TV 라인업이 없고 그 자리를 자동차와 사물 인터넷 및 스마트 홈이 채웠다.

뉴스와이어 2020년 1월 10일 자 기사에 따르면 주목받을 수 있는 기술 세 가지를 선보였는데, 첫째는 연결된 가정용품(Connected Homeware)들은 가정 전체 환경의 기능을 결합해 각 개인의 요구에 맞춰 세밀하게 조정하여 최적화된 가정 솔루션을 제공할 수 있게 하였으며, Connected Homeware는 Home X 플랫폼에 연결하여 사용자에게 끊김 없는 경험을 제공하도록 시연한 것이다.

둘째는 활동 감지 기술(Activity Sensing Technology)을 접목해 다수의 센서를 통해 감지한 데이터를 처리, 분석하여 사람의 행동만을 이해·분석하여 가정생활을 더 편안하고 개별화할 수 있도록 구현하였다.

셋째는 가정 사이버 보안(Home Cybersecurity)이 스마트 홈 및 연결된 자동차 같은 사물 인터넷(IoT) 기기에 대한 사이버 공격을 탐지하고 퇴치시키는 새로운 접근 방식을 제공하도록 시연하였는데, 이 사이버 보안 솔루션은 악성 제어 명령을 반격함으로써 특정 구역 내 네트워크상에 있는 IoT 기기를 보호하도록 하며 진화하는 위협에 적응하면서 클라우드에 보안 상태를 기록한다고 한다. 이를 통해 이 시스템의 인공 지능(AI) 엔진은 데이터 분석을 통해 의심되는 사건을 확인하여 연결된 기기의 수명 주기 동안 네트워크의 보안을 유지할 수 있도록 한다고 한다.

파나소닉의 전략을 정리해 보면, Home X를 통해 Digital Transformation을 하려 하는데 이를 위해 집안의 하드웨어를 소프트웨어화 하고, 스위치 디스플레이로 홈 플랫폼을 구축하여 라이프스타일을 만들며, 외부의 회사까지 끌어들여 새로운 사업 영역으로 진입한다는 전략이다.

이를 제대로 구현하기 위해 최적화된 가정 솔루션을 제공하고, 활동 감지 기술(Activity Sensing Technology)을 접목해 편안하고 개별화되도록 구현하며, 가정 사이버 보안(Home Cybersecurity)을 강화함으로써 개인의

프라이버시를 강화하겠다는 목표이다.

과연 파나소닉이 Home X 프로젝트를 통해 스마트 홈 분야에서 제대로 변화된 모습을 보여 줄지 앞으로도 지켜볼 일이다.

02

소니_사업 간 벽 허물고
환골탈태하다

2020년 1월 6일 미국 라스베이거스에서 열린 '세계 가전 전시회(CES) 2020'에서 소니社가 전기·자율 주행차 콘셉트카 '비전-S'를 선보였다. 소니는 이 자동차에 자사의 센서 기술과 엔터테인먼트 자산을 집약했다. 전자업체가 실제 도로 주행이 가능한 시제품을 전시장에 선보인 것에 대해 주요 언론들은 놀랍다는 반응을 쏟아 냈다. 그동안 구조 조정을 통해 수익성을 꾸준히 개선해 온 소니가 과거와 같이 혁신적인 제품을 개발해 '소니 신화'를 꿈꾸는 것이 아니냐는 관측이 제기됐다. 소니는 원래 트랜지스터라디오·워크맨·비디오·CD·디지털카메라 등으로 1990년대를 풍미한 세계적인 전자 선도 기업이었다. 벌써 41년 전에 탄생한 휴대용 카세트 플레이어 '워크맨'은 사람들의 생활 방식을 바꾸는 혁신의 아이콘이었다.

1990년대의 소니(Sony)는 세계 정상의 가전업체이자, 일본 경제의 상징이었다. 독자적인 기술력을 바탕으로 타사 제품과 차별화를 했으며,

디자인과 마케팅 면에서도 확연한 프리미엄을 과시하고 있었다. 특히 '워크맨'이나 '트리니트론 TV', '플레이스테이션' 등으로 대표되는 소니 제품의 위상은 누구도 넘볼 수 없었을 정도였다.

하지만 소니는 2000년대 들어 그 위상이 무너졌다. 삼성전자, LG전자, 하이얼을 비롯하여 중국 기업들이 약진했다. 2011년 5,200억 엔의 적자는 역대 최악의 실적으로 이에 무디스가 '투기 등급'으로 강등시킬 정도였다. 세계 최고 품질을 자랑하던 TV는 적자 사업이 되어 삼성전자와 LG전자에 선두 자리를 넘겨줬으며, 2010년 이후에는 '소니의 몰락'을 연구 주제로 하는 애널리스트 리포트가 여기저기서 나오는 등 완전히 동네북의 신세였다. 1990년대 후반 소니는 각 사업부를 독립 회사처럼 운영하는 컴퍼니(Company) 제도를 도입했는데, 급격한 시장 변화에 대처하겠다는 취지였으나 부서 이기주의가 생기기 시작했다. '사일로 효과(Silo Effect)'라고 곡식을 저장하는 굴뚝 모양의 창고처럼 부서가 담을 쌓는 것을 뜻하는 말로 쓰인다. 타 부서와 아이디어를 공유하지 않았고, 우수 직원을 뺏기지 않으려고 했다. 협력과 실험, 장기 투자가 멈췄고 리스크를 지려 하지 않는 그런 회사가 된 것이다. 그런데 이런 소니에게서 변화가 감지되기 시작한다. 2012년 소니 회장 겸 CEO로 취임한 히라이 카즈오가 '하나의 소니(One Sony)' 전략을 내세우며 부활의 시동을 건 것이다. 2017년과 2018년 2년 연속 매출과 영업 이익 모두 사상 최고 실적을 경신하였다. 소니의 부활 스토리에는 말 그래도 '환골탈태'의 과정이 녹아 있다. 기업 고유의 강점과 약점을 잘 인식하고 이를 끊임없이 강화해 나갔다.

저렴한 중국산 노트북과 경쟁할 수 없다고 판단해 '바이오(VAIO)' 브랜드로 알려진 PC 사업 부문을 매각했다. 적자의 늪에 빠진 TV 사업을 축소한 뒤 '소니 비주얼 프로덕트'란 이름의 자회사로 분사했고 워크맨을 만들던 오디오 사업과 반도체 디바이스 사업도 분사했다.

이와 함께 원가를 절감하기 위해 합작 투자사에 대한 투자를 중단하고 TV 패널의 글로벌 멀티 소싱을 시작했다. 그 대신 '선택과 집중'을 통해 전자 부문의 '프리미엄 전략'을 추구했는데, 2004년부터 10년 동안 8,000억 엔(약 8조9,000억 원)의 적자를 내던 소니 TV 비즈니스는 '4K(초고화질)'와 '대화면' 위주로 전환하고 라인업 외 출시 국가와 지역에도 선택과 집중 전략을 폈다. TV 비즈니스에서 2016년 5%대, 2017년 7%대의 영업 이익률을 올렸다.

문어발식 사업 확장은 정리하고 소니의 DNA(기술과 제조)를 가장 잘 발휘할 수 있는 것에 집중한 또 다른 것 중 하나는 이미지 센서였다. 이미지 센서(CMOS)가 4차 산업혁명 시대의 핵심 부품이 될 거라 판단하고 공격적인 투자에 나섰다. 2015년 유상증자로 조달한 자금 4천억 엔 거의 전부를 쏟아 부었다. 이미지 센서는 빛 신호를 전자 신호로 바꾸는 기술로 피사체 움직임을 감지해 촬영할 수 있도록 도와준다. 자율 주행차와 스마트폰, IOT 기기에서 '눈'과 같은 역할을 한다.

소니는 애플과 화웨이 등에 CMOS를 공급하며 글로벌 시장 점유율 약 50%로 1위를 차지하고 있는데, 덕분에 이미지 센서는 최근 소니의 실적 개선을 주도하였다.

2019년 소니의 부문별 매출 및 영업 이익

소니 사업 부문	매출(억 엔)	영업 이익(억 엔)	비중(%)
합계	82,599	8,455	10.2
이미지 센서	10,706	2,356	22.0
게임	19,776	2,384	12.0
전자제품	19,913	873	4.2
금융	13,077	1,296	9.9
음악	8,499	1,423	16.7
영화	10,119	682	6.7

※ 소니 홈페이지 IR 자료 인용

소니는 전자뿐만 아니라 게임·영화·음악 등 엔터테인먼트 콘텐츠 비즈니스 부문에서 독보적인 기업으로 자리매김하고 있다. 2010년대 이후 디지털 스트리밍 시장이 성장하면서 영업 이익의 절반 이상을 게임과 음악 등 엔터테인먼트 사업에서 내고 있다. 특히 플레이스테이션은 월정액 서비스인 '플레이스테이션 네트워크'의 성장으로 매출과 이익 모두 사상 최고의 성과를 거뒀다. 일종의 '구독 경제'를 통해 인터넷 플랫폼 비즈니스로 게임 산업을 혁신한 것이다. 또한 소니는 EMI 뮤직 퍼블리싱(EMI)을 인수하며 세계 최대의 뮤직 퍼블리싱 회사로 자리매김하고 있다. 소니는 수익성이 낮고 현금을 태우는 전자 기기 업체에서 경쟁 업체가 쉽게 따라 할 수 없는 소중한 자산을 지닌 멀티미디어 기업이 되었다.

미래 투자도 가속화하고 있는데 2014년부터 신사업 육성 프로그램(SAP)을 통해 사내외 아이디어를 사업화하고 있다. 자동 비행 드론 '에어로센스', 게임 로봇 '토이오(Toio)' 등이 대표적이다. 또한 2018년에 반려견 로봇 '아이보(AIBO)'를 재출시한 것도 인공 지능(AI)과 로봇 개발을 이어 가겠다는 뜻으로 볼 수 있다.

03

NEC_핵심 사업을 실리콘 밸리로 이전하다

이와다레 구니히코(岩垂邦彦: 1857~1941)에 의해 1899년 외국 자본과 공동 출자한 일본 최초의 합자 회사가 NEC(Nippon Electric Company)이다. 미국의 웨스턴 일렉트릭(WE)과 손잡고 출발한 이 회사는 창업자가 에디슨의 회사(Edison Machine Works)에서 에디슨과 함께 일했으며, 일본으로 돌아와 NEC를 세웠는데 100여 년이 훌쩍 지나 다시 한번 미국 실리콘 밸리에서 성공을 위해 분발하고 있다.

일본의 NEC는 2017년 미국 실리콘 밸리에 자회사를 설립했다. 기업의 데이터 분석 자동화를 전문으로 하는 '닷데이터(dotData)'이다. CEO에 NEC 출신 37세 기술자 후지마키 료헤이(藤卷遼平)라는 기계 학습 분야의 전문가가 발탁되었다. 닷데이터가 하는 일은 기업의 과제 해결을 돕기 위한 데이터 분석 자동화다. 제품 수요 예측을 위해 필요한 데이터 분석과 수집, 수요 예측 모델 설계 등을 자동화해 AI(인공 지능)로 기업에 해결책을 제시한다. 지금까지는 숙련된 '데이터 과학자'가 이 업무를 담당했다.

이에 반해 닷데이터 시스템은 누구나 손쉽게 작동이 가능하고 3개월 정도 걸리던 데이터 분석을 하루로 단축시켰다. 후지쯔 등 대기업들이 이 서비스를 이용하고 있다.

조선일보 Weekly Biz 2019년 2월 19일 자 기사에 따르면, NEC가 핵심 인재와 기술을 실리콘 밸리 자회사로 떼어 낸 이유가 파나소닉과 마찬가지로 기존 조직의 스피드의 한계 때문인 것으로 분석했다. 한때 휴대폰과 반도체 등 여러 사업을 거느린 글로벌 전자 기업이던 NEC는 경영 악화로 많은 사업에서 손을 떼 전성기 때 5조 엔을 넘던 매출액도 현재는 3조엔 규모 수준이다. 닷데이터는 실리콘 밸리 현지에서 자금 조달과 인사 등 경영 전반 사항을 본사의 결재 없이 처리하는 자율성을 부여받았는데 자회사 중에서도 이례적이라고 한다. 인사 제도와 급여 체계도 NEC 기준이 적용되지 않고 실리콘밸리 현지에서 독자적으로 우수한 인재 채용이 가능한 구조다. 그뿐만이 아니다.

실리콘 밸리 현지의 벤처 캐피털 등에서 꾸준히 자금을 모은 결과, NEC의 출자 비율이 낮아지면서 자회사 지위도 위태해졌지만, NEC 경영진은 개의치 않는다고 한다. 핵심 기술 권리도 자회사에 넘겼으며 '닷데이터'의 최종 목표는 기업 가치 10억 달러 이상인 유니콘 기업을 만들어 상장하는 것이라고 한다. NEC는 반대급부로 '닷데이터'의 기업 가치 상승이 장기적으로 NEC의 수익 구조에 보탬이 될 것으로 전망하고 있으며, 닷데이터 제품을 일본에서 독점 판매한다는 계획을 세웠다.

NEC 이외에도 실리콘 밸리에 거점을 둔 대표적인 일본 기업으로는 혼다 자동차의 연구소인 혼다 이노베이션(Honda Innovations)을 비롯해

도요타, 닛산 등 주요 자동차 기업들도 많다. 일본무역진흥기구(JETRO) 자료에 따르면 실리콘 밸리 지역에 진출한 일본 기업은 2018년 913개로, 2016년(770사)보다 약 20% 늘어났다고 한다.

츠타야 가전
(TSUTAYA Electrics)

츠타야 서점(蔦屋書店)의 창업자 마스다 무네아키(增田宗崎). 그는 츠타야라는 공간은 고객에게 있어 단순히 책, 가전 등 물건을 파는 곳이 아니라, 그 공간과 사물을 통해 행복과 여유로움을 주는 생활을 제안하는 공간이 되길 원하고 있다.

그는 본인이 쓴 저서 『지적자본론(知的資本論)』의 한국 출판을 기념하며 2015년 11월 4일 서울대 국제대학원에서 이렇게 이야기한다. "지금과 같은 시기야말로 실제 매장이 갖는 의미를 적극적으로 제안해야 하고 어떻게 실제 매장만의 매력을 만들고 표현해 나갈 것인가 고민해야 한다." 마스다 무네아키(增田宗崎)는 소비 사회 변화를 크게 3단계로 요약하고 있다.

첫 번째는 물건이 부족한 시대로 만들면 무조건 팔리는 시대, 두 번째는 상품이 넘쳐 나면서 파는 장소, 즉 플랫폼이 중요해지는 시대, 세 번째는 상품도 플랫폼도 넘쳐 나서 또 다른 무엇 즉, 콘텐츠를 필요로 하는 시대다.

지금 우리는 바로 '콘텐츠'가 중요한 시대를 살고 있는데, 그 이유는 온라인 비즈니스, 모바일 생활 방식, 디지털 만능 시대가 훨씬 가까워졌기 때문이다. 온라인 e커머스가 대세가 된 요즘 시대에 오프라인 매장이 갖는 가치란 무엇인지, 고객들에게는 어떤 가치를 제안해야 인정받는 브랜드가 될 수 있을지 TSUTAYA Electrics의 매장 구성 및 방법을 통해 알아보자.

1) 책(인문학, 스토리)을 통해 공간 개념의 인식 변화를 가져오다

비즈니스를 시대 변화에 맞게 혁신 중으로 비디오 CD 렌탈 → 서점 → 가전 융합의 유통 사업을 전개 중이다. 서적은 집객을 만들고, 인문학적 스토리로 Life Style과 Value를 Creation 하도록 하는데, 가전제품, 관련 서적, 생필품을 함께 진열하는 Cross Merchandising 기법을 활용한다. 예를 들어 식(食)코너에서는 커피 원두와 커피머신, 관련 서적이 함께 진열된 모습을 볼 수 있다.

도서의 아일랜드 진열 및 천장 인테리어로 일반 서점과 차별화된 격조 있는 연출을 통해 가전, 커피샵이 따라할 수 없는 인문학적 분위기를 제공한다. 또한 책뿐만 아니라 명화(복사품 등) 등도 장식·판매하고 있는데, 이는 매장의 인테리어 분위기를 품격있게 만들어 주는 소품 역할도 한다

이러한 시도를 통해 여성이 혼자서도 편안하게 방문할 수 있는 전자 매장을 구현하려고 하고 있다. 입구에서부터 '이랏샤이마세'라고 큰 소리

로 인사하며 구매를 종용하는 기존 매장과의 차이가 아닐까 싶다.

2) 여성 고객에 대한 세심한 배려

이제는 스마트폰이 일상생활이며, 떼려야 뗄 수 없는 애장품이 되었다. 남에게 스마트폰에 있는 사진 등을 보여 줄 때, 자신의 손톱조차 예쁘게 보이고 싶어하는 여성 심리까지 반영하여 TSUTAYA Electrics 매장 내 Nail Art 매장도 인샵시켜 여성층의 마음을 다독이고 있다.

3) 오픈 홍보는 SNS로 하다

오픈 2개월간 어떤 홍보도 없이 자연 방문 고객만의 입소문 마케팅을 시행하였고, 이것이 SNS에서 화제가 되어 매스컴의 취재 요청이 쇄도하였다. 그러나 취재에 대응하지 않다가 충분히 SNS에서 화제가 된 이후 전격 매스컴에 공개하여 일본 전국에서 더욱 폭발적인 이슈가 되도록 하였다.

4) 매장 컨셉 만들기 1년

전 구성원이 동의할 수 있는 컨셉을 1년에 걸쳐 창출하며, 각 분야의 경험이 풍부한 콩세르쥬(Concierge)라 불리는 전문 지식을 가진 스태프들이 맞춤형 상담을 진행한다. 이곳에는 연봉이 1,200만 엔인 상담사도 있다. 예로 카메라 코너에는 전 세계를 여행한 여행 전문가가 고객을 응대

하는데, 우수한 인재들이 매장에서 근무하고자 모여들기에 따로 채용 활동을 할 필요가 없다.

5) NO 物(Mono), YES 事(Goto)

제품(物, Mono)을 팔지 않고 가치와 경험(事, Goto)을 판다. 취급하는 모든 제품(책, 생활용품, 액세서리, 전자제품 등)은 츠타야의 철학에 따라 엄선한 제품만 취급하고, 고객에게 경험을 제안한다. 단순히 제품의 기능과 가격만의 소구는 한계에 봉착하기 때문에 스토리가 있는 Value 제안형으로 매장을 구성한다.

제품을 체험하고 생활을 이미지화하는 공간으로써 생활 속 사용 장면을 떠올려 보고 가전제품을 체험할 수 있는 Tool(사용 동영상, 책자, 소품 등)을 마련하여 사용 방법뿐만 아니라 기능과 디자인, 생활 속의 제품 가치를 확인할 수 있다.

6) 상장 철회_주주 요구보다 자신들의 철학을 실현하고자 한다

창업자 마스다 무네아키(増田宗昭)는 상장된 상태라면 TSUTAYA Electrics 같은 매장의 탄생은 불가능하다고 판단하여 상장을 철회하였다.

품격있는 매장으로의 변신을 위해서는 마케팅 전략 및 기획가, 매장 디자이너, 디스플레이 전문가, 상품 MD, 고도의 CS 역량을 갖춘 콩셰르쥬(Concierge) 급 상담사 등 전 인프라 구성 요소를 포함한 창조 역량이 있어야 한다고 생각했다. ROI 등 효율 고려 시 이를 가능케 할 방법을 찾아야 하는 것이 혁신 과제인데, 이를 위해 성과만을 강조하는 주주 요구를 물리치도록 상장을 과감히 철회한 것이다.

상품도 플랫폼도 넘쳐 나서 또 다른 무엇 즉, 컨텐츠를 필요로 하는 시대인 지금 츠타야의 가전 매장(TSUTAYA Electrics)은 새로운 컨텐츠를 불어넣고 있다. 문화 콘텐츠를 모으고 고객들이 즐기는 장소를 만들며, 고객 가치를 창출하고 사람들의 삶을 변화시키기 위해 기획과 디자인을 중요시한다.

츠타야 가전(TSUTAYA Electrics)

GALAXY Showcase
in Harajuku

2019년 3월 12일 하라주쿠에 삼성전자가 세계 최대의 갤럭시 쇼케이스인 'GALAXY Harajuku'를 오픈했다. 미국, 영국, 프랑스, 인도 등 전 세계에서 운영 중인 갤럭시 쇼케이스를 젊은이들의 집결지 하라주쿠에 총 지상 7층·지하 1층 규모로 '갤럭시 하라주쿠(GALAXY Harajuku)'라는 타이틀로 오픈한 것이다.

조선일보 2019년 3월 12일 자 기사에 따르면, 세계 갤럭시 쇼케이스 중 최대 규모로 '갤럭시 하라주쿠(GALAXY Harajuku)'에서는 삼성전자의 휴대폰 혁신 역사를 한눈에 확인할 수 있으며, 최신 갤럭시 스마트폰과 다양한 웨어러블 기기를 체험하고 구매할 수 있게 구성하였음을 기사화 했다. 또한, 시장 조사 업체 스트래티지 애널리틱스(SA)는 2019년 2분기 일본 스마트폰 시장에서 삼성전자가 60만 대를 출하해 점유율 9.8%로 일본 내 2위의 점유율을 기록했다고 전했다.

※ 2019년 3월 12일 자 조선일보 기사 인용

그렇다면 왜 '하라주쿠(Harajuku)'에 오픈한 것일까?

하라주쿠는 일본 내 내국인과 외국인이 몰린다는 점과 일본의 밀레니얼 젊은 층이 좋아하는 공간이라는 점 등을 감안한 결정이었으리라. '갤럭시 하라주쿠(GALAXY Harajuku)'는 일상생활에서 왜 갤럭시를 사용해야 하는지, 사용하면서 얻을 수 있는 경험이 무엇인지를 알려 주고 있다. '갤럭시 하라주쿠(GALAXY Harajuku)'에는 기존 통신 사업자를 통해서만 제공되던 갤럭시 휴대폰의 수리 서비스도 제공한다.

또한 갤럭시 최신 기술을 활용한 다양한 인터렉티브 체험 공간이 마련되어 있어, 다양한 문화 행사를 통해 다채롭고 새로운 모바일 경험을 소개하는 장소로 활용되고 있다.

GALAXY Harajuku의 건축가는 요시오카 토쿠진(吉岡德仁)氏이고, 내부 디자인은 롯폰기 츠타야서점의 인테리어를 담당했던 쿠보다(久保田) 건축 사무소이다.

건축가 요시오카 토쿠진(吉岡德仁)氏는 미래의 빛과 감각으로 외관을 구성했고, 공중에 떠다니는 투명한 빛을 통해 미래를 위한 기억을 형상화했다고 한다. 1,000개 이상의 갤럭시 스마트 폰으로 꾸며진 건물 외관은 '부유하는 빛의 레이어'라는 컨셉이다. 또한 1층에서 나오는 영상에서도 갤럭시의 실루엣을 느낄 수 있게 설계하여 실루엣을 통해 갤럭시의 미적 감각을 고객에게 전달하려고 하고 있다.

내부 디자인을 맡은 쿠보다(久保田) 건축 사무소는 밀레니얼 세대가 공간을 즐길 수 있도록 구성했다. 갤러시 하라주쿠 디자인의 핵심은 고객을 시간 속에 들어가도록 이벤트를 구성한 것이다. 갤러시 하라주쿠의 층별 구조는 아래와 같다.

GALAXY Harajuku 층별 구성

6층 : 비트 챌린지, 포토 부스, 컬러 라이트 부스
5층 : 바디 캔버스, 4D 시어터
4층 : 갤럭시 오르빗, 갤럭시 라이트 웨어, 소셜 갤럭시
3층 : 갤럭시 역사관
2층 : 키즈 라운지, 카페&테라스, 갤럭시 및 음향 기기 전시대
1층 : 최신 갤럭시폰 전시대, 액세서리 코너, 행사 진행 공간
B 1 : A/S센터, 미션 투 스페이스 체험관

전체 공간을 보면 B1~2층은 접객층, 3층~6층은 체험 공간으로 구성되어 있으며 직원들 복장 또한 흰색과 검은색으로 통일감과 안정감을 주고 있다.

1층에서 강조하는 부분은 '이미지'이다. 1층 벽면에서는 인스타그램, 사진 액자, 사진 촬영 강의, 카메라 기능을 자연스럽게 인지하도록 하고 있다. 개인 문화가 강한 일본에 맞춰 셀피 및 인스타그램에 더 집중한다. 어도비와 같이하는 홍보 영상에서도 셀피와 인스타그램을 더 강조하고 있다. 홈페이지에서는 예약이 필요한 프로그램과 예약 없이 체험이 가능한 프로그램으로 나누어 운영하고 있다. 운영시간은 오전 11시~저녁 20시까지이다.

Galaxy Harajuku

주　　　소 : 東京都渋谷区神宮前1丁目8-9,〒150-0001
영업시간 : 12:00~19:00
전화번호 : 0120-327-527
운영시간 : 11:00~20:00 (연중무휴)
교 통 편 : JR야마노테센(山手線) 하라주쿠역 오모테산도구찌(表参道口)에서
　　　　　도보 7분
　　　　　동경메트로 치요다센(千代田線)·후쿠도신선(副都心線)
　　　　　메이지신궁마에(明治神宮前) 하라주쿠역 5번 출구에서도보 3분
　　　　　동경메트로 치요다센(千代田線)·한조몬선(半蔵門線)·긴자선(銀座線) 오모테산도역 A2번 출구에서 도보 9분

※ SITE : https://www.galaxymobile.jp/galaxy-harajuku/info/

5. 우리가 몰랐던 동경의 역사_오모테산도(表参道) Hills

역사

　고급 부티크 및 아트샵이 많은 명품 거리로 유명한 오모테산도(表参道) 거리는 오모테산도 힐스(表参道 Hills)의 개발로 일본을 대표하는 국제적인 최고급 브랜드 거리로 고품격 분위기를 자랑하고 있다. 오모테산도(表参道 Hills)는 관동 대지진(1923년) 후 지역의 부흥을 위하여 1927년에 지어진 도준카이아오야마(同潤会青山) 아파트를 유명한 건축가 안도 타다오(安土忠雄)의 설계로 오모테산도(表参道)의 역사성과 경관을 살려 재건축한 Project이다.

　※ 오모테산도(表参道)
; 주로 신사(神社)나 절까지 이르는 메인 도로를 흔히 참배로라고 하며, 1919년 메이지 신궁(明治神宮) 창건 시 정면 도로를 정비하면서 오모테산도(表参道)라는 이름을 최초로 사용함

　오모테산도(表参道)와 동일한 기울기의 Spiral Slope 구조는 제2의 오모테산도(表参道)를 연출하고 있으며, 도로변의 느티나무 가로수 높이의 건물과 적극적인 옥상 녹화로 주변과 융합하는 녹지 공간을 형성하고 있다.
　전부 남향으로 햇빛이 잘 드는 상층부(3~6층)에 배치된 주택은 이 거

리의 상징인 느티나무 가로수를 바라볼 수 있는 위치에 있으며, 오모테산도(表参道)의 번화함을 벗어난 쾌적한 생활 공간을 제공하고 있다.

도준카이아오야마(同潤会青山) 아파트 외벽 일부를 재생한 도준칸(同潤館)은 많은 사람의 기억 속에 남아 있는 경관을 다음 세대에 계승하고자 하는 의도를 내포하고 있다.

오모테산도(表参道) Hills 내외부 전경

개요 및 주요 Point

- 소재지 : 동경도 시부야구(渋谷区) 진구마에(神宮前) 4-12-10
- 규모 : 부지 1,830평(지구 전체 3,630평), 건물 10,300평, 지상 6층, 지하 6층, 최고 높이 23.3m
- 주요 시설 : 상업시설(점포 93개소), 주택(38세대), 주차장(216대) 등이며, 93점포 中 일본 최초 출점 22점, 신업태 점포 26점으로 구성됨.
- 총사업비
  ; 181억 엔(토지대금 제외)으로 토지를 시행업체에 제공하고 개발 이

후 수익을 배분하는 형식의 민간 재개발 지주 공동사업으로, 롯폰기 힐스와 같은 사업 방식으로 진행함.

- 공사 기간 : 2003년 8월 ~ 2006년 1월(총 30개월)

  ※ 전체 사업기간 : 1972년~2006년(총 35년 소요)

- 설계자 : 모리(森)빌딩, 안도 타다오(安土忠雄)

; 일본이 세계적으로 자랑하는 건축가로 노출 콘크리트가 그의 주된 작품의 표현 방식이며, 오모테산도(表参道) Hills는 느티나무 가로수 와의 조화와 도준카이아오야마(同潤会青山) APT의 기존 이미지를 존중하며 도심 속에서 기억에 남을 수 있는 작품을 만듦. 세계적 건축가 안도 타다오(安土忠雄)의 명성으로 브랜드화에 성공함.

- 개발 Target

; 오모테산도(表参道)를 사랑하는 성인의 실제 연령보다 10세 젊은 감각을 가진 사람을 대상으로 하였으며, 일본어의 성인을 의미하는 大人(O TO NA)를 지향.

  ※ O=Original, TO=Together, NA=Nationality

- Spiral Slope

; 전장 700m, 경사도 3도로 오모테산도(表参道)와 동일한 내부 이동 동선을 구성하여 산책하는 듯한 감각으로 걸어 다니는 느낌을 연출함.

- 기타사항

; 옥상 정원 등 부지면적의 30%가 녹지화로 오모테산도(表参道)의 가로수와 일체화된 녹지 공간을 연출하며, 건물의 높이를 느티나무 가

로수 높이와 같은 높이의 저층 건물로 개발함.

메이지 신궁(明治神宮)이나 아오야마레이엔(青山靈園, 공동묘지) 등 녹지를 연결하는 네트워크 기능으로 입주자 및 방문자를 배려함.

또한, 외벽에 LED를 삽입하여 건물 전체를 광고판화 함.

제6장

삼성전자의
유통사

1969년 삼성전자 판매과로
출범하다

삼성전자는 1969년 창사하여 국내 영업을 위해 2명으로 구성된 판매과로 시작되었다. 국내 가전업계의 후발 주자로서 당시 해결해야 할 가장 시급한 당면 과제는 유통망 확보였다. 이에 따라 전국적으로 대리점을 출점하고 영업소를 신설하게 된다.

이후 1974년 8월 서비스과를 신설하고 서울 필동에 위치한 서울 서비스 센터에 본부를 두었으며, 가전제품 판매량의 증가에 따른 대고객 서비스 확충을 추진하였다. 1981년 5월에는 신용 판매를 개시했다. 6개월, 12개월, 15개월 등 3종류의 할부 방식을 채택하고, 수금은 소비자가 대리점이 지정한 은행의 구좌에 자진 납부하는 방식이었다. 이 Biz 모델이 1995년 2월 설립된 삼성파이낸스(株)의 모태가 되었고, 그해 4월 삼성할부금융(株)으로 상호를 변경하게 된다. 이후 1999년 3월 삼성캐피탈(株)로 다시 상호를 변경하게 되며, 2004년 2월에는 삼성카드(株)에 합병되어 오늘에 이르게 된다.

1983년 이후 경기가 성장 국면으로 들어서면서 전국적으로 대대적인 판매 조직을 확충하였다. 또한 1981년부터 1980년대 말까지 '소노라마 전문점', '오디오(A/V) 전문점', '냉열기 전문점', '가스 기기 전문점', '자동 판매기 전문점', '보일러 전문점' 등 제품별 전문점을 개설, 확충해 나간다. 1983년 10월에 도입된 부녀 사원 제도는 사전 교육을 받은 부녀 사원들이 직접 고객 집을 방문하여 판매하는 대리점을 지원하는 제도였는데, 2005년까지 유지되었다.

1990년대 유통 시장 개방은 당시에 큰 변화를 가져다주었다. 일본과 한국은 대미 무역 흑자 국가로서 미국으로부터 수입 확대와 비관세 무역 장벽 해소에 대한 시장 개방 압력을 많이 받을 때였다. 1993년부터 단계적으로 개방을 시작한 유통 시장은 1996년 완전히 개방되어 까르푸, 월마트 등 해외 대형 할인점이 국내 시장에 들어오게 되었고 양판점, 할인점, 홈쇼핑 등의 혼매점도 본격 등장하기 시작하였다. 삼성전자 리빙프라자의 초대 점장이었으며,『그 매장은 어떻게 매출을 두 배로 올렸나』의 이춘재 저자는 그의 저서에서 유통 시장의 대외 개방에 대해 회사에서도 상당히 긴장하였음을 언급한 바 있다.

이에 대응하기 위해 삼성전자는 기존 소규모 매장으로 운영되던 대리점과 차별화하여 소매 노하우를 갖춘 300평 급 규모의 종합 전자 매장을 기획하고, 기존 대리점 중 영업력이 우수하고 회사와 신뢰 관계가 두터운 3개 대리점과 공동 투자로 1993년~1994년 'J-Shop(Jumbo Shop) 프로젝트'를 실시하게 된다. 이는 삼성전자의 직영 매장인 리빙프라자의 모태가 되었으며, 1993년 리빙프라자 1호점인 천호점을 오픈한 이래 1995년까지 전국 15개 점포를 오픈하였다.

1998년 4월에는 삼성전자 내 물류팀을 분사하여 토로스물류(株)를 설립, 2003년 사명을 삼성전자 로지텍(株)으로 변경하였고, 같은 해 8월에는 리빙프라자를 관장하던 국내 판매 사업부 산하 신유통팀을 별도 법인인 한국전자정보유통(株)으로 분사하였으며(2001년 리빙프라자(株), 2013년에는 삼성전자판매(株)로 법인명 변경), 11월에는 서비스 부문을 분사하여 삼성전자서비스(株)를 설립하였다.

　각 사는 분사를 통해 각각 판매, 배달 설치, 서비스의 전문화된 서비스를 제공하는 역할을 수행하게 된다. 이후 20여 년 전인 2003년 '전속 유통 일류화'의 목표로 매장 대형화와 고급화를 추진하며, 리빙프라자(직영점)와 디지털프라자(대리점)로 이원화되어 운영되던 유통명을 '디지털프라자'로 통일하여 현재에 이르고 있다.

삼성전자 1970년대 수원 대리점, 1980년대 영등포점

유통망
확보

삼성전자를 창업할 때 기존 전자업체의 반대가 심하였던 것은 잘 알려진 이야기이다. '국내 시장이 미성숙한 상태에서 전자업체가 난립하게 되면 시장이 혼란스러워져 결국 공멸할 것.'이며, '자체 기술 개발도 없이 외국 업체와 기술 제휴를 하는 것은 단지 노동력만 제공하는 결과가 될 것.'이라는 주장이 많았다.

조선일보 「대한민국 제1호 국산 텔레비전」 기사에 따르면, 이에 대한 절충안으로 수출 중심으로 생산, 판매하고 국내 시장에는 판매하지 않겠다는 전제로 삼성전자의 회사 설립이 이루어졌다. 즉, 삼성전자 설립 당시 허가 조건은 '생산 제품을 국내에서 판매하지 않고 전량 해외로 수출하는 것'이었다. 따라서 설립 3년째인 1972년까지 국내에서 판매가 가능했던 제품은 삼성전자에서 생산한 제품이 아니라 삼성-산요 합작 회사에서 생산한 흑백 TV 제품이었고, 판매 물량은 '기술 소득분'만큼만 가능했다.

'기술 소득분'이라는 것은 예를 들면, 100대를 수출하면 30대를 국내 판매가 가능한 식으로 수출량에 비례해 일정량을 국내에서 판매할 수 있는 권리를 말한다. 초기에는 수출한 물량만큼 일정 비율로 판매할 수 있는 권리를 받아 국내 대리점을 통해 판매하였다. 이처럼 초창기에는 주로 OEM 방식을 통해 생산된 제품이 주를 이루었다.

1969년에서 1972년까지 판매과에는 단 2명이 근무하고 있었고, 판매부 승격 후에도 직원 전체가 10여 명에 불과했다. 신규 사업을 시작하면서 가장 시급한 업무는 제품을 판매할 수 있는 유통망을 확보하는 일, 즉 대리점 출점이었다.

삼성전자의 창립 초기에는 전자제품 소매 영업의 경험이 전무한 상태에서 영업의 기반이 되는 대리점을 출점해 가며 영업 조직으로서의 형태도 갖춰야 하다 보니 고생이 많았다고 한다. 담당 영업사원들은 각 지역을 다니면서 규모가 큰 전파상이나 일정 수준 이상의 자금력을 가지고 있는 금은방 사장 등을 상대로 대리점 출점을 설득하였던 반면, 당시 선발 업체인 금성사는 각 주요 지역마다 자금력을 갖춘 지역 유지 중심으로 이미 대리점 체계를 갖추고 있었다. 당시에는 폭증하는 국내 전자제품 수요에 공급이 대응하지 못하던 시절로서 금성사의 경우 각 대리점에 배급제로 제품을 제공하기까지 했다고 한다. 이러한 어려운 상황에서도 유통의 Pipe Line 확대는 제조 회사로서는 생존과도 같은 문제였기에 대리점 출점에 사활을 걸게 된다. 이미 자금력이 있는 업체는 금성사나 대한전선의 대리점을 하고 있었기에 판매와 수리가 가능한 일정 규모 이상의 전파상을 대상으로 대리점 전환을 유도하는 경우가 많았다.

당시 전파상들도 더 발전하기 위해서는 가전 전문대리점으로의 전환을 고민하였던 차였기에 상호 이해가 맞았다. 당시에는 선호도와 인지도가 높은 회사를 선택하는 경우가 많았기에 삼성과 대한전선의 끊임없는 권유에도 불구하고 금성사 대리점으로 개설하는 경우가 많았다.

만약 공들였던 사장이 타사 대리점으로 출점 계약을 맺는다는 정보를 입수하는 순간, 예비 대리점 사장 집으로 찾아가 자기 회사 대리점으로 다시 전환할 것을 읍소하는 경우가 많았다. 통금 시간이 다가오는 자정까지 술 한잔하면서 회사의 장기 비전을 설명하고, 인간적인 진정성으로 읍소하기도 하는 등 끈질기게 설득하여 예비 대리점 사장으로부터 다시 대리점을 내겠다는 언질이라도 받아내면, 새벽어둠이 걷히기도 전에 간판 공사 업체를 데리고 가 간판을 달기도 하였다. 이렇듯 하룻밤이 지나고 보면 대리점 간판명이 바뀌는 경우가 종종 생기는 등 유통망 확보에 많은 힘을 쏟은 것은 가전 3사가 모두 마찬가지였다. 가히 대리점 확보 쟁탈전이라 아니할 수 없었다. 1973년 국제적인 경기 호조와 당국의 고시가격 3% 인하 조치 등으로 특히 TV 수요가 날로 증대되고 있었다. 이에 따라 삼성전자는 1973년 9월 1일 본사를 수원 공장으로 옮기면서 생산 및 관리 체계를 안정화하였고, 생산 기술 향상을 통한 고품질의 유지, 원자재 국산화를 통한 원가 절감 등에 주력하였다.

삼성전자는 종합 세트 메이커로서 가전제품 생산을 본격화한 1973년 이후 1976년까지 연평균 100%를 웃도는 성장을 달성한다. 매출액 중 수출이 차지하는 비중은 1974년 20%, 1975년 13.5%, 1976년 36%로서 같은 기간 국내 전자 공업 생산 전체에서 수출이 차지하는 비중이 63.6% 대비 상대적으로 훨씬 낮았다. 이 기간에 삼성전자가 내수 시장을 중심으로 크게 성장한 것을 알 수 있으며, 실제로 국내 시장의 제품 매출액은 1975년에 무려 195%나 신장했고 1976년에도 55%가 신장하게 된다. 1977년 3월에는 삼성-산요전기를 흡수, 합병한 데 이어 같은 해 4월 최초로 컬러TV를 수출함으로써 TV에 색을 입히게 되었다. (매일경제신문 2008년 11월 「삼성-산요 얄궂은 40년 인연」 기사 인용)

이후 1978년 12월 말부터 1979년 3월까지 오일 쇼크의 외부 요인과 대통령 서거 및 혼란한 국내 시대 상황 등의 내부 요인으로 큰 파고를 거쳐 1980년대 3低 호황 등을 맞아 다시 한번 큰 폭으로 성장하게 된다.

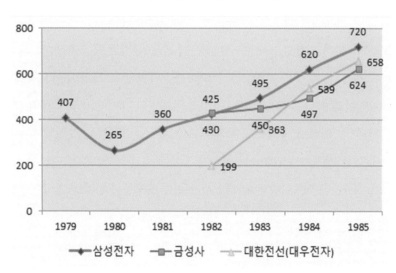

가전 3사 대리점 수 추이('79년~'85년)

※ 1982년 이전 금성사와 대한전선 대리점 수 파악 불가

신유통의 등장

　1993년부터 단계적으로 개방된 유통 시장은 1996년에 마침내 완전히 개방되었다. 1990년대 후반부터 마크로(네덜란드, 1996년), 까르푸(프랑스, 1996년), 월마트(미국, 1998년 한국 마크로 인수) 등 해외 대형 할인점이 국내에 진출한 것이 그 상징적인 예였다. 또 다른 한편으로는 국내에서도 전문 양판점과 할인점, 홈쇼핑 등 자생적 혼매 신유통이 나타나기 시작한 것이다.

　1988년 과거 삼성전자 대리점이었던 전자랜드21 및 1989년 한국신용유통(現 롯데 하이마트)의 양판점 2개사가 등장했다. 이어 1993년~1997년에는 이마트, 킴스클럽, 홈플러스 등의 할인점과 39홈쇼핑, LG홈쇼핑 등의 홈쇼핑 유통 채널이 잇따라 새롭게 출현하였다.

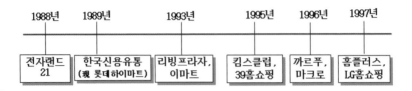

1988년	1989년	1993년	1995년	1996년	1997년
전자랜드 21	한국신용유통 (現 롯데하이마트)	리빙프라자, 이마트	킴스클럽, 39홈쇼핑	까르푸, 마크로	홈플러스, LG홈쇼핑

1990년대의 유통 시장 완전 개방과 수입선 다변화 제도의 폐지, 양판/할인점 등 신유통 경로의 대두는 국내 유통망 재편의 필요성을 재인식하는 계기가 되었다. 대리점 수 확대라는 기존의 '양' 위주의 유통망 운영 전략만으로는 점차 격화되는 경쟁에서 지속적인 우위를 견지할 수 없을 것이라는 위기감이 생겨났기 때문이다.

한국 시장의 시대적 흐름을 보았을 때, 국내 유통 산업 자본이 본격적인 성장을 하며 당시 낙후된 한국 소매 유통을 20년은 앞당겨 선진화시켰다고 평가받는 이마트 등 할인점의 출현, 전자전문 양판점 업태를 시도한 하이마트 및 전자랜드21이 있었고, 유통 시장 개방에 따른 일본 전자 유통의 한국 진입 등도 예상되었던 시기였다.

일본은 버블 붕괴 이후 전자 전문 양판점의 춘추 전국 시대로 접어들면서 한국으로의 진출 여력이 없었던 것이 그나마 다행이라면 다행이었다.

2000년대 들어 다가올 국민 소득 2만 달러 시대에 대비하여 유통 혁신을 조기에 완성할 필요가 있었고, 이를 위해 매장 대형화와 동시에 프리미엄급 매장 진열과 실연을 추가하여 매장의 고급화를 추진하게 된다. 이를 위해 20여 년 전인 2003년 당시 단일 브랜드로 유통 시장에서 장기 경쟁력을 갖추기 위해 대리점은 30평 내외에서 100평 이상으로, 회사 직영 유통은 300평 이상의 매장들을 오픈하였다.

또한 다양한 아이디어를 통해 매장 내 스타벅스 커피숍 입점, 은행 ATM기기 배치, 소물 액세서리 확대 등 복합화를 추진하며, 매장 수 확대와 대형화의 성공을 위해 대대적인 유통 투자 설명회, TV 유통 광고, 매장 로고송 제작 등 출점 캠페인도 함께 전개하여 현재의 모습을 갖추게 되었다.

삼성판매㈜ 디지털프라자 대치본점

TIP 8.

일본에서 바라본 한국 전자 유통

　해외에서 한국의 유통, 특히 전자 유통에 대해 서술한 자료는 찾기가 어렵다. 다만, 일본의 저명한 저널리스트이자 센슈대학(専修大学) 상학부 교수인 세키네 타카시(関根 孝)氏가 2015년 작성해 발표한 「한국의 가전 양판점 성장에 대한 제약 조건 분석」이란 논문이 있어 해당 논문의 요약 글로(제3자의 시각으로) 한국의 전자 유통 현황을 갈음한다. 이 논문에 대해 '맞다', '틀리다'를 논하는 것은 의미가 없다. 해당 저자가 논한 자료일 뿐이며, 해외에서는 한국의 전자 유통에 대해 어떻게 생각하는지 참고로만 하면 좋을 것 같다.

한국의 가전 양판점은 다음 5가지의 사정으로 발전이 제약되어 있다.

첫째는 한국에 있어 특수한 산업 구조, 즉 주요 산업이 2~3개로 구성되어 있다는 것이다. 가전업계의 생산 단계도 전형적인 복수 과점 구조로서 경쟁적인 시장이 형성되어 있지 않다.

둘째는 메이커의 강력한 마케팅과 채널 전략이다. 한국의 가전 대기업 메이커는 일찍부터 일본과 같이 생산자 주도형의 채널을 형성해 왔고, 현재는 대형 직영점 운영을 포함해 전속 유통에서 50% 이상의 매출 비중을 유지하고 있다.

셋째는 체인스토어 경영이 2가지 측면에서 이미 너무 늦었다.
하나는 체인점 전체의 매출이 그다지 크지 않아 규모의 이익을 얻지 못하고 있고, 다른 하나는 체인스토어로서 운영(가격, 서비스, 여신 등)에 이슈가 있다.

넷째는 독점 금지법의 운용이 불충분하다.
한국의 독점 금지 정책은 경제 정책의 색채가 강하다.

다섯째 상업의 사회적 지위가 낮고, 유통 기능이 정당한 평가를 받지 못한다.
상업적으로 정열과 프라이드를 가진 인재가 모이기 힘든 구조이다.

- 韓国における家電量販店成長に対する制約条件の分析(2015, 関根 孝) -

제7장

미국 베스트 바이 (Best Buy)의 성공 사례

지금까지는 앞의 장들에서 한국이 그동안 벤치마킹의 대상으로 여겼던 옆 나라 일본의 사례에 대해 살펴보았다.

일본 야마다전기를 통한 전자 유통의 성공 사례, 버블 경제 생성과 그 여파, 일본 전자 유통의 변천, 계열점의 흥망성쇠, 일본 전자 시장의 규모(휴대폰 포함), 변화하는 메이커와 유통, 그리고 한국 삼성전자의 유통史 등이다. 이 장에서는 글로벌 스탠다드를 지향하며 시장의 Scale도 여타 나라들과는 확연히 다른 미국의 사례에 대해서 알아보고자 한다.

미국의 대표적인 전자 유통이라 하면 베스트 바이(Best Buy)를 들 수 있다. 미국, 캐나다, 멕시코, 영국, 중국 등을 기반으로 한 전자제품 판매점 체인으로, 1966년 '사운드 오브 뮤직(Sound of Music)'이라는 이름의 오디오 전문점으로 시작해 지금은 TV, 가전, PC 및 IT기기, 휴대폰 등을 판매하고 있다. 현재 미국 전자제품 시장의 약 25%를 점유하며 보통 교외 지역에 큰 창고형 매장을 지어 전자제품을 전문적으로 판매한다.

직원이 부담스럽게 일일이 따라붙지 않으며 구매하기 전에 미리 매장에서 제품을 체험할 수 있고 대형 가전 구매 시 설치비나 운송비를 별도로 받는다. 이런 전통적인 양판점 모습으로 각인되어 있는 베스트 바이에서 최근엔 온라인의 최강자 아마존의 아성에 맞서 성공적인 오프라인 매장의 모습을 보여 주고 있는 성공 스토리를 살펴보고자 한다.

01

베스트 바이
최근 동향

2000년대 초반만 해도 620여 점포를 두고 있던 서킷시티가 점포 수와 매출 규모 면에서 350개의 점포를 보유하였던 베스트 바이를 크게 앞서고 있었다. 반면, 베스트 바이는 영업 이익과 점포당 매출 규모 면에서는 서킷시티를 앞서고 있었다.

당시 서킷시티는 오프라인 점포와 인터넷 사업을 접목하는 혁신에 집중 투자해서 소비 위축과 컴퓨터업계 불황에도 불구하고 상당한 실적을 보이고 있었으며, 이후 소프트웨어와 컴퓨터 주변 장치, 부속품 분야 등 첨단 기술 제품을 지속해서 확대해 일반 가전제품이 주력인 베스트 바이와 차별화를 시도하고 있었다. 또한, 대도시 중심 위주에서 벗어나 중서부에도 수백 개의 점포를 세우는 것을 목표로도 하고 있었다. 그러나 매우 성공적으로 사업을 영위하며 현실에 안주해 적극적으로 변화를 추구하지 않는 과거 답습형의 관리 체제로 인해 2008년 금융 위기가 결정타가 되어 도산하게 된다. 극심한 가격 경쟁과 글로벌 경기 침체로 인한 소비 심리 위축으로 2009년 금융 위기 때 결국 폐업하게 된 것이다.

서킷시티는 경쟁이 치열해 영업 이익이 떨어지는 백색 가전 시장이 매력적이라 생각하지 않아 2000년도에 주요 매장에서 철수를 결정하였다. 가전 매출의 감소분 14%를 만회하기 위해 서킷시티는 중고차 판매, DVD 임대 사업 등에 무리한 확장을 하게 된다. 문제는 기존 핵심 사업인 전자 매장 부문의 철수 이후 지속해서 변화와 창의적인 개선과 발전을 시도하지 않았다는 점이다. 숙련된 근로자들을 해고하여 서비스에 대한 고객 불만 건수가 급속도로 증가하였고, 비효율적인 재고 관리로 인해 신규 모델 구매와 부채 상환에 어려움을 겪게 된 것이다.

베스트 바이도 서킷시티보다 한발 앞서 수천 명의 직원을 해고하고 상당수 점포의 문을 닫는 구조 조정을 실시하였다. 하지만 베스트 바이는 좀 달랐다. 전자 매장을 중심으로 지속적인 변화와 혁신 노력, 고객에게 필요한 최상의 제품을 추천해 주는 상담자 역할을 강화하기 위해 많이 팔거나 이윤을 남기면(임시직이었던 판매 사원에게) 제공하는 판매 수당 제도를 없애고, 그들을 정규직원으로 전환하여 오롯이 상담에만 전념할 수 있도록 하였다. 또한 새로운 디지털 가전제품들이 넘쳐 나오는 상황에서 고객이 제품을 쉽게 찾을 수 있도록 매장 설계를 변경하였으며, 새로운 기술 및 기능을 사용하는 데 어려움을 느끼는 고객들을 위해 '긱 스쿼드(Geek Squad)'라는 고객 서비스팀을 운영하였다. 저렴한 가격에 신속한 서비스 제공으로 고객 만족도를 크게 향상시키게 된 것이다.

미국 전역에 걸쳐 거점 기지를 확보하면서 매장 크기가 서킷시티보다 평균 20~30% 이상 크다는 것을 이용해 상품 구색을 그만큼 많이 갖추고 서비스 공간을 확대하였다.

반면, 디지털 제품의 증가와 스마트 폰, 소셜 미디어가 급속도가 확산되면서 시장의 주도권이 기업에서 고객으로 넘어가는 소매 패러다임의 변화와 아마존과 같은 온라인 쇼핑몰의 부상으로 오프라인 매장에선 물건만 살펴보고 온라인에서 결제하는 '쇼루밍(Show Rooming)' 현상이 확산되는 등 새로운 도전에 직면하게 되었다. 바쁜 일상 속에서 클릭 한 번으로 결제와 배송이 이루어지는 아마존과 같은 간편한 온라인 구매 채널을 선호하게 되었으며, 가격 비교가 용이한 점을 이용하여 합리적 소비 트렌드가 확산되었다. 그러나 오프라인 유통 채널도 그만의 강점과 중요성이 있었다. 실물을 직접보고 체험할 수 있다는 점, 가격이 비싼 가전제품일수록 소비자의 관여도가 높아 실제 체험을 해 보고 확인하려는 성향이 강하다는 점, 온라인 채널의 사기 판매 등 아직은 온라인보다 신뢰도가 높다는 점 등이다.

현재 미국 온라인 쇼핑몰은 아마존 세상이라고 해도 과언이 아니다. 익일 배송의 아마존 프라임, AI 로봇을 이용한 물류, 드론을 이용한 배송 등 혁신의 아이콘 아마존 때문에 줄줄이 폐업하는 오프라인 유통업체들이 부지기수이다. 전자 유통업체도 빗겨 가질 못했다.

'서킷시티'라는 미국 2위의 전자제품 유통업체가 2009년 폐업한 것에 이어 94년 전통의 미국 전자제품 소매상 체인점 '라디오쉑(Radio Shack)'이 경영난을 이기지 못하고 2015년 파산보호 신청을 했다. 베스트 바이도 2010~2012년 매출이 급감하면서 서킷시티의 길을 따라가는 듯했다. 하지만 칼슨 레지도 호텔 그룹(Carlson Rezidor Hotel Group)의 CEO였던 휴버트 졸리(Hubert Joly)를 영입하면서 상황이 완전히 바뀌었다.

컨설팅업체 '맥킨지 앤 컴퍼니'에서 근무했던 경험을 살려 비용 절감과 과감한 경영 전략을 내놨다. 그는 가장 먼저 직원들의 의견부터 들었다. 모든 답은 현장에 있다고 하는 말이 있지 않은가? 부임 직후 첫 달은 현장 방문을 통해 매장에서 어떤 일이 일어나는지, 직원들은 무엇에 불만이 있는지를 직접 보고 들었다. 가장 큰 문제는 운영 시스템의 문제로 재고 관리가 엉망이었다. 임직원 할인 제도도 중단된 상태였다. 휴버트는 곧바로 재고 검색 시스템을 개선했고 사기를 북돋기 위해 임직원 할인 제도를 부활시켰다. 전자 기기를 판매하는 곳인 만큼 기기에 대한 이해도를 높이기 위해 최첨단 기술에 대한 임직원 교육도 강화했다.

하지만 온라인의 절대 강자 아마존과 상대하기에는 역시 버거웠다. 그럼에도 불구하고 베스트 바이는 어떻게 아마존과 싸움에서 성장하고, 최근의 코로나 사태로 아수라장이 된 상황에서 어떤 아이디어를 내어 위기를 넘고 있는지 분석해 볼 필요가 있다.

02

구체적 전략_
지피지기(知彼知己)

베스트 바이가 온라인의 거인 아마존에 맞서며 내세운 것은 동양의 손자병법 중 '적을 알고 나를 알면 백 번 싸워도 위태롭지 않다.'라는 지피지기(知彼知己)면 백전불태(百戰不殆) 전략에 있다. 그 핵심인 3가지(Me Too, Speed, Check) 전략을 살펴보자.

1) Me Too_ 따라 할 수 있다면 빨리 모방한다

누가 봐도 인정하는 아마존의 필살기는 최저가 전략이다. 로드샵 매장이 필요 없는 온라인 몰의 특성상 고정비(Overhead)가 낮아 가격 경쟁으로는 오프라인 업체들이 이길 수 없다. 오프라인 매장은 아마존에서 구매하기 위한 쇼룸(Show Room)으로 쓰일 뿐이었다. 손가락만 빨면서 어찌해 보지도 못하고 고객을 아마존에 빼앗기고 만 것이다.

당시에는 '베스트 바이에서 체험해 보고, 아마존에서 주문한다.'는 말이 있을 정도로 아마존의 쇼룸 역할을 할 뿐이었고 가격 경쟁력은 열위에 있었다. 베스트 바이는 순이익 감소를 감수하고 '아마존과 같은 가격'을 내세우며 '최저 가격 보상제(price-matching guarantee)'를 실시했다. 전자제품들은 온라인과 가격 차이가 없으면 오프라인에서 구매한다는 소비자들의 심리를 파고든 것이다.

그럼 1천여 개 오프라인 매장을 갖고 있어 임대료, 관리비 등 고정비(Overhead)가 높은 베스트 바이가 버틸 수 있는가? 당연히 못 버틴다. 그래서 베스트 바이는 그들이 가지고 있던 회사 전세기를 매각하고, 자동차경주 후원과 수퍼볼 광고 등에 쓰던 마케팅 비용을 확 줄여 버렸다. 초기에는 당연히 손실이 났지만, 몇 달이 지나고 시간이 흐르자 일부 카테고리에서 시장 점유율이 오르기 시작하였다.

아마존의 쇼룸 역할을 하는 것이 아니라 고객이 보고 사는 곳이 되기 시작한 것이다.

2) Speed_ 나의 강점은 확실하게 속도를 높인다

베스트 바이는 자기 자신을 파악하기 시작했다. 자기가 가진 장점을 찾기 시작한 것이다. 그들은 1천여 개 점포를 가지고 있었다. 비용이 많이 드는 오프라인 매장이었지만, 고정비(Overhead) 덩어리가 아닌 아마존에는 없는 자산으로 재정의했다. 아마존이 '가격'이라는 강점을 가졌다면, 베스트 바이는 '매장'이라는 강점을 가졌던 것이다. 즉, 눈으로 직접 보고, 만져도 보고, 물어도 보고, 체험도 해 볼 수 있는 Space를 가진 것이다. 그래서 발상을 전환한다. 기존의 판매 형태 중심으로 만들어진 매장을 아마존에서는 따라 할 수 없는 체험 형태의 공간으로 바꿔 만든 것이다. 하지만 이와 같이 체험하는 곳을 직접 만들려면 돈이 많이 든다. 내 돈 안 들이고 할 수 있는 방법은 없나? 있다.

전자 메이커에게 Space를 내어 주고, 그들이 스스로 만들어서 그들의 제품을 고객에게 체험해 보게 하는 것이다. 제조 메이커 입장에서도 메이커 직영의 로드샵을 만드는 건 돈이 많이 들어 언감생심이고, 기존의 양판점 판매 코너의 진열도 타 메이커와 혼성 진열이 기본이기에 메이커 브랜드 및 제품을 알릴 수 있는 본인들만의 Space를 준다면 더할 나위 없이 고마운 것이다. 필요하다고 판단되면 적과의 동침도 추진했다. 바로 아마존이다.

아마존과 경쟁도 하지만 협력할 여지도 있다고 판단하여 아마존 CEO 제프 베조스와 만나 아마존 파이어 TV를 출시하고 베스트 바이 매장 및 웹사이트에서 독점 판매하는 협업을 진행하기도 하였다.

통상 이런 매장을 Shop 속에 Shop이 있다고 해서 'Shop in Shop' 매장이라 부른다. 게다가 각 메이커들은 자사의 브랜드와 제품의 가치를 설명하려고 판매 상담사도 적극적으로 배치해 준다. 완전히 꿩 먹고 알 먹고, 도랑 치고 가재 잡는 격이다.

Best Buy 내 전자 메이커 브랜드샵 추이

연도	전자 메이커 브랜드샵
2013년	삼성 체험관, 윈도우 스토어
2014년	소니 체험관, 삼성 엔터테인먼트 체험존
2015년	삼성 오픈 하우스

2017년	인텔 체험존, Dell 게임전용 PC체험존, 다이슨 체험관
2018년	아마존과 구글의 스마트 홈 시스템 비교 전시장
2019년	인기 미드 <왕좌의 게임>

이렇게 만들어진 메이커들의 베스트 바이 체험관에는 누가 뭐라 할 것 없이 메이커들이 신제품을 최우선으로 진열하고 각종 할인 혜택을 내놓았다. 이러한 아마존과 차별화된 매장을 만들었더니 고객이 찾아오고, 자연스레 매출로 이어지게 된 것은 당연지사다. 베스트 바이는 매장을 또 다른 한 측면으로 활용하였다. 베스트 바이 온라인 고객들은 배송을 받기까지 일주일 이상 걸리는 경우가 다반사였다. 그래서 매장을 배송 거점이자 중간 물류 센터로 만든 것이다.

오프라인 매장을 옴니채널의 배송 거점과 상품을 체험할 수 있는 공간으로 전환하는 옴니채널(Omni Channel) 전략을 추진한 것이다. 옴니채널 배송 거점 활용은 온라인에서 주문한 상품을 오프라인 매장에서 직접 수령할 수 있는 Click & Collect 활용을 의미한다. 그랬더니 배송 시간이 33% 줄고 온라인 주문 당일 배송이 가능해졌으며, 매장에서 직접 수령도 가능해졌다. 이제는 베스트 바이 온라인 주문 40%가 매장에서 직접 발송되거나 픽업되고 있다. 베스트 바이는 출점 시 보통 교외 지역에 큰 창고형으로 매장을 짓는데, 고객 근접성도 고려하기에 미국 소비자 70%가 15마일(24km) 이내에서 접근이 가능하다. 이런 접근성을 이용해 배달 및 픽업 서비스를 적극 도입하여 당일 배송 및 매장 수령이 가능하도록 중간 물류 기지 역할을 부여한 것이다.

3) Check_넘을 수 없는 경쟁사 장점은 다른 것으로 견제한다

야구를 보면 투수가 1루에 진출한 주자를 견제구로 견제하곤 한다. Check라는 단어에는 '확인하다', '견제하다'의 의미를 가지고 있다. 베스트 바이는 경쟁사의 강점에는 견제구를 던져 발목을 잡아맨다. 아마존의 빠른 배송과 AI 로봇을 이용한 물류는 아마존의 절대 강점이다. 이를 따라잡는 것은 너무나 많은 비용이 들어 도저히 무리다. 그래서 AI 로봇이 할 수 없는 고객 서비스, 즉 사람에 집중하기로 한다.

바로 '긱 스쿼드(Geek Squad)'이다. 한마디로 스마트 제품에 능숙한 긱 (Geek, 괴짜라는 뜻이 있음)들의 가정 방문 공략이다. 점포당 30여 명, 미국 전역에 2만여 명이 365일 고객을 방문해 기술 지원과 상담을 하며 제품 사용법을 알려 주고 어떤 브랜드의 어떤 디자인이 어울릴지 최대 90분까지 무료로 상담해 준다. 스마트 기기에 대한 컨설팅 역량이 있는 이들은 새로 출시된 스마트 기기를 설명하면서 계속적으로 고객과의 Communication에 집중한다. 이러한 결과 2017년 베스트 바이 전체 매출 중 긱 스쿼드(Geek Squad)에서 발생한 매출이 26%, 매년 가정 방문 요청 전화가 400만 건이 넘는다고 한다.

온라인에서도 클릭 몇 번으로 스마트 폰과 대형스크린 TV를 구입할 수 있는 시대이지만 고객들은 어느 제품이 좋은지, 내게 필요한 기능은 무엇인지 도움받길 원할 수밖에 없다. 컴맹이고 기계치인 사람만 해당하진 않는다. 소비자 스스로 결정하기에는 너무 많은 정보가 있고, 본인의 한정된 제품 지식과 이해력으로 인한 불안감이 클 수밖에 없다. 베스트 바이는 이런 것에서 착안했다. 그래서 긱 스쿼드(Geek Squad)가 성공한 것이다.

베스트 바이는 아마존의 AI 로봇에 대해 인간으로 반격한 셈이다. 알파고를 이긴 이세돌 기사처럼. 베스트 바이는 손자병법의 지피지기(知彼知己) 전략으로 아마존에 대응했다. 경쟁사를 따라 할 수 있는 것과 없는 것, 경쟁사가 잘하는 것과 자신이 잘하는 것을 냉정하게 파악하고 행동했다.

이러한 베스트 바이에 대해 최대 주적(?)인 아마존의 CEO인 제프 베조스 마저도 "베스트 바이의 비즈니스 케이스에는 배울 점이 한두 가지가 아니다. 두고두고 오랜 시간 쓰이고 전해질 것이다."라며 감탄사를 전하기도 했다.

베스트 바이의 연도별 매출 추이

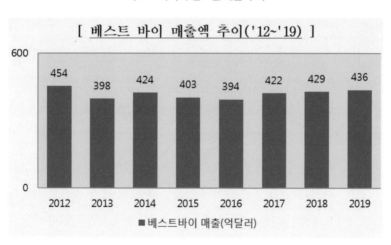

※ www.investing.com 데이터 인용

03

코로나의 파고를 넘은 베스트 바이

2020년 전 세계를 강타한 신종 코로나바이러스감염증 COVID-19(이하 '코로나'로 통칭함)는 경제에 큰 시름을 안겨 주었다. 특히 미국에서는 락다운(Lock Down)으로 인해 수천만 명도 훨씬 넘었을 것으로 보이는 많은 실업자가 쏟아져 나왔다. 베스트 바이도 2020년 1분기에 85.6억 달러로 전년 동기비 -6% 역성장을 기록하며 이를 피해 갈 수 없었지만, 2분기 들어서는 99억 달러로 +3.9% 성장까지 하였다.

3월 중순부터 6월 중순까지 1,000여 개 매장 내부를 폐쇄한 가운데 이러한 실적을 달성한 것이다. 이러한 모습에 주가는 2020년 11월 120달러를 돌파하여 54년 기업 역사상 최고치를 경신하는 모습을 보여 주고 있다. 다른 유통업체들은 파산하는 반면에 2020년도에 정규직 임금을 4% 올리겠다는 발표까지 했다. 시간제 직원들의 시급도 11달러에서 15달러로 인상하기로 했다. 도대체 베스트 바이는 어떻게 했기에 이 코로나 사태에 3개월 동안 매장을 폐쇄하면서도 오히려 매출을 늘릴 수 있었을까?

1) 도로변 픽업 서비스(Curbside Pickup)와 도어스텝 딜리버리
(Doorstep delivery)

베스트 바이는 3월 22일 락다운(Lock Down)으로 인한 매장 폐쇄 후 2 일 만에 '베스트 바이 픽업' 서비스를 내놓았다. 전자신문 2020년 3월 31 일 자 기사에 의하면, 일부 매장은 영업시간을 단축했고 일부 매장은 임 시적으로 문을 닫았다. 매장에 들어오는 고객을 제한하고 설치 서비스는 중단하며 온라인 상담을 강화하는 조치를 내놓은 것이다.

대신 도로변 픽업 서비스(Curbside Pickup)를 개시했다. 베스트 바이 홈 페이지나 앱, 전화로 구매하고 제품은 픽업해 가도록 한 서비스이다. 픽 업 매장과 날짜, 시간을 정하고 고객이 주차장에 도착해 위치 정보를 제 공하면 직원이 그곳까지 제품을 가지고 온다. 그리고 고객이 온라인 주 문 시 오프라인 매장 주차장에서 직원이 구매 제품을 트렁크에 넣어 주 는 '도어스텝 딜리버리(Doorstep delivery)' 서비스도 도입하였다.

휴대폰 앱에서 전부 처리가 되도록 만들었는데, 사람 간 대면 접촉을 최대한 줄이기 위함이었다. 베스트 바이는 대형 가전의 배송 서비스는 일부 한정으로 지원하고 가정 내 방문 및 설치 서비스는 중단한 반면, 온 라인 가전 배치 상담 서비스를 강화하였다.

베스트 바이 가상 인홈 상담 서비스(Virtual in-Home Consultations)에 서는 채팅 및 영상 통화를 통해 소비자 가정의 가전제품 선택, 스마트 홈, 제품 고장 상담 등을 진행하였다.

오프라인 매장 중심의 베스트 바이는 새로운 주차장 픽업 서비스를 원활히 실시하도록 하기 위해서 각 매장의 매니저들에게 운영의 전권을 부여하며 픽업 서비스의 설계와 직원 운용에 대한 것을 일임하였다. 아무래도 각 매장의 처한 상황이 제각각 다르기에 세부적인 운영 방식은 각 매장 상황에 맡긴 것이다. 예를 들면 뉴욕 같은 도심 매장은 직장인 고객들이 많기에 제품을 수령하고 오래 머무를 수가 없어 바로 떠나는 경우가 많은 반면에, 교외 매장은 주말 방문 고객이 상대적으로 많기에 상담 시간이 상대적으로 길 수밖에 없다. 그래서 도심 매장은 점심, 퇴근 시간에 직원들을 집중적으로 배치하여 대응토록 하고, 도시 근교 매장은 주말에 많은 직원을 배치해 고객에 대응토록 하였다.

2) 코로나向 영업 전략을 고민하다

코로나로 인한 소매 영업의 판매 품목이 기존과는 판이하게 뒤바뀌었다. 베스트셀러 제품이 뒤로 밀리고 생각지도 않은 제품들이 팔려 나가기 시작하였다. 예를 들어 집에서 일하며 집에서 수업을 받을 것이 예상되자 태블릿, PC, 외장 하드 등의 판매가 갑자기 뛴 것이다. 또한, 집에서 오래 머물다 보니 영화나 드라마를 보는 시간이 늘어 홈시어터, TV, 케이블 수요가 늘어났다. 베스트 바이는 코로나 사태가 백신이 나올 때까지는 장기화될 것으로 보고 영업전략을 강구하기 시작했다. 많이 팔릴 것으로 예상되는 제품들의 재고는 2배로 늘리는 대신, 기업 활동과 야외 활동이 위축될 것으로 예상하고 이 경우 재고 부담으로 작용할 제품들, 예를 들면 B2B用 데스크톱 PC나 야외에서 촬영할 때 쓰는 캠코더, 야외

운전 기구 등의 재고는 줄인 것이다.

판촉 전략도 대폭 수정하였다. 학생에게는 노트북 및 무선 이어폰 등 온라인 강의 제품을 할인해 주는 프로그램을 도입하고, 러닝 머신이나 요가 매트를 사면 운동 스트리밍 서비스 쿠폰을 지급하는 등 재택 시 필요로 하는 판촉 프로그램 등을 강화했다. 이러한 영업 전략은 2020년 1분기의 역성장을 최소화했고, 2분기에는 성장을 견인하는 원동력이 되었다.

3) 고객과 온라인 커뮤니케이션을 강화하다

베스트 바이의 장점은 앞에서도 소개한 바와 같이 '긱 스쿼드(Geek Squad)'라 불리는 고객 대상의 대면 접촉 컨설팅 서비스였다. 하지만 코로나는 더 이상 베스트 바이의 장점을 허용하지 않았다. 그러자 베스트 바이는 발 빠르게 비대면 커뮤니케이션 서비스를 대폭 강화하였다. 5만 명의 매장 직원을 일시 해고하였으나, 유일하게 CS를 담당하는 고객 상담 부서는 직원을 늘렸다. 베스트 바이 가상 인홈 상담 서비스(Virtual in-Home Consultations)에서 채팅 및 영상 통화를 통해 소비자 가정의 가전 제품 선택, 스마트 홈, 제품 고장 상담 등을 진행하기 위해서였다. 전화 상담에 인력을 더 많이 배치하고 24시간 운영하였으며, 화상 통화 상담으로까지 확대했다. 매장에 올 수 없기에 온라인 상담이 많을 거라고 예상했기 때문이었다. 그동안 베스트 바이의 매출을 끌어 올린 '긱 스쿼드(Geek Squad)'는 원격 서비스로 전환했다. 고객이 앱이나 홈페이지로 상담을 예약하면, 직원이 화상 통화로 고객에게 설치 및 사용법 등을 알려 주는 방식이다. 2020년 6월 중순부터는 사전 예약한 고객의 매장 방문도 허용하고 있다. 코로나 사태에서도 베스트 바이는 빠르게 전환하며 자신의 강점을 극대화하여 극복하고 있다.

온라인 시대와 극한의 락다운(Lock Down) 시대를 관통하며 성장하는 베스트 바이야 말로 온라인이든 오프라인이든 적자생존(適者生存)의 모습을 보여 주는 대표적 성공적인 유통 전략의 모습이 아닌가 싶다.

긱 스쿼드(Geek Squad)

긱 스쿼드(Geek Squad)는 1994년 23세 대학생 로버트 스티븐스(Robert Stephens)가 단돈 200달러로 시작한 회사다. 그는 컴퓨터 수리 사업의 이미지가 좋지 않다는 점을 알고 있었다. 베스트 바이의 컴퓨터 수리 기사들에 대한 평판이 형편없었고 실제로 그다지 틀린 평판도 아니었다.

스티븐스는 긱 스쿼드를 설립할 때 컴퓨터 수리 사업에서 연상되는 부정적인 이미지를 없애면서 회사에 수리 기술자가 24시간 연중무휴 대기하고 있다는 느낌을 주는 회사 이름을 짓고 싶어 했다. 그리고 '긱 스쿼드(Geek Squad, 괴짜를 뜻하는 Geek과 팀을 의미하는 Squad의 결합)'라는 이름을 떠올렸다. 긱 스쿼드(Geek Squad)라는 이름은 회사의 브랜드가 성장하는 출발점이 되었다. 긱 스쿼드(Geek Squad)는 2002년에 Best Buy에 인수되었으며, 주거 및 기업 고객을 위한 다양한 관련 서비스를 제공하고 있다.

인터넷을 통한 원격 수리 서비스 및 24시간 전화 상담 서비스, 긴급 현장 출동 지원 서비스도 제공한다. 초기에는 PC 관련 제품에 한정되었지만, 지금은 Total Services 제공을 위해 컴퓨터 관련 제품뿐만 아니라 기타 모든 가전제품의 문제를 진단하고 수리하는 서비스를 한다. 2007년에는 'Magnolia Home Theater 설치팀'과 'Best Buy Mobile Installers'를 Geek Squad 브랜드에 추가하여 홈시어터와 모바일도 서비스에 포함하였다.

긱 스쿼드(Geek Squad)는 회사 업무 자동차(경찰차처럼 흰색과 검은색을 칠함)를 비롯하여 1970년대 우주 비행 관제 센터에서 일하던 나사 (NASA) 기술자의 복장에서 영감을 얻어 유니폼에도 그 이름을 새겼다. 또한, Geek Squad 직원은 요원으로 불리고 있는데, 정보 요원(CIA), 대리 정보 요원(DCI), 이중 요원-Covert(DAC), 비밀 요원(CA), 특수 요원 등의 호칭이 그것이다. 짧은 바지와 짧은 소매의 흰 셔츠 그리고 검은색 타이를 맨 긱스 요원은 마치 냉전 시대 CIA 요원과 나사의 똑똑한 기술자를 결합한 존재처럼 보이도록 하였다. 스티븐스는 직원들에게 텔레비전 경찰 드라마에서 가져온 듯한 번쩍이는 '요원 배지'를 발급하여 수사관 같은 인상을 주도록 하였다.

긱 스쿼드(Geek Squad) 요원과 매장 코너

※ 베스트 바이 홈페이지에서 이미지 인용

대부분의 컴퓨터 수리 시설과 달리 Best Buy는 매장 내 요원에 대해서는 산업 인증을 요구하지는 않고 있으나, 일부 해외 매장(베스트 바이 캐나다)에서는 관련 인증의 A+ 수준이 필요하기도 하다. 또한 모든 모바일 전자 장치 설치업체에 대해서는 MECP(Mobile Electronic Certified Professional) 인증을 요구하고 있다. 매장 내에서는 현재 상담 에이전트

(CA), 고급 수리 에이전트(ARA), Geek Squad Sr(CIA Sr) 및 Geek Squad Manager(GSM)로 구성되어 있다. 이들은 현재 점포당 30여 명, 미국 전역에 2만여 명이 365일 고객을 방문해 기술 지원과 상담을 한다. 수리만 하는 게 아니라 제품 사용법을 알려 주고 어떤 브랜드, 어떤 디자인이 어울릴지 최대 90분까지 무료로 상담해 준다.

2018년 5월부터는 연간 199달러(23만7000원)를 내면 긱 스쿼드 서비스를 무제한 이용할 수 있는 유료화 모델을 도입했는데, 1년 만에 가입자 수가 100만 명을 넘었다.

韓美日 유통 특징 비교

구분		韓國	美國	日本
경쟁 강도		低 (망하는 유통 少)	高 (서킷시티 등 파산)	高 (인수 합병 빈발)
전문점 유무		전 유통이 종합점 (가전+IT)	종합점+전문점 (AV/IT/가전)	종합점 (AV+IT+가전)
배달/설치 주체		제조사 (양판점은 자체 물류)	소비자	원칙적으로 유통 책임 (메이커→양판점)
서비스 주체		제조사	제조사, 유통	제조사, 유통
Warranty 판매		없음	있음 (베스트바이 영업 이익의 1/3)	있음
할인점	판매 사원	메이커에서 파견	판매 사원 없음	할인점 판매 수준 미미
	라인업	쇼 라인업 (Entry~프리미엄)	염가형 중심 (Entry 모델)	
	진열 형태	제조사별 구분 진열로 전환 중	제조사 구분 없이 Box 진열	
	진열 비용	제조사 부담 (집기, POP 등)	기본적으로 비용 지원 없음	
	판매 사원	메이커 파견+ 자체사원	거래선 자체 판매 사원	메이커 파견+자체 사원
	진열 비중	M/S와 무관, 동등수준 관리가 기본	M/S와 비례	M/S비례+多 비용 지원하 는 메이커 우선
	구매 담당자	메이커별 담당자 구분	제품, 메이커별 구분 (전문성 高)	메이커별 담당자 구분
	SCM	점별 실판매 등 일 부 데이터를 메이 커에 제공	점별 실판매, 운영 재고 등 Daily 제공	기본적으로 메이커에 미제공

제8장

미국 온라인 시장의 성장과 오프라인의 역습

미국의 e-커머스
시장 규모

미국의 e-커머스 시장 규모를 생각해 볼 때, 아마존의 영향이 커 전체 리테일 시장 중 온라인 시장이 클 것으로 추측할 수도 있지만 현실은 그렇지 않다. e-커머스 시장 규모에 대해서는 美 조사 업체마다 발표 자료가 다르고 기준도 상이해서 언급하기에 어려움이 있다. 다만 비교적 공신력이 있는 U.S. Census Bureau 기준에 의하면, 2019년 미국의 전체 리테일 매출은 5조 4,520억 달러이며, 이 중 e-커머스 매출은 5,980억 달러로 전체 리테일 매출의 11%에 불과하다. 즉, 아직은 오프라인 시장이 89%를 점하고 있다는 뜻이다. 참고로 한국은 통계청 발표에 따르면, 2017년 1월 기준 온라인 시장이 20.4%이며, 2020년 2월 기준 34.7%까지 상승하였다.

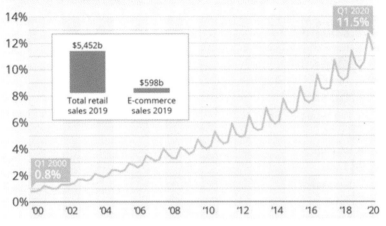

The Rise of E-Commerce in the United States

E-Commerce sales as a percentage of total retail sales in the United States*

※ Not Seasonally adjusted; excluding food services sales / Source : U.S. Census Bureau

미국의 유통 및 마케팅 조사업체인 eMarketer가 2020년 2월, 2019년 미국 e-커머스의 회사별 판매 점유율 데이터를 공개한 바 있다.

역시 아마존이 압도적인 수치인 38.7%로 부동의 1위이며, 전년비 1.4%p 늘었다. 그다음 2위가 월마트로 점유율이 5.3%에 불과하며, 이베이 4.7% 3위, 애플이 3.7%로 4위, 베스트 바이가 1.3%로 7위이다.

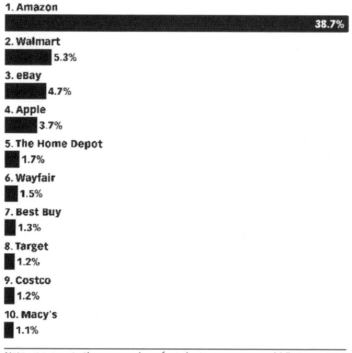

Top 10 US Companies, Ranked by Retail Ecommerce Sales Share, 2020
% of US retail ecommerce sales

1. **Amazon** — 38.7%
2. **Walmart** — 5.3%
3. **eBay** — 4.7%
4. **Apple** — 3.7%
5. **The Home Depot** — 1.7%
6. **Wayfair** — 1.5%
7. **Best Buy** — 1.3%
8. **Target** — 1.2%
9. **Costco** — 1.2%
10. **Macy's** — 1.1%

Note: represents the gross value of products or services sold (browser or app), regardless of the method of payment or fulfillment; excludes travel and event tickets
Source: eMarketer, Feb 2020

252906   www.eMarketer.com

그런데 2018년 Valassis Communications, Inc.에서 18세 이상 여성을 대상으로 온라인 쇼핑과 오프라인 쇼핑 선호도를 조사한 내용을 한번 보자. 조사 내용을 살펴보면, 미래 젊은 세대들이 오프라인 쇼핑을 더 좋아하고 있으며, 오프라인 매장이 분명한 장점을 가지고 있음을 알 수 있다.

조사 대상자들이 오프라인 쇼핑을 좋아하는 이유로는,

① 제품을 체험해 보고 싶어서(70%)

② 당장 상품이 필요해서(66%)

③ 온라인보다 더 많은 할인과 쿠폰 등을 사용할 수 있어서(65%)

④ 쇼핑의 즐거움(41%) 등의 순으로 조사되었다.

美 여성 인터넷 유저가 오프라인을 더 좋아하는 이유

Why Are US Female Internet Users* More Likely to Shop In-Store than Digitally? June 2018
% of respondents

Want to be able to see or touch an item in person
70%

Need the item immediately
66%

Can use more coupons/offers in-store rather than online
65%

For a pleasant shopping experience or to browse
41%

Because I want to talk to a salesperson
17%

For access to a personal shopper
5%

Note: ages 18+; *85% of respondents were female; surveyed on
RedPlum.com, a digital coupon site
Source: Valassis, "2018 Valassis Purse String Survey," Aug 29, 2018

240892   www.eMarketer.com

또한, IBM 기업가치 연구소(IBM Institute of Business Value)와 美 전국 소매 협회(National Retail Federation)가 공동 조사한 전 세계 Z세대(13세 ~21세)를 대상으로 조사한 자료도 이를 뒷받침한다. Z세대는 온라인쇼핑(22%)보다 세배나 더 많이 오프라인 쇼핑(66%)을 하고 있으며, 이들의 절반 이상(52%)은 무언가 구매 시 모바일 앱을 사용한 경험이 없다고 한다. 지금까지 우리가 알고 있는 온라인의 리테일 시장 장악력이 점점 더 높아질 것이라는 우리의 통념을 젊은 소비자들이 통렬히 깨고 있을 만큼 오프라인의 매력이 있다는 것이다.

온라인 시장이 정체한다거나 역성장한다는 뜻이 아니다. 온라인 시장의 성장세는 앞에서 보듯이 오프라인을 압도하며 무섭게 성장하고 있다. 다만 상기 조사에서 보듯이 오프라인 자체의 효용성과 고객이 느끼는 장점도 있다는 것, 그리고 온/오프라인이 서로 각기의 장점을 과연 어떻게 활용할 것인가라는 관점에서 관심을 가져야 할 것이다.

02

아마존의 배신

지난 4반세기 동안 전 세계 온라인 시장을 거의 정복하다시피 했던 아마존. 온라인 서점이었던 아마존은 이제는 거의 모든 물건을 거래하는 플랫폼 회사로 성장하였다. 미국에서 당일~익일 배송의 기적을 만들었고, 다양한 결제 및 신용 서비스를 이어 가면서 혁신의 아이콘이 되었다.

굴지의 오프라인 대형 유통들은 아마존에게 패해 도산하거나 매각되었고, 소매업자들은 아마존의 플랫폼에서 판매하는 신세로 전락하게 되었다. 그리하여 아마존은 소매상들의 플랫폼으로 변해 지금은 매출 중 53%가 이 소매상들의 매출이다. 아마존이 직접 물건을 파는 비중은 작아지고, 소비자와 판매자를 중개하는 비중이 절반 이상이 된 것이다.

하지만 최근 몇 년간 소매상들이 아마존을 이탈하는 경향이 나타나고 있는데, 시간이 지나면서 가속도가 붙고 있다는 소식이다. 타이거 우즈 하면 생각나는 브랜드이자 세계적 스포츠 용품 생산 판매자인 나이키가 2019년 11월 아마존에서 모든 제품을 철수했다.

그 밖에 반스, 랄프로렌, 롤렉스, 루이뷔통, 파타고니아, 노스페이스, 버켄스탁 등 이름만 대면 알만한 브랜드들이 이미 아마존을 떠났다. 개인 법인이 운영하는 업체들까지 합하면 100만 개 이상에 달한다고 한다. 혁신의 아이콘 아마존에 무슨 일이 일어난 것인가 하는 의문이 들 정도다. 세계적인 가구 기업 이케아도 2018년 아마존에서 이케아 제품을 판매하는 파일럿 테스트를 끝내기로 한 결정을 다음과 같이 밝혔다.

"우리 이케아는 더 많은 사람들에게 어떻게 다가가고, 더 많은 사람들에게 서비스 제공 방법에 대한 새로운 통찰력을 얻기 위해 새로운 영역을 탐색해 왔습니다. 이케아는 2018년 미국에서 아마존과 스마트 조명을 위한 시범 프로젝트를 진행했습니다. 이는 말 그대로 시범 테스트였으며 이 테스트는 끝났고 더 이상 진행되지 않습니다. 우리는 현재와 미래에 고객을 만나는 새로운 방법을 실험하기 위해 다른 파트너들과 계속 대화할 것입니다."

이케아가 아마존과 파일럿 테스트를 끝낸 이유는 명확하다. 아마존에서 이케아 제품뿐만이 아니라 의류, 신발, 화장품 등에서 광범위한 모조품이 범람하고 있기 때문이다. 아마존이 이러한 모조품 판매에 대한 통제력을 상실함에 따라 브랜드 회사들에게 아마존은 점점 더 매력이 없는 회사로 느껴지고 있는 것이다.

이러한 모조품 판매 문제로 미국 의류 협회(American Apparel & Footwear Association)는 아마존 사이트를 모조품이 범람하는 최악의 온라인 매장(Notorious markets)으로 2년 연속 선정하기도 했다. 대형 브랜드 회사가 이탈하는 또 다른 이유는 아마존에 대항해 자체 플랫폼을 만들기 시작했기 때문일 것이다. 플랫폼 영업에 필요한 부분들을 낮은 비용으로 대행해 주는 서비스 업체도 다양하게 존재한다. 즉, 플랫폼 Biz 구성이 초창기처럼 어렵지 않다는 뜻이다. 광고, 신용 제공, 온라인 상점, 재고 관리, 반품 심지어 당일 배송까지도 제공하는 업체들이 성업하고 있다.

그 대표적인 예가 '쇼피파이(Shopify)'이다. 월 29달러만 내면 개인들도 대기업 브랜드처럼 스스로의 웹사이트에서 자체 온라인 영업을 할 수 있도록 일체의 서비스를 제공한다. 이러한 서비스로 쇼피파이(Shopify)는 순식간에 100만 명 이상의 판매자를 거느린 대기업으로 성장했다. 한국도 네이버에서 '스마트스토어 판매자센터'라는 이름으로 같은 Biz 모델을 뒤늦게 시작하였다. 이러한 이유로 최근 오프라인 매장 중심이었던 업체들이 온라인 판매, e-커머스를 적극적으로 추진하고 있다. 이는 아마존과 같은 기존 e-커머스 플랫폼 이용의 한계를 느낀 것으로 보인다. 이렇게 대형 브랜드 회사들이 아마존을 떠나는 이유는, 아마존을 활용하면 온라인 판매가 늘겠지만 아무래도 자체 브랜드에 대한 고객 경험이 제한적이며, 모조품 판매를 제대로 통제하지 않는 아마존으로 인해 가격 대응이 어렵고, 브랜드 가치도 하락하게 되자 득보다 실이 많다고 판단한 것이다. 그리고 애플, 테슬라 같은 브랜드들이 자체적으로 D2C(Direct to Consumer)를 지향하고 있는 것도 참고가 되었을 것이다.

그런데 온라인의 성공 신화 당사자인 아마존도 이상하게 오프라인 매장에 집중하고 있다. 물론 전력을 다해서 오프라인 매장을 늘리는 것은 아니지만, 최근 몇 년간 꾸준히 오프라인 매장을 확대해 왔다.

2020년 10월 현재 아마존 오프라인 매장 현황은 홀푸드 487개, 아마존 고 23개, 아마존 북스(Amazon Books) 18개, 아마존 4스타 30개, 아마존 프레쉬 2개 등 552개의 매장에 달한다. 세계 넘버원 온라인몰 기업이라고 하기엔 놀라울 따름이다. 2019년 4분기 아마존의 오프라인 매출은 43.6억 달러로 전년비 -1% 감소했다. 아마존 전체로는 전년 동기비 21% 성장했음에도 불구하고 오프라인 매출은 역성장한 것이다.

2020년 코로나 사태 이후는 더 말할 것도 없이 역성장이 대폭 확대되었다. 하지만 아마존은 오프라인 매장을 계속해서 확대하고 있는데 그 이유가 궁금하다. 정확히 아마존 측에서 왜 오프라인 매장을 확대하는지 자세한 설명을 한 적은 없으나, 온라인 1위 기업이 오프라인 매장 500개를 훌쩍 넘는 규모로 늘리는 것은 온라인으로 성장해 패권을 쥔 기업이 오프라인 영역까지 잠식하겠다는 의도로 읽혀 도저히 이해하기 힘들며 배신감까지 느껴진다. 이와 관련된 자세한 내용은 제9장 온라인 기업 부분에서 더 자세히 다루도록 하겠다.

03

오프라인만 고집하는 트레이더 조(Trader Joe's)의 성공 비결

온라인의 성장세가 무섭다. 그래서 많은 오프라인 기업들이 온라인 Biz를 고민하거나 온/오프라인을 결합한 옴니채널로서 변화를 시도하는 노력을 하고 있다. 하지만 온라인의 최강자 아마존의 입점 구애마저도 거절하고 오프라인에만 매진하면서 인기와 성공을 이루는 기업이 있다.

다른 곳에서는 쉽게 볼 수 없는 이국적인 향료나 소스, 간식으로 유명한 유기농 마트 '트레이더 조(TRADER JOE'S)'는 다른 마트에 비해 매장도 작고 파는 물건도 적다. 게다가 온라인 몰도 없고 배달도 하지 않는다. 그런데 유독 열성적인 팬들이 많다.

머니투데이 2019년 5월 31일 자 기사에 따르면, 미국 소비자를 대상으로 한 슈퍼마켓 선호도에서 트레이더 조가 코스트코를 제치고 1위에 있다. 아마존(홀푸드)은 3위이고 월마트는 10위이다.

2019 미국 소비자 슈퍼마켓 선호도

**조사기관: 유통 빅데이터 전문기업 던험비
**미국 거주 7000세대 조사

1위	트레이더 조
2위	코스트코
3위	아마존
4위	H-E-B
5위	웨그먼스
6위	마켓 바스켓
7위	샘스클럽
8위	스프라우츠 파머스
9위	윈코
10위	월마트

※ 머니투데이 2019년 5월 31일 자 기사 인용

트레이더 조는 2017년 아마존에 인수된 홀푸드와 함께 미국 유기농 식품 시장을 이끄는 선두 주자이다. 미국에 480개 매장을 가지고 있는데, 다른 마트와 비교하면 매장도 작고 제품 수도 적다. 보통 마트의 크기가 평균 5만ft²(약 1,400평)인데 반해 트레이더 조는 작게는 8천ft²(224평)에서 가장 큰 매장도 1만2천ft²(337평)로만 유지한다. 물건 수도 평균 5만 개 이상을 취급하는 다른 마트와 달리 3천 개 이하이다.

트레이더 조의 매장 크기는 한국의 할인점 신선식품 코너만 하다. 제품 수도 적지만 고객이 좋아할 만한 제품들로 구성되어 있다.

그들은 아마존과 이베이의 입점 요청도 거부했고, 2019년 3월부터는 비용이 많이 든다며 뉴욕 7개 매장에서만 운영하던 배달 서비스까지 중단했다. 트랜드와 거꾸로 가는 셈이다.

오프라인 매장밖에 없는 트레이더 조가 어떻게 충성 고객들을 만들 수 있었을까?

첫 번째, '선택과 집중'으로 싸게 판다.

트레이더 조는 창업자 조 쿨롬이 해외여행을 하다가 그 나라들의 맛있는 음식을 맛보고 어떻게 하면 이러한 기억을 간직할 수 있을까 해서 만든 회사이다. 예를 들면 멕시코, 인도, 중남미 등 각 나라의 향신료를 수입해 판매한 것이다. 판매 품목이 3천여 개에 불과하지만 과일 등 신선식품을 제외한 80%는 자체 브랜드 PB 상품이다. 한국 냉동 제품인 비빔밥, 하이트진로 음료의 '블랙보리'라는 제품도 판매하고 있다. 이러한 자체 PB브랜드 전략은 제품 단가를 낮춰 가격 경쟁력을 갖추게 하고, 판매 제품을 집중하다 보니 보관 및 유통 비용을 절감할 수 있다.

두 번째는 비상장 기업을 유지하는 독특한 전통과 모기업인 '알디'와의 역할 분담이다. 1958년 조 쿨롬에 의해 창립된 트레이더 조는 1979년 독일 대형 마트인 '알디(ALDI)' 창업자인 알브레히트 가문으로 넘어갔다.

이미 미국에 진출한 알디는 2022년까지 점포 수를 2,500개로 늘린다는 계획인데 자회사인 트레이더 조는 전통적 판매 방식을 그대로 유지한다. 대신 글로벌 제품 공급망을 공유하면서 제품 단가를 낮추는 시너지 효과를 낸다. 알디는 가격 경쟁력, 트레이더 조는 제품 경쟁력으로 각자 시장을 공략하고 있다. 트레이더 조는 비상장 기업이다 보니 주가에 신경을 쓸 필요조차 없다.

세 번째 비결은 '스토리 텔링'이다.

제품군만 표기하고 진열대에는 제품만 쭉 나열된 일반적 유통 매장과는 달리 간단한 요리법과 제품 특성 등이 손글씨로 적혀 있다. 제품과 함께 '스토리'를 파는 셈이다. 트레이더 조 홈페이지는 '제품 스토리'라는 코너가 따로 만들어져 있으며, 소비자는 이메일을 통해 각종 요리법도 받아 볼 수 있다. 또한 친환경 이미지를 강화하기 위해 이미 1992년부터 종이봉투에만 물건을 담아 주고 있다. 하와이안 풍의 직원 셔츠도 50년 전통을 유지하고 있다.

시장 조사 기관 '삭스 인사이트'는 2018년 2월 1일 자 링크드 인에 트레이더 조의 충성 고객을 만드는 특징에 대해 다른 각도에서 분석해 기고한 바 있다. 트레이더 조는 직원들의 직무 교육 시 열성적이고 적극적인 태도에 대해 집중해서 교육한다. 애초에 고객과의 대화를 즐길 준비가 되어 있는 사람들만 직원으로 뽑고, 진열대 정리도 일부러 고객들과 더 많이 마주치고 말을 건네기 위해 고객이 많은 시간대에 한다.

매장은 '슈퍼마켓의 디즈니랜드'라 불릴 정도로 즐길 거리를 만든다. 직원들이 하와이안 셔츠를 유니폼으로 입는 것도 고객들에게 열대 지방으로 휴가 온 기분을 주기 위해서이고, 전 제품을 마음껏 시식해 볼 수 있도록 시식 원두막(Tasting hut)을 갖춰 각종 식료품과 음료를 놓아둔다. 때로는 진열 상품을 뜯어서 그 자리에서 맛을 보여 주기도 하는데 와인을 요청해도 OK다. 진열대에 인형을 한두 개씩 숨겨 놓아 부모를 따라온 아이들이 보물찾기를 할 수 있도록 하기도 한다. 트레이더 조의 고객 경험은 '아마존 GO'처럼 최첨단 기술로 무장한 편리한 경험이 아니라 사람 냄새 물씬 나는 경험에 집중하는 것이 차이점이다.

넷째, 직원들을 제대로 대접한다.

창업자 조 쿨롬은 창업 초기부터 "우리 직원은 중산층 수준의 급여를 받아야 한다."는 원칙을 내걸었다. 유통업계 평균보다 더 높은 임금을 주고, 비정규직도 의료 보험을 제공한다. 월마트와 비교하면 임금이 배 차이가 난다. 트레이더 조의 강점은 여러 가지이다. 하지만 그중에 온라인 마켓과 차별화되는 으뜸은 역시 직원들이라고 할 수 있다.

직원들의 고객과의 커뮤니케이션 역량 그리고 열정에 포커스를 맞추며, 이러한 것은 온라인에서는 도저히 따라 할 수 없는 오프라인만의 장점이라 할 수 있다.

고객 만족과 직원 만족의
통계적 상관관계

직원들이 자신의 기업을 평가하는 사이트 '글래스도어'의 수석 이코노미스트 앤드루 챔벌레인은 직원 만족과 고객 만족이 강력한 양의 상관관계에 있다고 말한다. 직원의 만족도가 높은 회사일수록 고객의 만족도도 높다는 내용을 2019.8.19. 「HBR(Harvard Business Review)」에 기고했다. 그 내용의 핵심은 고객이나 주주보다 직원의 행복을 1순위로 생각하는 철학을 가진 기업들이 고객 만족도도 높은 것으로 나타났고, 직원을 챙기는 기업이 고객의 마음도 얻었다는 것이다. 직원 만족도가 높은 기업이 고객에게 더 나은 서비스를 하는 것은 당연하다. 퇴사율이 낮으니 회사 서비스와 시스템에 정통한 직원이 많고, 기분이 좋으니 고객을 웃는 얼굴로 맞이하며, 기업 문화와 복지에 대한 긍정적인 소문은 유능한 인재들을 모으기 때문이다. 다음은 직원 만족과 고객 만족의 점수가 높은 기업들의 사례로 어떻게 직원 만족을 높이고, 이러한 사항이 고객 만족으로 이어져 회사의 가치가 높아졌는지에 대한 사례이다.

1) 웨그먼스 푸드 마켓(Wegmans Food Market)

구글에 이어 미국에서 가장 일하기 좋은 2위 기업으로 4만 명 직원 가운데 회사에 만족한다는 직원들 비율은 98%, 이직률은 6%에 불과해 23년 연속 'US 포춘, 일하기 좋은 100대 기업'에 선정된 기업이 있다. 바로 美 동부의 마트 체인 '웨그먼스 푸드 마켓(Wegmans Food Market)'이다. 월마트보다 생산성이 높고 직원과 소비자들 모두 최고라고 생각하는 이 마트의 비결은 본사에 걸려있는 이 문구가 말해 주고 있다.

"Employees First, Customers Second(직원 먼저, 고객은 그다음)"

대한 상공 회의소에서 분석한 내용을 일간리더스경제신문에서 기사화(2018년 8월 5일 자)한 내용에 따르면, 식료품 체인점 웨그먼스 푸드 마켓(Wegmans Food Market)은 고객보다 직원을 더 소중히 여기는 회사로 유명하며, 웨그먼스는 '직원을 최고로 대우해야 그 직원이 고객에게 최고의 서비스를 제공한다.'는 기업 철학을 갖고 있다고 한다.

웨그먼스에서는 다양한 각종 복지 혜택과 자기 계발 기회를 제공한다. 또한 직원들의 생일 등 각종 행사를 개최해서 직원들이 즐겁게 일할 수 있도록 근무 환경을 조성했다. 당연히 직원 만족도는 최고 수준이다. 직원들이 행복하니 소비자에게 더 다가가고 친절하게 대할 수 있다. 직원들을 통한 소비자 밀착형 판매가 더 많은 고객을 부르는 선순환 구조까지 정착되면서 개별 점포당 매출이 '유통 공룡' 월마트를 넘어섰다.

기업 철학에 공감한 직원들이 끊임없이 고객을 위한 아이디어를 만들어 내고 회사의 혁신 성장에 기여한 결과다. 전문가들은 웨그먼스의 성공 비결을 '3E 경영'으로 평가한다. 권한 위임(Empowerment), 공감

(Empathy), 역량 개발(Enablement)이다. 웨그먼스는 어떻게 3E 경영을 통해 직원 만족을 높이는지 그 내용을 살펴보자.

① 업계 최고 수준의 급여를 준다

매장 일반 직원 평균 연봉 3만6542 달러(한화 약 4,180만 원), 매장 관리자급 평균 연봉 6만5272 달러(7,470만 원)로 미국 마트업계 평균보다 25%가 높다.

② 104년간 단 한 명의 해고도 없다

창립 후 104년 동안 지켜진 원칙은 정리 해고 없음(No Layoff)이다. 부득이하게 직원이 나가야 할 경우 반듯이 새 일자리를 찾아 줘야 한다는 것이 정책이다. 예로 2012년 뉴욕의 한 매장이 문을 닫게 되자 회사는 2주 만에 250명 직원 모두 뉴욕의 다른 매장에서 일할 수 있도록 했다.

③ 대학 진학을 지원한다

대학 진학도 독려하는데 풀타임은 2,200달러씩, 파트타임은 1,500달러까지 지원한다. 졸업하고 회사로 돌아와야 한다는 그런 조건도 없다. 학력이 높아야 회사를 그만두고 다른 일자리를 알아보더라도 급여가 높아질 수 있다는 창업자의 철학 때문이다. 1984년부터 지금까지 직원 3만 3천 명을 대학에 보내기 위해 쓴 돈이 1억500만 달러(한화 1,200억 원)에 이른다.

④ 일과 삶의 균형을 보장한다

늦게까지 근무하는 마트 특성을 고려해 직원들이 근무 시간을 선택할 수 있도록 했다. 1년 이상 근무하면 풀타임은 연 17일, 파트타임은 6일의 유급 휴가를 주고 있다. 우리 기준으로 보면 휴가가 많지 않지만, 미국 다른 마트에 비하면 엄청난 혜택이다.

⑤ 가족 같은 유대감

직원들끼리 기념할 일이 있으면 작은 파티를 자주 열도록 한다. 누군가 생일이거나 입양을 하면 축하하러 모인 직원들에게 1인당 5달러 쿠폰을 준다. 2016년 발행한 쿠폰만 5만여 개이다. 또 치즈 담당 직원은 스위스로 보내 낙농업 견학을 시키고, 와인 담당은 프랑스로 보내 배우게 한다. 매년 직원들 자기 계발 지원에 5천만 달러(560억 원)씩 투자한다.

무엇보다 직원에게 고객 서비스 권한을 충분히 부여한다. 매뉴얼에 연연해 하지 말라는 것이다. 회사가 직원들을 최고로 대접하니 직원들은 고객을 최고로 대접하게 됐다. 받은 대로 고객들에게 돌려주는 것이다.

2) 사우스웨스트 항공(Southwest Airline)

사우스웨스트 항공은 1967년 창업 이후 50년 동안 한 번도 대량 해고나 임금 삭감이 이뤄진 적이 없었다. 매년 수익은 직원들에게 인센티브로 지급한다. 2017년엔 5억8600만 달러(7,096억 원), 2018년엔 6억2000만 달러(7,500어 원)를 직원들에게 인센티브로 지급했다.

사우스웨스트의 창업 첫해는 매우 어려웠다. 자원은 풍부하지 못했고 이용 승객 수도 많지 않았다. 비행기 연료조차 두 달씩이나 밀리기 일쑤였다. 지상 장비도 턱없이 부족했고 그나마 있는 것도 낡아서 잘 가동되지 않았다. 때때로 직원들은 아주 낡았거나 버린 장비를 구해다가 대체품으로 사용했다. 업계 기준으로 볼 때 지상 장비가 불충분하고 작업 환경이 열악했지만 사기는 어느 회사 못지않았다고 한다. 열성적이고 직업윤리가 강한 직원들은 항상 중진들과 격의 없이 의사소통했고 '재미를 추구하는' 기업 문화가 이러한 어려움을 극복하는 데 큰 도움이 됐다고 한다. 사우스웨스트 초창기 직원들은 상당수가 다른 항공사에서 해고된 사람들이었다. 당시 망해버린 항공사 출신이 많았고, 군 출신들도 받아 주는 데가 없어 사우스웨스트에 들어온 케이스가 많았다. 이런 사람들은 실직이 얼마나 뼈아픈지 잘 알고 있었다. 직원들은 남들보다, 다른 경쟁 항공사들보다도 더 잘 해내야 한다고 알고 있었기에 조종사, 승무원, 정비사 등 너 나 할 것 없이 틈만 나면 기내에 들어가 좌석을 정리하고 쓰레기통을 비우고 수화물을 정리하는 등 서로 일을 도왔다고 한다.

그들은 '반드시 해내고야 말겠다.'라고 입버릇처럼 말했고 실제로도 정말 해냈다. 그때 직원들 사이에서는 금기 사항이 두 가지가 있었다고 하는데 '우리는 못 해.'와 '그건 내 일 아니야.'였다고 한다. 이러한 생존 전략은 창의적인 정신만 함양시킨 것이 아니라 모든 직원들의 유대 의식을 아주 단단하게 단련시켰다. 이 회사 경영진은 직원을 만날 때마다 '고맙다.', '고생한다.'는 말을 건넨다. 2019년 1월 세상을 떠난 허브 켈러허 회장은 일요일 새벽이면 작업복을 입고 기내 청소원 휴게실에 도넛과 커피를 들고 나타나 함께 청소를 하곤 했다.

"웃지 않는 리더를 위해 일하지 마라."가 그의 철학이었는데, 사내 파티나 채용 광고에 엘비스 프레슬리 복장으로 등장하기도 했다. 남다른 조직애로 똘똘 뭉친 회사였다.

3) Hilton Hotel

힐튼호텔의 경우 70여 개 국가에서 24만 개의 객실, 1,400개의 호텔을 운영하고 있는데, 이는 힐튼호텔 역사상 최대 규모다. 물론 코로나 이전의 상황이긴 하지만 관련 파트너들이 호텔들을 건설해 힐튼호텔 브랜드 안으로 들어오고 있다.

힐튼호텔의 창업자인 콘래드 힐튼은 1919년 당시 오일 붐을 타고 몰려든 사람들이 방을 구하기 위해 하루 종일 줄을 서 있는 것을 보고 호텔업에 뛰어들어 미국 전역으로 호텔 사업을 확장해 나갔다.

1929년 세계 대공황으로 재산 대부분을 잃었지만, 위기가 지난 뒤 주변 호텔을 적극적으로 인수해 재기에 성공했고 호텔을 힐튼 브랜드로 묶어 체인으로 운영해 세계 최초 호텔 체인이 됐다. 1955년에는 '중앙 예약 시스템'을 처음 도입했는데, '힐크론(HILCRON)'이라 불리는 이 시스템을 이용하여 소비자가 전화, 전보 등을 통해 중앙 예약 서비스 사무실로 연락하면 세계 어느 호텔이든 예약할 수 있었으며 당시로써는 혁신적인 아이디어였다. 힐튼은 '공항 호텔' 아이디어도 처음으로 내놓아 비즈니스 여행객들이 쉽게 이용할 수 있게 했다. 이후 카지노 호텔 및 리조트 사업에도 투자해 성공했다.

2007년 말부터 시작한 글로벌 금융 위기 때 힐튼의 구원 투수로 호스트 호텔&리조트 CEO를 지낸 호텔업계의 베테랑 크리스토퍼 나세타 최고 경영자(CEO)가 영입됐다. 힐튼 CEO가 된 그는 호텔을 둘러본 뒤 통합된 기업 문화가 없는 것을 문제로 보고 이것부터 만들고자 했다. 2009년 나세타 CEO는 새로운 문화를 불어넣기 위해 힐튼 본사를 캘리포니아주 베벌리힐스에서 버지니아주 매클레인으로 이전하기로 결정했고 기업 문화를 단일화하기 위한 노력을 시작했다. 이때 많은 직원들이 본사를 옮긴다는 것에 반대하며 퇴직했는데, 나세타 CEO는 남을 사람만 데리고 바꾸겠다고 생각했다고 한다. 어차피 조직 문화를 바꿔야 하는데 그러기 위해서는 충성심 있고 변화를 두려워하지 않는 직원들로 구성되어야 한다고 판단했다. 그리고 힐튼의 영문 철자 6개로 구성된 단순한 기업 가치 선언문을 마련했다. 그 내용은 환대(Hospitality), 진실성(Integrity), 리더십(Leadership), 팀워크(Teamwork), 주인 의식(Ownership), 지금(Now)이었다. 그는 호텔 직원들에게 익숙해질 정도로 이를 교육시켰다.

또 위험을 부담하지 않으면 이익을 낼 수 없다는 생각으로 아시아, 유럽 등 지역에 적극적인 투자도 병행했다. 이후 매출은 꾸준히 늘었다.

2013년에는 기업공개(IPO)를 통해 자금 조달에 성공했다. 조달 금액은 27억 달러를 넘어서며 호텔업계 역사상 최대 IPO 기록을 달성했다. 힐튼 호텔의 경우 직원들 스스로 '꿈을 이루는 곳'이라 하는데, 자격증과 학력이 아니라 능력만 있으면 원하는 곳에서 일할 기회가 많다. 체크인, 체크아웃을 담당하던 직원이 브랜드 전략 총책임자가 되기도 했고, 젊은 직원들이 경영진에 제안한 아이디어의 70%가 채택되기도 한다.

최근엔 에어비앤비를 필두로 한 공유 숙박업체가 경쟁자로 부상하였고, 코로나로 여행이 제한되어 어려운 상황이다. 코로나 사태 이후 비용 절감을 위해 직원들의 임금을 삭감하거나 임시 휴무를 시행하고 있다. 하지만 힐튼은 사태 장기화로 직원들의 수입 감소가 우려되자, 최근 자사 직원들을 임시 휴무 기간 동안 다른 회사에 가서 근무하도록 하는 제도를 도입했다. 미국 최대 전자 상거래 기업 아마존, 물류 업체 페덱스 등 80여 개 기업과 제휴를 맺고 이들 기업에 자사 직원을 보내 근무하도록 하고 있다.

힐튼 직원을 채용하겠다는 구인(求人) 건수는 100만 건이 넘은 것으로 알려졌다. 힐튼 직원들은 고용 상태를 유지한 채 다른 기업에서 돈을 벌 수 있고, 코로나 사태가 수습되면 회사로 복귀할 수 있다. 직원을 우대하고 직원들의 고용과 일할 기회를 우선으로 생각하는 힐튼호텔이라면, 일시적으로 어려운 현재의 파고도 무난히 잘 넘어설 것으로 보인다.

4) 코스트코(Costco)

코스트코의 직원 대부분은 정규직이다. 평균 연봉이 5만 달러(5,800만 원)로 업계 평균의 1.7배이다. 매장 진열을 바꾸고 이벤트를 기획할 때 직원들에게 충분한 재량권을 준다.

최고 경영자 제임스 세네갈은 비즈니스 인사이더紙 2018년 4월 3일자에서 이렇게 언급했다. "우리의 철학은 '직원들을 잘 대접해야 코스트코가 성공한다'는 것이다. 잔고가 얼마나 남았는지 걱정하고, 아픈 아들이 제대로 치료받지 못해 걱정하는 직원들이 고객들을 웃음과 친절로 대할 수는 없다. 직원에게 투자하는 것이 고객에게 투자하는 것이다."

코스트코는 1983년 미국 워싱턴주 시애틀에서 짐 시네갈과 제프리 브로트먼이 설립했는데, 1993년 코스트코와 프라이스클럽이 합병되면서 '프라이스 코스트코'로 불리다가 1997년부터 지금의 상호를 사용하고 있다. 코스트코는 흔히 '회원제 창고형 할인 마트'로 불리는 대표적인 브릭&모르타르 오프라인 유통업체다. 그런 코스트코가 온라인 쇼핑의 황금기에도 높은 품질과 낮은 가격을 앞세워 뛰어난 경쟁력을 유지하고 있다.

성공 비결은 첫째, 회원제로 '저(低)마진 고(高)수익'이다.

소비자에게 제품을 값싸게 공급하기 위해 마진율을 최대 15%로 제한하고 있다. 유통업체의 마진폭은 백화점의 경우 50%, 월마트와 같은 대형 할인점은 20~25%에 이르지만 코스트코의 마진율은 13%~15% 수준으로 마진율이 낮다는 건 그만큼 판매 가격을 낮춰 팔고 있다는 뜻이다. 수익의 모자란 부분은 연회비 수입으로 채운다. 코스트코는 지난해 말 기준으로 전 세계 9,000만 명의 회원을 보유하고 있다. 일단 회원이 되면 낮은 마진율을 통해 확보된 싸고 질 좋은 상품들을 맘껏 구매할 수 있다. 이 때문에 해마다 회원 자격 유지 비율이 90%가 넘을 만큼 고객들의 충성도가 높다.

성공 비결 둘째는 품목 수를 줄여 가격 경쟁력을 추가 확보하는 것이다.

코스트코는 통상 4,000개 안팎의 품목을 판매한다. 10만 개가 넘는 상품을 진열하는 월마트나 7만 개의 상품을 파는 까르푸와는 다양성에서 비교가 되지 않는다. 이렇게 상품의 개수를 제한하면 소비자 선택의 폭은 줄어들 수밖에 없지만, 품목별 판매량은 늘어난다. 코스트코는 이런 방식으로 재고를 빠르게 소진해 가격 인하를 유도해 왔으며, 품목 수가 적으니 상품 진열 및 관리 비용도 적게 든다. 또 빈자리가 생기면 공급업체 간 경쟁도 치열해지기 때문에 자연스럽게 가격 인하로 이어지는 경우가 많다. 이 같은 상품 구성은 지역 상인과의 불필요한 마찰을 최소화하는 데도 도움이 된다.

성공 비결 세 번째는 광고비를 아껴 내실을 다지는 것이다. 코스트코는 광고에 돈을 쓰지 않는다. 흔한 전단지 광고도 없으며 기껏해야 선별된 우수 고객에게 할인 쿠폰을 보내는 게 마케팅 활동의 전부다. 코스트코의 최대 경쟁자인 월마트는 매출의 0.5%를 광고비로 쓴다.

성공 비결 네 번째는 직원 만족도 높여 생산성을 제고한다.

코스트코는 소매업계에서 직원 임금 수준이 높기로 유명하다. 신입 직원의 시간당 초임은 13달러(약 1만 5000원)로 경쟁업체와 비슷하지만, 전체 직원의 시간당 평균 임금은 22달러(약 2만 5000원)로 높다. 초과 근무 수당을 포함하지 않은 금액이다.

미국 소매업계 근로자의 평균 시간당 임금은 2015년 기준으로 11달러(약 1만 2000원)가 조금 넘는다. 2008년 글로벌 금융 위기 이후 침체기에도 코스트코는 고용을 유지한 것은 물론 임금도 소폭 인상했다. 일반 직원과 임원과의 임금 격차도 경쟁업체보다 매우 적다.

월마트의 경우 최고 경영자(CEO) 임금이 직원 평균 임금의 800배에 육박하지만, 코스트코의 경우에는 48배에 불과하다. 코스트코 창업자 짐 시네갈이 2012년 1월 CEO 자리에서 물러날 당시 연봉은 35만 달러(약 3억 9000만 원)였다. 높은 임금은 직원의 생산성 향상은 물론 이직률을 낮춰 비용 절감에도 도움이 된다. 퇴직한 직원을 대신할 인력을 채용해 업무에 배치하기까지 기존 직원 연봉의 최저 40%에서 최대 150%의 비용이 들어간다는 연구 결과도 있다. 코스트코는 업계에서 이직률이 낮기로 유명하고, 직원 1명당 생산성은 업계 최고 수준이다. 시네갈은 기업의 목표를 달성하는 데 가장 중요한 요소가 직원이라고 믿었다. 이 때문에 그는 관리자들에게 "근무 시간의 90%를 가르치는 데 쓰지 않으면 일을 제대로 하고 있지 않은 것."이라고 할 만큼 직원 교육의 중요성을 늘 강조했다.

5) 트레이더 조(Trader Joe's)

앞에서 자세히 소개하기도 했지만 소비자들의 매장 선호도를 조사하는 '마켓포스 인포메이션'의 마트 분야에서 매년 상위에 랭크되는 '트레이더 조'의 성공 비결은 동네 친구처럼 고객들을 맞이하는 직원들이다. 이유는 회사가 직원들을 대접하기 때문이다.

월마트와 비교하면 임금은 두 배나 차이가 나고 비정규직도 의료 보험을 제공한다. 트레이더 조 직원들은 고객에게 베풀어야 할 친절이 무엇인지를 정확히 알고 있다. 근심 걱정 없는 표정으로 고객들과 대화를 하니 방문하는 사람들도 편안함을 느끼고 또 찾게 된다.

위의 사례들을 정리해 보면, 고객 만족의 지름길은 직원 만족인 셈이다. 예를 든 기업들은 서비스 업종이다 보니 고객들과 직접 접촉하고 커뮤니케이션을 한다. 타 업종의 기업들보다 상대적으로 현장 직원의 중요도가 높을 수밖에는 없다. 그렇다고 해도 서비스 업종이 아닌 다른 업종의 기업에서 고객 만족이 덜 중요할 리 없다. 고객과 기업의 한가운데 있는 것이 직원이다. 고객을 맞이하고 설명하고 매출로 이어지게 하는 것은 결국 직원들의 몫이기 때문이다.

　결국 고객 만족은 직원 만족이 선행되어야 하고, 이는 결국 오프라인 매장이 온라인과의 가장 큰 차별점이 되어 강력한 영업 무기가 될 것이라는 얘기이다.

제9장

오프라인과 온라인의 진화 모습

코로나가 만든 세상,
이젠 이것이 Normal

코로나 사태가 일상이 되면서 사람들은 변화된 상황에 적응해 가려 하고 있다. 엄청난 심리적, 물질적, 경제적 위기를 가져왔지만 이러한 현상은 여전히 그칠 줄 모르고 있으며, 기온이 내려가니 다시 제2차 Wave를 나타내고 있다. 그런데 우리가 직면하는 이러한 변화는 이미 이전부터 서서히 진행됐던 것일지도 모른다. 언택트, 온라인 쇼핑의 증가 등 지금 주목받고 있는 대부분의 변화는 이미 저변이 되어 있었고, 단지 코로나 사태로 인해 그 확산 속도가 엄청 빨라졌을 뿐이다.

영국에서 화이자社의 코로나 백신을 승인했다는 보도가 나오기도 하지만, 코로나 사태가 진정되려면 아직 멀었고 완전한 종식은 불가능하다는 견해를 비롯하여 다양한 의견이 전해지고 있다. 어찌 되었든 코로나 이전으로의 완전한 복귀는 불가능하다는 것이 다수의 의견이다.

이미 추세는 오프라인 마트 대신 온라인에서 쇼핑하고, 극장 대신 넷플릭스의 스트리밍과 VOD 서비스를 이용하여 영화를 보고, 수업은 온라인 원격 교육으로 대체되었다. 지난 1년간의 코로나 사태로 세대를 불문하고 온라인이 얼마나 편리한지 알게 되었고 익숙해지는 경험을 가졌는데, 이것은 소비자가 순식간에 오프라인에서 온라인으로 이동한 것이며 남녀노소를 떠나 온라인으로 구매하지 않던 것까지 온라인으로 구매하게 된 것을 의미한다.

『트렌드 코리아 2021』에서는 '코로나 시대가 앞당긴 미래, 바이러스가 바꾼 것은 변화의 방향이 아니라 속도다.'라는 내용을 전하고 있다. 특히 코로나로 가속화된 '언택트' 트렌드는 어떻게 변화할 것인가? 코로나 사태로 소비자들의 가치(Value)는 어떻게 변할 것인가? 에 대해 미래를 예측하는 것은 늘 가능성과 불가능성 사이에 위치하지만, 언택트 트렌드는 대면·비대면·혼합의 황금 비율을 찾아갈 것인데 조직 관리에서는 '성과 위주의 KPI', 교육에서는 '블렌디드(온오프 융합 교육)·플립 러닝(온라인은 사전 개념 교육, 오프라인은 토론 등 심화 학습)', 유통에서는 '고객 경험' 극대화가 핵심 요소로 떠오를 것이라고 언급하고 있다.

언택트 시대에 지향해야 할 방향은 고객을 우리가 생각하는 위치로 끌고 오려 하지 말고 고객의 위치로 가야 한다고 말한다. 단절이나 대체가 아니라 인간적 접촉을 보완해 주는 역할이어야 한다는 것이다. 장시간 이어지는 온라인 접속 상태로 인한 외로움, 화상 회의 시스템으로 인해 나만 따돌려질지 모른다는 FOMO(Fear Of Missing Out) 증후군과 디지털 패러독스에 따른 외로움을 극복할 수 있는 능력을 기르는 것이 중요한 과제가 될 것이며, 이는 인간의 손길은 여전히 필요하다는 점을 강조하고 있다.

언택트와 코로나 사태에도 고객의 Pain Point에서 출발해 고객 경험

극대화와 진심이 담긴 고객과의 컨택트 노력으로 이 위기를 극복하고 있는 기업들에 있어 그들의 노력을 살펴보고 배울 점은 무엇인지 알아보고자 한다.

1) 샵스트리밍(Shopping+Live Streaming)

세계적 K-POP 스타인 한국의 방탄소년단도 코로나 사태로 인해 월드투어 콘서트가 취소되었다. 전 세계 아미들의 실망과 한숨이 하늘을 찌르며 콘서트 수익과 취소 비용을 감당해야 할 빅히트엔터테인먼트 관계자들은 2020년 6월 방탄소년단의 멀티뷰 라이브 스트리밍으로 안방에서 콘서트를 즐기게 바꾸었다. 게다가 빅히트엔터테인먼트의 공식 굿즈 사이트인 '위버스샵'에서는 멤버 정국의 티셔츠가 불티나게 팔려 나갔다.

중국에서 337개 매장을 운영하는 화장품 회사(칭수안, Lin Qinxuan)는 코로나 사태로 인해 1월부터 매장의 절반을 폐쇄하면서 춘절 판매량이 전년 대비 90% 급감해 3월을 넘기지 못하고 파산할 위기였는데, 알리바바의 타오바오를 통해 라이브 방송을 시작하면서 기사회생했다. 매장 직원들이 라이브방송의 쇼 호스트가 되어 고객들과 대화하고 제품을 추천하면서 라이브 방송 15일 만에 하루 판매량이 전년 대비 45% 늘었다. 밸런타인데이 때는 2시간 방송으로 40만 병이 넘는 동백꽃 오일을 팔았는데, 상담 직원 1명 당 매출이 4개 매장 하루 매출을 합친 수준이었다고 한다.

조선일보는 2021년 1월 2일 자 기사에서 국내 라이브 스트리밍에 대해 기사화하였다. 'SPC그룹의 파리바게뜨와 배스킨라빈스는 지난달 22

일 90분간의 라이브 방송으로 크리스마스 케이크 4만 세트를 팔았다. 총 매출액은 약 11억 원으로, 10분당 1억2000만 원 이상을 벌었다. 온라인 쇼핑몰 11번가는 새해 첫날을 라이브 커머스로 열었다. 12월 31일 밤 11시부터 90분간 방송인 탁재훈이 출연해 새해 카운트다운을 하고 경품을 선물했는데, 1만5000명이 넘는 이들이 방송을 시청했다.'고 전했다. 국내는 아직 도입 단계지만, 유통 대기업과 포털 플랫폼 대기업들이 뛰어들면서 빠르게 성장할 거란 관측도 있다. 기사에 따르면 전문가들은 2020년 3조 원대의 시장에서 2023년은 10조 원대로 커질 것으로 전망하고 있다. 상기의 한국과 중국 기업의 예처럼 코로나 시대에 마치 오프라인에서 하던 것처럼 고객들을 직접 만나고 구매를 권유하는 라이브 방송, 즉 샵스트리밍(Shop-Streaming)으로 쇼핑(Shopping)과 라이브 스트리밍(Live Streaming)을 결합한 방식으로 전환되고 있다.

국내 라이브 스트리밍 서비스

※ 조선일보 2021년 1월 2일 자 기사 이미지 인용

중국 라이브 샵스트리밍 시장 규모는 2017년 180억 위안(한화 3.1조 원)에서 2020년 9,610억 위안(166조 원)으로 예상된다고 한다. 이러한 샵스트리밍은 소비자가 TV홈쇼핑보다 양방향 소통이 훨씬 쉬워 고를 게 너무 많아 아무것도 고르지 못하는 혼란(선택의 역설)을 호스트의 추천으로 해결할 수 있다. 또한 생산자가 매장이 없어도 오프라인 매장에서처럼 동일한 경험을 제공한다.

생산자에게 샵 스트리밍은 고객을 직접 만날 수 있는 최적의 통로이다. 고객이 무엇을 궁금해하는지 실시간으로 알 수 있다. 또한, 어떤 제품, 어떤 색상이 인기가 많은지 한눈에 확인할 수도 있다. 인터넷 쇼핑몰에서의 판매 데이터만으로 파악하기 어려운 생생한 고객 반응을 수집할 수 있는 것이다. 이 같은 '샵스트리밍' 트렌드는 알리바바가 주도하고 있는데, 2016년 '타오바오 라이브'를 시작해 중국 샵스트리밍 시장의 79%를 독점하고 있으며, 코로나 사태 이후 운영 도구를 무료로 제공하면서 신규 라이브 방송 수가 2019년보다 2배 이상 늘어났다.

타오바오는 중국 내 타오바오 라이브 방송 시청 시간이 하루 35만 시간에 이른다고 밝혔다. 2019년 신규 이용자는 전년 대비 두 배 증가했으며, 타오바오 라이브 콘텐츠 제작을 위한 직업도 생겨나는 추세다. 요리 과정을 시연하는 셰프, 아파트 내부를 보여 주는 부동산 중개업자, 집에서 공연을 펼치는 연예인 등 라이브 방송을 활용하는 판매자 또한 다양해지고 있다. 현재 플랫폼상 최고령 판매자는 109세라고 한다.

플랫폼 사업자는 e-커머스의 영역을 넓힐 수 있는 기회가 되기도 한다. 기존의 e-커머스는 라이브 스트리밍을 통해 새로운 사용자를 끌어들일 수 있고, 소셜미디어는 라이브 컨텐츠에 커머스를 붙여 새로운 수익을 창출할 수 있다. 쇼핑과 엔터테인먼트가 서로 경계를 넘나들고 있는 것이다.

최근에는 한술 더 떠서 컨텐츠 e-커머스가 활발해 지고 있다. 샵스트리밍이 제품을 설명하면서 판매하는 것이라면, 컨텐츠 e-커머스는 그 제품을 이용해 컨텐츠를 만들고 그 결과로써 제품을 판매한다. 예로 주방 기구로 요리하는 모습을 보여 주고, 그 결과물(음식)이 좋으면 판매자의 제품을 사는 것이다. 컨텐츠 e-커머스가 성공적이다 보니 관련 컨텐츠 플랫폼도 진화해서 발전하고 있다.

예를 들면, 플랫폼은 판매자가 판매하고 싶은 제품과 진행 컨텐츠, 판매 시간 등을 제출하면 이를 심사해서 방송할 수 있는 플랫폼 토크샵라이브(Talkshoplive), 마니아들에게 한정판 수집 기준, 적정 가격, 한정판 수집 방법 등을 알려 주면서 판매하며, 예술가들은 자기가 직접 만드는 작업 과정을 보여 주며 판매하는 플랫폼 NTWRK 등이 있다.

아마존도 2019년 2월 '아마존 라이브'에 이어 판매자들을 위한 '아마존 라이브 크리에이터'를 운영하고 있다. 역시 코로나로 라이브 스트리밍이 크게 어필되었고, 컨텐츠 중심의 쇼핑 라이브 스트리밍이 소비자와 정서적 동질감을 느끼면서 충성도 높은 고객을 만들고 있다. 특히 소비에 중심인 젊은층이 특별한 경험에 대한 컨텐츠를 필요로 하고 있기 때문일 것이다.

2) 오프라인의 무기 '도로변 픽업(Curbside Pickup)'과 도어스텝 딜리버리(Doorstep delivery)

코로나로 인해 소비자의 이동이 제한되는 2020년 10월 아마존, 월마트, 베스트 바이 등 미국의 내로라하는 매장들이 할인 행사를 열었다. 그런데 아마존을 제외한 대형 소매 유통들이 코로나 사태로 매장 방문을 꺼리는 상황에서 오프라인 매장들은 어떻게 이벤트 할인 판매를 하였을까?

거기에 대한 답은 도로변 픽업(Curbside Pickup)과 도어스텝 딜리버리(Doorstep delivery)이다. 도로변 픽업은 온라인으로 구매한 상품을 고객이 원하는 시간에 직원이 매장 주차장이나 도로변에서 전달해 주는 방식이다. 제7장 베스트 바이의 성공 사례에서도 언급했듯이 오프라인 유통업체들은 코로나 사태 이후 앞다퉈 이 서비스를 도입했는데 고객이 차에서 내릴 필요가 없어 코로나 기간 매출을 끌어올린 1등 공신이 됐다.

월마트는 도로변 픽업 서비스 덕분에 2분기 전체 매출에서 온라인 매출이 차지하는 비중이 11%로 전년 동기보다 2배 증가했고, 베스트 바이도 2분기 온라인 매출이 전년 대비 242% 증가했는데 이 중 41%가 도로변 픽업 서비스에서 발생했다. 이는 코로나 종식 이후에도 도로변 픽업이 일상적인 쇼핑 습관으로 정착할 것이라 예상되는 대목이다. 그렇다면 도로변 픽업의 고객의 Pain Point 해소, 소비자 편익(Consumer Welfare), 판매자의 장점 등은 어떤 것이 있을까?

첫째는 고객 입장에서 주문 후 기다리지 않고 바로 받아 갈 수 있다는 점이 장점이고, 두 번째는 소매업체 입장에서 소비자가 구매한 상품이 배송되는 과정 중 소비자에게 전달되기 직전 마지막 단계인 '라스트 마일 (Last Mile)'의 비용을 아낄 수 있다는 점이다.

고객들은 생활필수품의 경우 반드시 사야 한다. 온라인에서 품절이거나 주문할 수 없는 제품일 경우에는 매장으로 가야 하는데 코로나 시국에 이것은 본인과 가족의 생명을 건 모험이나 다름없이 느껴졌을 것이다. 즉, 극도의 고객 Pain Point인 것이다. 도로변 픽업과 도어스텝 딜리버리(Doorstep delivery)는 매장에 보관된 상품을 챙겨 놓았다가 직원들이 전달해 주기만 하면 되니 고객 입장에서는 너무나 고맙고 만족스럽게 생각이 들었을 것이다. 또한, 포장하고 집 앞까지 최종 배송되는 '라스트 마일(Last Mile)'을 생략하니 소매업체 입장에서는 비용을 절약할 수 있다. 월마트는 픽업해 가는 고객에겐 가격을 할인해 준다. 고객은 더 싸게 사고, 매장은 비용을 줄이는 셈이다.

세 번째 장점은 매장이라는 기존 자산을 활용할 수 있다는 점이다. 오프라인 매장은 자신들의 강점인 매장을 소규모 물류 창고로 활용할 수 있다. 특히 월마트는 미국인의 90%가 월마트 매장에서 10마일 이내에 살고 있을 정도로 매장이 촘촘하다. 아마존에는 없는 자산이다. 그래서 월마트는 연말 쇼핑 시즌을 맞아 픽업 직원을 2만 명을 충원했다고 한다.

■ 최근 유통/물류와 자동차 모빌리티 분야에서 IoT, 4차 산업혁명 등과 연계하여 퍼스트 마일 (First mile)과 라스트 마일(Last mile)의 용어가 많이 쓰이고 있다. 퍼스트 마일(First mile), 라스트 마일(Last mile)의 의미는 어떤 뜻일까?

먼저, 유통이나 물류 분야에서 의미하는 퍼스트 마일, 라스트 마일은 거점 간의 이동을 뜻한다. 퍼스트 마일은 원자재 조달에서 생산, 그리고 완제품이 물류 거점 및 판매점으로 배송되는 구간을 말한다. 반면, 라스트 마일은 구매된 상품이 배송되는 과정 중 소비자를 만나기 직전의 마지막 단계로 정의한다.
현재 라스트 마일에는 소형 상용차, 오토바이, 자전거, 도보, 무인 보관함 등이 쓰이고 있다. 향후의 라스트 마일은 자율주행 로봇, 드론(Drone) 등을 이용하고, 내 차량의 트렁크까지 배달하는 인카딜리버리 (In-Car-Delivery) 등이 대중화될 것이다.

반면, 모빌리티에서 퍼스트 마일 (First mile)은 집이나 회사에서 대중교통을 이용할 역/정류장까지의 이동하는 것을, 라스트 마일 (Last mile)은 대중교통에서 하차한 뒤 최종 목적지까지 이동하는 것을 의미한다.
일반적으로 버스 정류장, 지하철역을 가기 위한 퍼스트/라스트 마일은 도보, 자전거, (마을) 버스, 택시를 이용하는데, 보다 효율적인 이동 수단으로 마이크로 모빌리티인 전동식 킥보드, 전동 자전거, 호버보드, 전동휠, 세그웨이, 초소형 전기차 등이 대안으로 떠오르고 있다.

월마트의 픽업 서비스

※ 월마트 홈페이지 이미지 인용

3) 고객 편에서 정서적 유대감을 맺다

2020년 연초부터 코로나의 광풍이 불었다. 식당과 학교, 교회 등 집단 시설이 폐쇄되었고 일부 국가는 통금까지 내려져 집에만 틀어박혀 있어야 했다. 대부분의 사람들은 코로나를 독감 정도로 가볍게 생각했다. 2020년 3월 뉴욕에서부터 내려진 셧다운이 미국 주요 도시 전역으로 확대된 이후에는 단 2주 만에 1,000만 명이 넘는 직장인이 직업을 잃었다. 몇 달이면, 겨울이 지나 따뜻해지면 나아질 거라는 예측이 완벽히 빗나간 2020년이었다. 이런 코로나 시국에 월마트가 미 전역 160개 매장 주차장에 대형 스크린을 설치하고 무료로 극장을 열었다. 〈스파이더맨〉, 〈블랙팬서〉, 〈ET〉 등 최신 영화에서 고전까지 다양하게 상영했으며, 웹사이트에서 미리 예약하고 팝콘, 치킨 등의 간식도 계산하고 픽업할 수 있게 했다.

8월 6일, 예매가 시작되자마자 모든 도시의 매장에서 매진되었다. 그 외에 유명인들을 초빙해 어린이 무료 여름 캠프, 농구 교실, 메이크업 교실, 노래 교실, 패션 교실 등을 열어 감성 마케팅을 실시하였다. 월마트는 코로나에 지친 고객에게 공감과 위안을 주었고, 감성적으로 연결되도록 노력하였다. 또한 직원들을 위한 지원도 강화하여 정규직 300달러, 시간제 근로자 150달러의 특별 보너스와 임직원 10% 할인 및 전용 쇼핑 시간 마련도 하였다. 위기가 왔을 때 월마트는 고객 및 직원과 꾸준히 소통하려 하였다. 공감으로 시작해서, 공감을 메시지를 담았고, 공감으로 끝을 맺으려 하였다.

스타벅스에 따르면 2018년에 고객의 80%가 테이크 아웃으로 커피를 샀다고 한다. 특히 한국에서 처음으로 시작되어 전 세계 스타벅스 매장으로 전파된 사이렌오더(앱으로 주문·결제하고 매장에서 픽업)가 활성화되면서 픽업 고객이 매년 증가하고 있다. 스타벅스는 2021년까지 뉴욕, 시카고, 보스턴 등 도심 400개 매장을 폐쇄하고, 계획 대비 절반인 300개의 매장만을 오픈하기로 했다. 역시 코로나의 역풍은 스타벅스도 빗겨 가진 못했다.

불룸버그 통신에 의하면 2020년 4월 매출이 전년 대비 -63%, 5월은 -43% 감소하였다. 이에 대해 스타벅스는 비대면과 모바일 주문, 코로나 19로 인한 사회적 거리 두기를 선호하는 고객의 요구에 대응하기 위해 모바일 주문을 기반으로 한 새로운 형식의 '픽업 스토어'를 추진한다고 발표했다. 테이블과 의자가 없는 픽업 전용 매장을 만들겠다고 한다. 다른 매장들에도 모바일 주문에 대응할 수 있는 픽업 전용 코너를 확대한다는 계획이다.

드라이브 스루(Drive Through) 매장처럼 도시에 적합한 워크 스루(Walk-Through) 매장을 만들고자 하는 것이다. 픽업 매장에서는 일반 매장과 차별화된 디지털 경험을 제공할 계획인데, 고객이 앱으로 주문하면 매장 키오스크에서 주문 처리 상황, 담당 바리스타, 예상 시간 등을 확인할 수 있다. 디지털을 이용한 픽업 경험과 함께 평균 500평 이상인 '스타벅스 리저브 로스터리'와 전문 바리스타가 커피를 내려 주는 '스타벅스 리저브' 역시 동시에 강화할 계획이다. 카페에서 시간을 보내고 싶은 사람은 대형 매장으로, 테이크 아웃을 원하는 사람은 픽업 매장으로 고객 경험을 이분화하려고 한다. 스타벅스는 커피를 파는 곳이 아닌 공간을 파는 곳으로 자리매김해 왔는데, 고객이 원하는 방향으로 매장을 바꾸고 고객이 선택하도록 매장을 바꾸고 있다.

소비자의 마음은 불안하다. 코로나 사태로 소중한 가족을 잃고 생명에 위협을 받고 있으며, 직장을 잃기도 하고 운영하는 가게는 고객 방문이 거의 없어 셧다운 상태 그대로 이어지고 있다. 돈이 돌지 않으니 경기 침체가 실감 나는 세상이며, 언제 나아질지 도무지 갈피를 못 잡는다. 이런 코로나 시국에 고객의 Pain Point를 해소하려 노력하고 고객과 공감하며 고객을 위로하고 고객에게 새로운 경험을 제공하려 하는 매장이 나타나고 있는 것이다. 우리는 '오프라인과 공급자의 위치에서 온라인을 어떻게 강화할 것인가?'가 아니라 '온라인과 고객의 위치에서 상품 라인업, 마케팅, 유통 체험, 고객 소통, 직원 교육 등을 어떻게 새롭게 재편할 것인가?' 의 고민과 질문을 던져야 할 것이다.

오프라인이
살아가는 법

1) 월마트의 온라인 강화 노력

2019년 미국의 주요 프렌차이즈들이 발표한 매장 폐업만 9,300곳이며, 영국에서 폐업한 오프라인 소매점은 16,000곳으로 25년 만에 가장 많은 폐업이 있었다. 2019년은 코로나가 확산되기 이전의 시기로 온라인의 영향으로 인한 유통 산업 변화 때문이다. 이러한 가운데 월마트와 캐나다 전자 상거래 플랫폼 쇼피파이(Shopify)가 손을 잡았다.

로이터 통신의 보도를 인용한 조선일보 2020년 6월 16일 자 기사를 보자. "미국의 대표 유통 기업 월마트가 캐나다 e-커머스 플랫폼 기업 쇼피파이와 제휴한다. 쇼피파이는 웹호스팅 제작 전문 기업으로 일반 판매자에 쇼핑몰 구축 솔루션 등을 제공하는데, 한국의 '카페 24'와 유사한 사업 모델이다. 이번 제휴는 쇼피파이 플랫폼 이용 중소기업 판매자가 월마트 온라인 유통 사업 플랫폼을 이용할 수 있도록 개방하는 것이다. 월마트는 올해 1,200개 판매자를 유치한다는 목표다. 이번 제휴는 코로나 19 대유행으로 미국에서 온라인 시장이 급성장하는 가운데 이뤄졌다. 월마트는 지난달 이커머스 매출이 74% 증가했다. 쇼피파이는 코로나19의 최대 수혜주 가운데 하나로 꼽힌다. 최근 쇼피파이의 미국 및 토론토 증권 거래소(TSX) 상장 주식은 올해 두 배 가까이 치솟았다. 지난 5월에는 캐나다에서 가장 가치 있는 캐나다 회사로 선정되기도 했다. 일부 자본 분석가들은 '월마트는 아마존·이베이에 이어 미국에서 3번째로 큰 시장으로 쇼피파이와 파트너십은 자연스러운 단계다'라고 말했다."

기사에서처럼 월마트는 미국 대형 마트 시장 점유율 1위(23%)로 27개국 1만1500개 점포가 있는 메가 오프라인 소매 판매 기업이다. 반면, 쇼피파이는 중소 상공인들에게 온라인 쇼핑몰을 열 수 있도록 도와주는 e-커머스 플랫폼을 제공하는데, 2004년 설립되어 기업이 개발자 없이도 쇼핑몰을 만들 수 있도록 해 주며 재고 관리, 결제, 물류 등 쇼핑몰 운영에 필요한 다양한 서비스를 제공한다. 서비스 가격은 월 29달러부터 시작하는 3단계 정액제로, 아마존 등과 달리 판매 수수료가 들지 않는 간편함 때문에 중소기업의 인기를 끌어 175개국에서 100만 개 업체 이상이 이용하고 있다. 그런데 서로 연관성이 없어 보이는 이 두 회사가 손을 잡은 것이다. 왜일까?

월마트는 본인들의 온라인 사이트에 쇼피파이의 판매자가 물건을 등록해 판매할 수 있도록 했는데, 가입비나 월 비용은 따로 없고 판매액에 따른 수수료만 내면 된다. 마켓 플레이스를 열어 아마존처럼 제3자가 판매를 하는 오픈 마켓 서비스를 한다는 것이다.

사실 월마트는 오프라인의 대형 소매를 대표하는 기업이고, 쇼피파이는 e-커머스 플랫폼 기업이라 서로 연관성이 없었는데, 월마트가 쇼피파이 판매자들에게 쇼피파이가 해 주는 서비스보다 더 뛰어난 서비스를 제공하겠다고 쇼피파이와 손을 잡은 것이다.

월마트가 쇼피파이 판매자들에게 제공하는 프로그램은 다음과 같다.

① 월마트 풀필먼트(Wallmart fulfillment)를 제공. 월마트가 2020년 2월 도입한 서비스인데 입고 → 보관 → 포장 → 출고 → 배송의 전 과정을 일괄 수행해 주며 배송 이후 교환과 반품도 월마트가 처리함.

② 무료 2일 배송이며 미국 전역이 대상, 기한을 넘겨 발생하는 비용 (쿠폰 지급, 반품 등)은 월마트가 책임짐.

③ 월마트 사이트에 배너, 카탈로그를 걸 수 있고 추가 비용 지불 시 검색 상단에도 가능함.

④ 온라인에서 잘 팔리는 제품은 오프라인 매장에서도 판매하게 함.

그렇다면 왜 월마트는 이런 서비스까지 해 주며 쇼피파이 판매자들이 월마트에서 판매하도록 하려는 것일까? 쇼피파이는 왜 자신이 구축해 준 쇼핑몰이 아니라 월마트 쇼핑몰에서 판매자들이 판매하도록 하려는 것일까? 이번 제휴를 분석한 이코노믹리뷰誌 2020년 6월 17일 자 기사를 보자. "월마트+쇼피파이, 시너지 효과 낼 수 있을까? 쇼피파이에게 이번 제휴는 쇼피파이 네트워크상에 있는 수백만 명의 판매자들이 월마트의 고객들에게 접근할 수 있는 기회를 제공하게 된다.

쇼피파이의 사티쉬 칸와르 제품 담당 부사장은 '전 세계에 월마트 같은 규모를 갖고 있는 회사는 거의 없다. 이번 제휴로 쇼피파이의 중소기업들은 월마트 웹사이트를 방문하는 매달 1억 2000만 명의 고객들과 연결할 수 있게 되었다.'고 말했다. 이번 월마트-쇼피파이의 제휴는 전자상거래 사업의 규모와 수익성을 확대하려는 월마트의 적극적인 시도다. 월마트는 2009년 8월부터 온라인 사업을 시작했지만 본래 오프라인 사업에 초점을 맞추고 있던 이 회사는 아마존의 급성장세를 일찍 간파하지 못했고 온라인 사업의 성장은 지지부진을 면치 못했다. 그러다 2014년에 더그 맥밀런이 CEO가 되면서 인식이 바뀌기 시작했다. 2016년 온라인 스타트업 제트닷컴(Jet.com)을 인수하고 제트닷컴의 설립자인 마크 로어를 미국 전자상거래 사업부 책임자로 임명하면서 속도를 내기 시작했다. 맥밀런 CEO는 코로나바이러스로 온라인 매출이 급등하기 이전에 한 콘퍼런스에서 '우리가 갖고 있는 도구와 서비스의 관점에서 볼 때, 아직까지 우리가 온라인 사업을 성장시키기 위해 우리가 해야 할 모든 것을 다했다고 생각하지 않는다.'라고 말했다. 클레멘츠 부사장은 월마트와 쇼피파이가 손을 잡기 위해 수년 동안 계속 협의해 왔지만 지난 6개월 동안 논의가 가속화되었다고 말했다. 최근 쇼피파이의 판매자 몇 곳을 대상으로 한 파일럿 테스트도 좋은 결과를 보였기 때문에 이번 제휴로 수천 개의 쇼피파이 판매자가 월마트 시장에 들어오면 두 회사 모두에게 시너지 효과가 일어날 것이라고 확신했다.”

월마트는 e-커머스에서 아마존에 한참 밀린다는 위기감이 큰데 이를 타개하기 위해서는 쇼핑몰의 제품 다양성이 필수적이라고 판단했다.

미국 e-커머스에서 아마존의 점유율은 38%, 2위인 월마트는 5%대에 머물러 있다. 1위와 2위 간의 격차가 너무 크다. 그래서 월마트는 아마존을 따라잡기 위해 가능성만 있다면 다양한 시도와 많은 투자를 하고 있는 것이다.

지난 5년간 월마트는 e-커머스에만 40억 달러 이상을 투자했다고 한다. 2016년 온라인 쇼핑몰 제트닷컴(Jet.com)을 33억 달러(4조)에 인수했고, 남성 맞춤 패션 보노보스 등 패션 스타트업들도 여럿 인수했다. 최근에는 '틱톡'의 인수에도 참여해서 틱톡 안에서 스트리밍 판매를 강화하고, Z세대 고객 데이터를 통해 새로운 상품을 개발해 고객층의 연령을 낮추려고 하고 있으며, 광고 수입으로 새로운 수익원을 창출하겠다는 전략이다.

하지만 월마트 쇼핑몰은 제품의 다양성이 부족한 것이 약점인데, 이것을 쇼피파이가 채워 주길 바라는 것이다. 쇼피파이는 현재 등록 판매자가 175개국 100만 명 이상에 달한다. 월마트는 바로 이들 판매자를 월마트 쇼핑몰 안으로 끌어들이는 것이 목표다.

그렇다면 쇼피파이는 왜 판매자들을 월마트로 보내는 것일까? 사티쉬 칸와르 제품 담당 부사장이 얘기한대로 쇼피파이를 이용하는 중·소상공인들에게 추가적인 혜택을 줄 수 있고, 이 결과 더 많은 판매자가 쇼피파이에 가입할 수 있기 때문이다. 월마트 사이트를 방문하는 사람은 매달 1.2억 명인데 쇼피파이 판매자들이 이들에게 접근할 기회가 주어지는 것이다.

월마트와 쇼피파이는 위험과 초기 비용 없이 각자의 장점을 공유해 상생의 가치를 끌어낼 수 있다고 본 것인데, 이렇듯 오프라인의 대표적 기업이라 할 월마트는 아마존으로 대표되는 e-커머스의 대세에 대적하기 위해 조금이라도 도움이 된다면 온라인 업체도 가리지 않고 손을 잡는 노력을 하고 있다.

2) 나이키의 고객 밀착 노력

전자제품의 경쟁사는 여행사라는 우스갯소리가 있다. 그 내용은 이렇다. 결혼을 하는 예비 신혼부부가 가장 신경을 많이 쓰고 공들이는 부분은 신혼여행이라고 한다. 결혼 예산이 한정되어 있기에 우선순위를 두고 비용예산을 짜는데 그중에 첫 번째 비용 항목이며 가장 아낌없이 쓰는 것이 신혼여행이다. 평생 한 번밖에 없는 여행이기에 아낌없이 쓴다. 그리고서 장만하는 것이 가구와 가전이다. 장롱도 사고 책상도 사고 기본적인 제품과 함께 가전제품을 준비한다. TV의 크기는 줄여 살지언정 신혼여행만큼은 좋은 곳으로 가려 하기 때문일 것이다. 재미있는 기사가 있는데 한국일보 2020년 12월 2일 자 기사 내용은 이렇다.

"1990년대 중반 매출이 급성장하던 세계 1위 스포츠용품 업체 나이키는 1998년부터 성장세가 꺾이기 시작했다. 아디다스 같은 경쟁사가 급성장한 것도, 나이키의 점유율이 떨어진 것도 아니었다. 분석 끝에 나이키는 전혀 다른 시장에 고객을 빼앗기고 있다는 결론에 이르렀다. 원흉은 사람들을 집안에서 게임에 빠지게 한 '닌텐도 열풍'이었다. 이후 나이키의 경쟁사는 계속 바뀐다. 닌텐도와의 경쟁을 위해 신발 밑창에 온라인 센서(감지기)를 달아 친구들과의 운동량 경쟁 심리를 자극하는 게임 요소를 접목했더니 얼마 안 가 애플이 등장했다. 애플이 아이폰으로 소프트웨어를 장악하자 나이키는 칼로리 소모량과 운동 거리 등을 측정해 건강을 관리해 주는 스마트 워치로 대응했다. 업종 내 시장 점유율보다 고객들의 시간을 얼마나 점유하는지가 경쟁 환경의 우위를 점한다는 분석이 나오고 있는 가운데, 지난 20여 년간 나이키가 확보하려 한 것은 스포츠용품 시장의 점유율이 아니라 소비자의 시간 점유율이다. 디지털 바람으로 업종 간 경계가 갈수록 희미해지면서 이에 나이키의 다음 경쟁자는 넷플릭스가 될 거라는 전망도 있다."

나이키는 소비자 경험을 높일 수 있는 직접 서비스D2C(Direct to Consumer)에 집중하기 위해 2019년 아마존에서의 판매를 중단했다. 최저가 판매와 이미테이션 제품에 대한 관리를 소홀히 하는 아마존으로 인해 브랜드 가치가 떨어질 위험이 있기 때문이었다.

나이키는 2017년부터 고객 지향 전략을 강화했는데 이를 위해 제품 라인업을 25% 줄이고 판매 소매점도 줄여 채널을 재정비했다. 전 세계 3만여 곳이었는데 특색 없는 매장은 빼고, 40여 개 채널 파트너에 집중하였다. 대신 나이키는 고객과 직접 관계를 맺는 D2C(Direct to Consumer)의 비중을 늘렸는데, 온라인 강화를 위해서 온라인 멤버십 '나이키 플러스' 제도를 운영했다. 이렇게 확보한 회원이 전 세계 1억 명이며 2023년까지 3억 명으로 늘린다는 계획이다.

자체 모바일 앱 'SNKRS'도 만들었다. 신제품 발매 시기, 판매 시점, 알림 서비스, 한정판 신청 대상자 추첨 서비스 등을 제공한다. 매니아들의 고객 경험과 이들에 대한 데이터를 얻고자 함이다. 오프라인 강화를 위해서는 '나이키 라이브'라는 매장을 열었다. 진열 상품의 전시 주기를 2주마다 의류의 15%, 신발의 25%로 바꾸었다. 고객이 온라인으로 주문하면 차를 몰고 매장에 내릴 필요도 없이 창문을 열어 제품을 받는다. 나이키는 이 매장을 '라이브 컨셉 스토어(Live Concept Store)'라 부르는데, 온라인 쇼핑과 오프라인 쇼핑이 결합된 새로운 스타일의 쇼핑이다.

2019년에는 고객 맞춤 서비스를 강화하기 위해 데이터 분석 전문 기업 셀렉트(Celelct)를 인수했다. 이런 노력으로 나이키의 D2C 매출은 2011년 13.8%(29억 달러)에서 2019년 31.6%(118억 달러)로 뛰었다. 2020년에는 D2C 비중이 40%를 돌파할 것으로 전망되는데, 직접 판매 비중이 늘면 수익성도 늘어날 것으로 보인다.

포브스紙 2019년 10월 15일 자 특집 기사를 보자.

"나이키는 자체 매장과 온라인 매출 비중을 현재 30%에서 50%로 올리는 것이 목표이다. 소비자와 원하는 제품을 신속하게 설계해 제공하면서 브랜드의 가치를 지켜나가겠다는 것이다. 데이터 분석을 통해 고객 행동을 수집하고 분석하는 것이 e-커머스의 가장 큰 이점이라는 것을 이해한 소매업체들이 그 능력을 오프라인 매장에 이식하고 있다."라고 분석하였다.

하지만 D2C 전략에도 단점은 있다. 직접 구매하는 소비자는 해당 브랜드의 충성 고객에 국한된 경향이 있어서 새로운 제품을 원하는 소비자가 해당 브랜드 매장만을 찾을 가능성은 작다는 것이다. D2C의 시대에도 새로움과 개성을 추구하는 소비자들에게 새로운 즐거움을 줘 이들의 이탈을 막아야 하는 숙제가 있다. 오프라인 매장은 그 나름의 장점이 있다. 소비자들이 직접 입어 보고 만져 보고 반품도 쉽다. 그리고 온라인에는 없는 매장 직원의 맞춤 대응이 있으며, 온라인보다 더 생생한 구매패턴 데이터를 수집할 수도 있다. 그런데 나이키는 한 가지 더 나아가 온라인에서 모은 데이터를 활용해 물건이 잘 팔릴 수밖에 없는 오프라인 매장을 만든 것이다.

이러한 나이키의 모습을 보고 포브스紙는 2018년 12월 1일 자 기사에서 이렇게 평가했다. "나이키 플러스 회원은 비회원보다 앱이나 홈페이지에서 머무는 시간이 3배 더 길다. 고객의 쇼핑 습관과 제품 선호도를 더 정확하고 풍부하게 분석할 수 있게 되었다."

잘 팔릴 상품으로만 진열하고 동시에 온라인 구매에서 얻을 수 없는 고객들의 디테일한 구매 행동 데이터를 수집해 다시 온라인에 활용하는 전략이다. 고객들은 온/오프라인을 구분하기보다는 일관된 경험을 제공하는 브랜드에 매력을 느끼고 있는 것이다. 오프라인 매장이 경쟁력을 가질 수 있는 이유이며, 또한 수많은 오프라인 매장이 무너질 수 있을 것 같은 이유이기도 하다.

3) 아마존이 두렵지 않은 인디고(Indigo)

온라인 시대에 10만 권의 장서를 갖출 만큼 거대한 공간이 필요한 오프라인 대형 서점의 개념이 진열이나 재고가 필요 없는 온라인 서점 아마존과의 경쟁을 지속하기에는 어려운 시대이다. 온라인 최대의 서점 아마존, 반면 오프라인 최대의 서점은 반스앤노블이다.

반스앤노블의 기업 가치가 2006년 20억 달러(약 2.4조 원)에서 2019년 4억 달러(4.7천 억)로 떨어졌으며, 매장도 2010년 720개에서 627개로 줄었다. 결국 2018년 10월에는 매각 계획을 공식적으로 발표했다. 아마존으로 인해 초토화가 된 서점은 반스앤노블 외에도 미국 2위였던 보더스(2011년 파산), 패밀리크리스천스토어(2017년 파산), 그 외 셀 수도 없는 많은 중소 서점 등이 도산하였다. 그런데 캐나다에 200여 개의 서점을 가진 인디고(Indigo)가 미국에 진출을 꾀하고 있어 특이하다. 2018년 뉴저지에 매장을 내더니 계속 오픈을 하고 있다.

매출을 보면 2011년 10.2억 달러, 2012년 9.3억 달러, 2014년 8.7억 달러, 2016년 9.9억 달러, 2018년 10.8억 달러로 2016년부터 크게 개선되었다. 인디고의 창업자이자 CEO인 헤더 라이즈만의 전략이 먹히고 있다는 분석이다. 그녀는 인디고를 '서점'이 아니라 '문화 백화점(Cultural Department Store)', 즉 책과 관련된 모든 것을 파는 서점으로 만들겠다는 전략이었다. 책과 함께 책과 관련된 제품을 5:5 비중으로 진열하였고, 각 공간별 컨셉에 맞게 책과 상품을 진열하였다. 일본의 츠타야 서점과도 어느 정도 비슷한 면이 있다.

예를 들면 여성만의 침실을 꾸미고 관련 물건들을 진열하거나 식탁과 함께 요리책 및 도자기 그릇, 접시 등 주방용품을 진열하기도 하였다. 지난 몇 년 동안 인디고는 비치 매트, 향초, 영감을 주는 벽화, 유리병, 크리스털 기둥, 도시락, 허브 재배용 키트, 구리 치즈 나이프 세트, 목 없는 샴페인 잔, 소형 쿠션, 스카프 등 수십 개의 다른 제품들을 개발했다. 판매 제품의 절반 이상은 상업성을 배제한 인디고에서 자체 제작한 제품들이라 한다.

통상의 서점에 비해 40% 수준만 장서를 진열하였고 나머지는 책과 관련한 다른 상품과 서비스를 경험하도록 하였다. 서적의 진열 수가 이렇게 적음에도 인디고 매출의 55%는 서적에서 나온다고 한다.

오프라인 서점 인디고(Indigo)

이코노믹리뷰誌 2019년 5월 2일 자 기사에서 인디고를 다루고 있다. 책 산업 분석을 전문으로 하는 코덱스 그룹(Codex Group) 피터 힐딕 스미스 대표의 멘트를 인용하면서 '크로스 머천다이징(Cross-Merchandising, 종류가 다른 것을 서로 섞어서 구색을 갖추는 것)은 일반적인 서점에서는 따라 하기 힘들다. 인디고는 책을 읽는다는 개념을 물리적으로 확장시킴으로써 책을 사는 경험을 중심으로 추가적인 분위기 만드는 법을 찾아냈다.'고 평가하였다.

인디고가 다른 대형 오프라인 서점들이 직면했던 어려움을 전혀 겪지 않았다는 뜻은 아니다. 최근의 실적 보고서인 2019년 회계 연도의 3분기에서 인디고는 7백만 캐나다 달러 이상의 매출 감소와 전년 대비 1,600만 캐나다 달러의 총수익 감소를 보였다. 물론 여기에는 캐나다 우편 파업, 최저 임금 인상, 매장 리뉴얼 비용 등 여러 원인이 포함되어 있다.

인디고가 캐나다에서 성공했다고 미국에서도 성공하며, 아마존과 대항에 번창할 것이라고 보증하지는 않는다. 하지만 책과 관련된 모든 경험을 공간에서 팔려 하고 그렇게 차별화하며 고객에게 다양한 경험을 전하려고 하여 성공하고 있다.

4) 가전 매장 퍼치(PIRCH)

미국의 가전 매장 퍼치(PIRCH)社는 매장 인테리어를 가정집같이 해놓고 팔아 잘 나가는 회사이다. 물론 가전만 파는 것은 아니다. 부엌, 목욕 및 집안의 관련 제품들도 판다. 모든 물건을 온라인으로 파는 시대에 오프라인으로만 가전을 팔아 잘 나가는 회사이다.

2009년 설립되어 미국에 10개 매장을 운영했다가 현재는 코로나로 인해 캘리포니아 지역 5개 매장만을 예약 운영하고 있으며 2016년 기준으로 매출은 3억 달러 수준이다. 2015년 포브스紙는 2015년 미국 100대 유망 기업 중 하나로 선정하였을 정도다. 매장 수 및 매출 규모는 작지만 대기업들 사이에서 잘 성장하고 있는 소매 기업이라는 평가를 받고 있다.

그 비결은 매장을 가정집처럼 꾸미고 거기서 다양한 체험을 할 수 있도록 함으로써 꾸며진 제품들을 판매하는 것이다. 즉, 제품을 체험한 뒤 구매하게 하는 것이다. 창업자인 Jeffery Sears와 James Stuart가 이사한 후 집에 놓을 제품을 사러 갔다가 실망한 경험을 바탕으로 창업한 회사이기에 매장을 진짜 집처럼 꾸며 체험할 수 있도록 만든 것이다. 덕분에 미국에서 몇 안 되는 근사한 소매점으로 성장할 수 있었다.

각 매장은 모델 하우스처럼 꾸며 실제 집에 있는 착각을 일으키게 한다. 커피도 내려 마실 수도 있고, 냉장고, 믹서, 세탁기 등 모든 걸 집처럼 꾸며 체험해 볼 수 있게 했다. 매장 직원은 진짜 살림살이를 하는 것처럼 피자도 굽고 오븐을 이용해 요리도 한다.

뉴욕타임즈가 퍼치 매장을 두고 2016년 5월 20일 자 기사에서 이렇게 평가를 했다. "피부를 매끄럽게 만드는 스파 욕조라는 말을 들었을 때 그저 광고 문구로 생각했지만, 실제 퍼치 뉴욕 매장에서 욕조 체험을 한 뒤 생각이 달라졌다. 실제로 피부가 부드러워진 것을 경험했고 집에 들여놓으면 좋겠다는 생각이 들었다. 퍼치의 제품 경험은 환상적이었다."라는 체험 고객의 인터뷰 기사를 실은 것이다.

주방 가전 코너에서는 셰프들이 요리 교실을 운영하면서 고객들이 직접 주방 가전이 어떻게 작동하는지 경험해 보게 하는 등 매장에 대한 신뢰를 높이고 있다. 소비자가 직접 만져 보고 작동해 본 제품은 아무래도 더 애착과 믿음을 느끼게 되고 그와 더불어 다른 제품의 크로스 셀링(연관 판매)도 이루어지는 경우가 많다. 고객들이 구입에 초점을 맞추기보다 즐거운 시간을 보내고 그 중 마음에 든 제품을 선택하게 하는 쇼핑 경험을 심어 주는 것이다. 스스로가 고객에게 체험 제공이 가능한 곳은 퍼치와 같이 할 것이고, 반면에 그렇게 할만한 여건이 안 되는 유통은 베스트바이와 같이 Shop in Shop으로 메이커의 힘을 빌려 만들 수도 있다. 다만, 그걸 생각하느냐 안 하느냐의 문제인데, 대다수의 유통은 본인이 고객에게 체험 제공을 할 수 있다고 생각하거나 하고 있다고 생각할 것이다. 실제 그런지 여부와는 관계없이.

5) 전자 기기 편집 매장 베타(b8ta)

소비자는 경험을 소비하고 싶어 하고, 오프라인(공간)은 온라인에선 제공할 수 없는 직접 경험을 소비자에게 제공할 수 있는 큰 장점이 있다.

그래서 공간을 '찍어 내듯이 똑같은 평범한 공간'이 아닌 '시간을 보내고 싶은 공간', '가치 있는 체험이나 경험을 할 수 있는 공간'으로 만들어야 소비자에게 선택받을 수 있을 것이다. b8ta는 미국식 발음으로 '베잇타'라고 부르는데 이것을 센스 있게 '베타'라고 기업명으로 만들었다. b8ta는 2015년부터 서비스를 시작한 소매 기업이다. 이 기업은 특별한 인테리어 없이 긴 탁자 위에 기기들이 몇 개씩 진열되어 있을 뿐이다.

이 회사 사장은 심지어 "우리 매장에서 구경하시고 구입은 아마존이나 베스트 바이에서 하세요."라고 권한다. 이 회사는 샌프란시스코, 팔로알토 등에 22개 매장이 있으며 베타 각 매장의 월평균 방문객이 2.5만 명에 달하기 때문에 이 매장은 물건이 팔려도 메이커들에게서 판매 수수료를 받지 않는다. 진열 공간을 만들고 다른 브랜드로부터 월 2,000달러(약 230만 원)의 입점 비용을 받아 제품을 진열시킴으로써 수익을 창출한다. 제품을 전시할 공간을 파는 것이다.

매장 안에 진열시킬 수 있는 제품은 100개가 넘지 않는데, 많은 브랜드가 서로 입점하려고 난리라고 한다. 그 이유는 b8ta가 고객 데이터를 입점 브랜드에게 제공하기 때문이다. 소비자들이 제품을 살펴보면서 제품 옆에 있는 태블릿을 사용하도록 한다. 또한 천장의 15~24대의 카메라가 고객들의 성별과 연령대, 어떤 제품을 사용하고 얼마나 오래 서 있었는지 등의 움직임을 통해 정보를 얻는다. 직원은 고객이 제품과 상호작용할 수 있도록 돕는다. 만약 고객이 제품을 구입하려고 하면 판매를 도와주며, 판매에 대한 수익은 수수료 없이 모두 입점한 브랜드에게 돌아간다.

즉, b8ta는 고객들이 제품이 전시된 공간에 얼마만큼 머물렀는지, 무엇을 찾아 봤는지, 어떤 기능을 가장 많이 사용하는지에 대한 데이터를 수집한다. 이 데이터들을 수집하고 분석하여 입점한 브랜드에 데이터를 제공하면, 브랜드들은 제품에 대한 기능이나 가격, 디자인을 수정하여 완성도를 높일 수 있다. 고객들이 제품을 경험하면서 동시에 제품의 베타테스터가 되는 것이다. 고객 입장에서는 타 온/오프라인에서 살 수 없는 혁신적인 신제품을 가장 먼저 만날 수 있다. 정식 출시가 2~3년이나 남은 신제품도 있다. 그래서 이곳 고객들 중에는 얼리 어답터들이 많다고 한다.

b8ta는 유통에 경험을 더했다. 매출 수수료 없이 고정 임대료만 받으며 제품을 홍보하고, 매출 및 고객의 상품평을 업체에 전달한다. 매장에 방문하는 고객의 '경험 정보'를 통해 새로운 아이디어를 창출한 것이다. '직접 경험'이라는 강력한 무기인 데이터를 가진 오프라인이 이를 이용한 다양한 가능성을 보여 주고 있다.

b8ta 매장

6) 체험 매장의 원조 격 '애플 스토어'

애플 스토어가 등장한 지 어언 20년이란 세월이 흘렀다. 2001년 오픈하였고 전 세계에서 평당 매출이 가장 높은 매장으로 알려져 있다. 체험 매장에서 애플 스토어를 빼면 앙꼬 없는 찐빵이라 할 것이다. 많은 사람들이 알고 있기에 최근 변화하는 모습을 소개하는 정도로 짚고 가고자 한다. 1990년대만 해도 애플 제품은 다른 PC와 마찬가지로 백화점, 베스트 바이 등 유통 매장에서 팔렸다. 당시 시장 점유율은 5% 남짓이었고 'Dell' 같은 브랜드에 밀려 구석에 진열되기 일쑤였으며, 판매 사원들은 판매 수당에만 관심이 있어 제품의 본질적인 가치와 성능을 소개하는데 인색했다. 월터 아이작슨이 쓴 『스티브 잡스』를 보면 당시 스티브 잡스는 비용을 들여서라도 직접 매장을 운영하기로 결심한다. 대부분의 PC 브랜드가 '어떻게 진열해서 더 많이 제품을 팔 수 있을까?'를 고민할 때 그는 '어떻게 하면 삶을 더 풍요롭고 풍성하게 하는 매장을 만들 수 있을까?'를 고민했다.

매출은 그 뒤에 따라오는 부수적인 것으로 보았다. 제품을 자유롭게 만져 보게 하였고, 인터넷도 연결하여 제품을 체험하고 경험하도록 하였다. 매장을 진열 공간이 아닌 경험의 공간으로 인식시킨 것이다. 아마도 그가 최초였다고 해도 과언이 아닐 정도로 당시에는 혁신적이었다. 또한 지니어스 바도 만들어 APPLE의 앞글자 5가지로 원칙을 만들어 운영토록 하였다. Approach(접근), Probe(탐색), Present(제시), Listen(경청), End(완료)였다.

2017년부터는 대대적인 변신을 시도하였다. 애플 스토어라는 이름 대신 '타운 스퀘어(Town Square)'라는 브랜드로 매장을 운영하겠다고 발표했는데 이는 마치 마을 광장처럼 사람들이 모여들 수 있는 공간으로 만들겠다는 것이었다. 실내에 커다란 나무를 심고 사람들이 모여 앉아 대화를 나눌 수 있게 하였고, 애플의 AI 스피커인 애플 홈팟을 이용해 거실과 회사 임원실을 꾸며 놓기도 하였다. 또한 교육 프로그램인 'Today at Apple'을 만들어 전문가들이 사진, 동영상, 음악, 코딩, 미술 등을 가르쳤다. 애플社는 "애플 스토어에는 지역 사회에 교육의 기회를 제공하고 영감을 불어 주고자 하는 열망이 있다. 이곳에서 고객들은 새로운 열정을 발견하고 자신의 기술을 한 차원 높을 수 있을 것이다."라고 강조한다.

스티브 잡스가 처음 구상한 대로 애플 스토어는 제품을 판매하는 곳이 아니라 경험하고 즐기고 배우러 오는 곳, 즉 삶을 풍요롭게 만드는 곳 말이다.

7) 도미노 피자

도미노 피자 하면 30분 배달 서비스와 푸드 테크(Food Tech)가 떠오른다. 아이들이 좋아해 가끔 주문해 먹는데 워낙 빠른 배송으로 정평이 나있어 피자헛이나 미스터 피자는 잘 안 시켜 먹게 된다. 주문도 무척 쉽다. 전화 주문도 되지만 온라인 주문이 무척이나 편하게 느껴지기에 나같은 사람도 쉽게 주문할 수 있다.

이런 도미노 피자가 처음부터 이런 경쟁력을 가진 기업은 아니었다. 2000년대 중반만 해도 그저 그런 맛의 피자로 인식되었을 뿐 아니라, 온라인 주문은 너무 복잡하고 시간도 많이 걸렸다. 도미노 피자는 맛있는 피자를 위해 조리법도 바꾸고 다양한 레시피를 개발하기 시작했다. 거기에 더해 피자 주문을 온라인으로 전환하기 시작했고, 목표도 '피자 파는 e-커머스 회사(e-commerce company that happens to sell pizza)'로 잡았다.

그 정도로 획기적인 주문 시스템을 만들었는데 그것이 고객의 취향과 주소, 결제 정보 등을 저장한 '도미노 애니웨어(Domino Anyware)'라는 플랫폼이다. 어떤 주문을 하든 5단계 과정 이내로 줄였고, 평소 먹던 대로 주문하려면 앱 열고 10초만 기다리면 자동 주문이 되고, 트위터/페이스북 메신저/마마존 에코 등 15개 서비스에서 이모티콘 터치나 음성으로 주문할 수 있게 하였다. 업계 최초의 음성인식 주문을 도입하였으며, 인공 수분 챗팅 플랫폼 '도미챗(Domichat)', 가상 현실(VR)을 통한 자신이 원하는 피자를 주문할 수 있는 DIY 시스템 '마이키친(My Kitchen)', 고객

에게 배달 과정과 시간을 알려 주는 'GPS 트래커' 등 IT 기반의 혁신적인
서비스를 선보였다.

덕분에 2018년 피자헛을 제치고 전 세계 매출 1위에 올랐으며, 현재
매출의 60% 이상이 매장이 아닌 디지털 채널에서 나오고 있다. 도미노
는 어떻게 하면 고객들이 가장 효율적인 방법으로 주문을 하고 피자를
배달받을 수 있을까? 라는 고객 경험의 개선에 최우선을 두고 기술과 솔
루션 개선을 해 왔기 때문인데, 최근에는 드론, 자율 주행, 로봇 배송 실
험에도 나섰다고 한다.

8) QR코드를 통해 오프라인이 뭉치다

사진을 공유하는 소셜미디어 핀터레스트(Pinterest)라는 기업이 있다.
사용자가 사고 싶은 것, 받고 싶은 것, 입고 싶은 것, 가고 싶은 곳 등을
올리면 사이트로 보여 준다. 다른 사람이 올린 사진을 찜(Pin)해 놓을 수
도 있다. Pinterest라는 이름도 pin+interest(취미, 흥미)에서 따온 말이고,
이미지나 동영상을 올리는 행위를 pin이라 한다. Pin이라는 말처럼 자신
의 작품보다 다른 곳에서 퍼 온 이미지 자료를 올리는 데 특화되어 있고,
주소 입력으로 올릴 시 출처가 함께 저장된다. 사진을 클릭하면 해당 원
본 자료가 있는 사이트로 넘어가게 된다.

그런데 오프라인 업체들이 이런 핀터레스트와 손을 잡았다. 바로 QR
코드 '핀 코드(Pin Code)'를 통해서 서비스를 한다. 미국의 최대 백화점 업
체인 노드스트롬이 2018년 2월부터 서비스를 시작하였다. 고객이 맘에
드는 제품을 사러 갔을 때 맘에 드는 제품이 없거나 재고가 없을 경우 핀

터레스트 앱을 켜고 서츠 판매대나 제품 가격표에 붙은 핀 코드를 촬영하면 노드스트롬이 운영하는 핀터레스트 보드로 연결돼 본인이 촬영한 제품과 유사한 스타일의 제품을 쭉 보여 준다.

마음에 들면 매장에서 사거나 핀터레스트 앱을 통해 온라인으로 구매할 수도 있다. 물건을 고르지 못한 고객에게 훌륭한 대안을 제시하는 것이다. 오프라인 매장 입장에서는 이런 협업이 큰 도움을 줄 수 있다. 매장에 진열되어 있지 않거나 재고가 없더라도 온라인에서 구매할 수 있어 매출로 이어지기 때문이다. 즉 쇼윈도의 영역을 오프라인 매장 안의 모바일 쇼핑몰이 되는 셈이다. 다수의 핀터레스트 사용자들은 최신 유행을 좇기 위해 서비스를 이용하는 것으로 알려져 있다. 즉 자신이 사고 싶은 제품이나 패션, 인테리어 등의 이미지들을 모으고, 그것이 쇼핑으로 직접 연결되는 경향이 다른 SNS에 비해 강하다.

따라서 미국 기업들은 핀터레스트를 주요한 SNS 마케팅 채널로 활용하고 있다. 이베이 등 다른 인터넷 업체들도 핀터레스트를 모방한 서비스들을 속속 내놓고 있는 실정이라고 한다. 또한 원하는 정보만 골라서 받아 볼 수 있는 큐레이션(Curation)의 특징으로, 이미지를 사용해 직관적으로 감성을 끌어들이는 동시에 이미지를 클릭할 경우 해당 사이트로 이동하면서 제품의 구매로 이어질 수 있어 기업의 새로운 유통 채널로 부각되고 있다.

음식이나 주방기구, 가구, 인테리어 사진 등에 연계된 핀 코드만 있으면 어디서든지 제품을 소개하고 구매할 수 있게 된다.

향후 핀터레스트는 인공 지능과 이미지를 결합해 이미지만으로 오프라인과 협업을 강화하려고 하고 있다. 오프라인 업체가 스스로 온라인화하기 어렵다면, 그에 경쟁력이 있는 온라인 업체와의 협업으로 매장을 무한대로 넓힐 수 있다.

9) IT로 무장하는 오프라인 마트

오프라인 매장이 IT(정보 기술)를 접목하며 변화하고 있다. 아마존이 아마존 고(Amazon Go)와 같이 디지털 기술을 바탕으로 오프라인 매장을 출점하면서부터이다. TTimes는 2018년 1월 22일 자 기사에서 무인 매장, 디지털 가격표, 로봇, 무인 배달 등을 통해 오프라인 매장의 변화하는 모습을 자세히 다루고 있다. 그만큼 아직까지는 오프라인의 매장이 큰 역할을 하고 있기 때문이다. 그러나 이대로면 온라인에 시장을 잠식당하는 건 시간문제일 뿐이다. 그래서 오프라인 매장들도 변하고 있는데 어떻게 변하고 있는지 살펴보자.

① 무인 매장

식료품점 '아마존 고(Amazon Go)'는 고객이 앱을 켜 입장하면 인공 지능과 IoT(사물 인터넷) 기술이 적용된 인식 센서 카메라가 고객 동선을 따라다니며 구매 목록을 확인한다. 계산은 앱에 미리 등록한 모바일 결제 수단으로 자동 결제된다. 고객은 아마존 고 앱을 켜고 매장을 방문한 뒤 원하는 물건을 집어 나오기만 하면 된다. 점원이 필요 없다.

중국의 알리바바도 2017년 항저우에 무인 마트 타오카페(Tao cafe)를 열었다. 고객은 쇼핑한 뒤 '결제 門(Payment door)'을 통과만 하면 된다. 기계가 알아서 상품을 스캔해 알리페이(알리바바 모바일 결제 플랫폼)로 자동 결제한다. 결제는 5초 정도 걸리며 그것으로 모든 것이 완료된다.

② 디지털 가격표

미국 슈퍼마켓 체인 크로거(Kroger)는 매장에 '크로거 엣지'라는 디지털 가격표 도입을 2017년부터 시작했다. 종이 가격표가 붙어 있던 자리에 4인치의 디스플레이를 설치해 1시간마다 새 가격이 표시되도록 했다. 신선식품과 즉석식품은 폐점 시간이 가까워지면 할인된 가격을 표시하며, 상품가격을 온라인과 실시간 연동해서 온/오프라인을 일물일가(一物一價)로 자동 변경한다. 디스플레이에는 가격 외에 영양 성분도 표시하며, 고객이 크로거의 앱에 자신의 알레르기 성분을 체크해 두면 식품 선반 앞을 지날 때 주의 알림을 받을 수도 있다.

③ 로봇이 매장 관리를 하다

월마트는 2017년부터 50개 점포에 진열 매대 관리 로봇을 도입하기 시작했다. 높이 61cm의 로봇들이 진열 매대 사이를 돌아다니면서 재고, 제품 배치 오류 등을 점검한다.

　로봇에 장착된 카메라가 진열 매대를 스캔하는데 재고가 부족하거나 잘못 놓인 상품을 찾으면 사진을 찍어 통보한다. 직원보다 3배 빠르게 진열 상태를 점검할 수 있다.

④ 장바구니 Zero

　알리바바는 2015년부터 베이징과 상하이에 신선식품 마트 허마셴성(盒馬鮮生)을 열었는데 이 매장에서 고객은 장바구니가 필요 없다. 앱으로 상품 QR코드를 스캔하면 알리페이로 자동 결제되고 직원들이 주문 접수 10분 안에 상품을 담아 집으로 배송해 준다.

　매장이 일종의 쇼룸(Showroom)이 되는 셈이다. 현재 이 해장의 단위면적 당 매출이 일반 마트의 3~5배에 달한다고 한다.

⑤ 드론과 자율 주행이 선보일 '미래의 배달 서비스'

　2013년부터 드론 개발을 시작한 아마존은 2017년 5일 미국 네바다주 라스베이거스에서 열린 '리마스(re:MARS)' 콘퍼런스에서 신형 배송 드론을 처음 선보이며 "수개월 안에 드론 배송에 나설 것."이라고 선포했다. 신형 아마존 프라임 에어 드론은 2.27kg 이하 물품을 30분 내로 최대 24km까지 비행해 배송할 수 있도록 제작됐다.

　2017년 드론과 무인 배송 로봇을 결합한 배송 서비스를 처음으로 시범 운영한 일본 대표 전자 상거래 기업 라쿠텐은 "소외 지역을 대상으로 드론 정기 배송 서비스를 곧 시작하겠다."라고 밝혔다. 2015년 드론 개발에 나선 중국 최대 리테일 기업 '징둥닷컴'도 2016년부터 중국의 농촌 지역에서 드론을 이용한 시범 비행을 시작했다.

드론 사용을 위한 승인 및 각종 규제가 있어 아직은 보편화 되어 있지 않지만, 접근하기 어려운 도서·산간 지역을 중심으로 드론 배송은 상용화될 것으로 보인다. 근거리 배송을 위한 자율 주행 로봇도 등장했다. 2018년 글로벌 물류 업체 페덱스는 자율 주행 로봇 '세임데이 봇 (SameDay Bot)'을 공개했는데, 카메라와 센서로 주변 사물을 인지해 피하며 달리는 로봇으로 최대 시속은 16㎞다. 이 로봇은 피자헛, 월마트 등과 협력해 근거리 위주의 배송을 도맡기로 했다.

한국의 이마트도 자율 주행 스타트업 토르 드라이브와 시범 운영 계약을 체결하고 시범 매장을 선정해 근거리 당일 배송 서비스를 제공할 계획이라고 밝힌 바 있다. 이같이 오프라인 매장은 가격 경쟁만으로는 온라인 매장의 쇼룸으로 전락할 수밖에 없음을 깨닫고 오프라인 유통 기업들이 자신만의 강점인 매장에서의 경험을 디지털화하는 방식으로 변화를 도모하고 있다.

03

e-커머스의
진화

1) 아마존의 변신

월마트의 신선식품 판매액은 2,700억 정도이나 아마존은 200억 달러 수준에 불과하다. 온라인 시장 점유율은 아마존이 38%, 월마트가 5%대에 불과한데도 말이다. 아마존은 최근 몇 년간 오프라인 매장을 확대해 왔는데 2020년 10월 현재 아마존 오프라인 매장 현황은 홀푸드 487개, 아마존 고 23개, 아마존 북스(Amazon Books) 18개, 아마존 4스타 30개, 아마존 프레쉬 2개 등 552개의 매장을 운영하고 있다.

아마존 프레쉬 우드랜드힐 매장

※ 조선비즈 2020년 8월 31일 자 기사 이미지 인용

특히 아마존 고는 무인 매장으로 무인점포를 운영하기 위한 기술인 '저스트 워크아웃(Just Walkout)'을 만들었는데, 이러한 운영 플랫폼도 New Biz 찬스로 활용하여 다른 유통업체에 라이선스를 판매하려고 한다. 아마존 고의 매장 운영프로세스는 이렇다. 고객이 입구에 설치된 기기에 신용카드를 인식한다(아마존 고는 앱을 태그하고 입장). 이후 천장에 설치된 카메라와 선반의 무게 센서가 고객의 상품을 자동으로 인식한다. 고객은 물품을 산 뒤 그냥 나가는데 이때 신용카드가 자동 결제된다. 영수증은 키오스크에 이메일을 입력하면 그리로 보내 쥰다. 즉, 무인 운영, 무인 결제 등의 기술을 소매 영업에 적용하겠다는 뜻으로 미국 편의점 체인인 CIBO 익스프레스를 운영하는 미국 OTG그룹이 도입을 발표했다.

아마존 고의 무인 매장 운영 방식에 대한 라이선스 판매는 앞으로 비대면 사회가 진행되면 될수록 우수한 수익 모델이 될 가능성이 높다. 그런데 아마존은 단순히 '저스트 워크아웃(Just Walkout)'을 판매하고자 하는 것은 아닌 것 같다. 아마존은 무인 매장에 들어온 고객이 언제, 어디서, 무엇을, 어떻게, 얼마나 샀는지 알 수 있는 데이터를 수집할 수 있다.

어느 선반에서 어떤 제품이 얼마나 팔렸는가를 알면 고객 동선 및 진열 연출의 최적화를 뽑아낼 수도 있게 된다. 어떤 고객이 얼마만큼의 소비를 하는지, 이러한 고객들의 데이터가 쌓이면 AI와 빅데이터를 이용해 어떠한 제품이 잘 팔리는지 계절 수요가 있는지, 상품의 트렌드가 어떻게 바뀌는지, 고객의 습관은 어떤지, 소비자의 소비 패턴은 어떠한 방향으로 흐르는지 등 방대한 데이터를 새로운 영업 방식에 접목할 수도 있다.

온라인의 최강인 아마존이 오프라인 고객의 쇼핑 습관에 대한 방대한 데이터를 모을 수 있다는 얘기다. 어디까지 수집되는지, 수집 영상은 얼마나 오래 저장하는지 등의 법적인 이슈는 차치하고서 말이다.

아무래도 단순히 무인 매장 운영 시스템을 팔려고 하는 것이 아니라 방대한 고객의 구매 데이터를 바탕으로 AI와 빅데이터 분석 경험을 소매점들에 돈을 받고 영업 컨설팅하려고 할 가능성도 있다. 게다가 아마존은 온라인의 패권을 이미 쥐고 있지 않은가? 오프라인에서 수집된 데이터를 온라인 쇼핑에도 활용할 것이 분명하다.

'저스트 워크아웃(Just Walkout)' 기술이 더욱 발전되면 아마존이 온라인과 함께 오프라인 소매 영업의 생태계까지 장악할 수도 있지 않을까? 이렇게 되면 온/오프라인의 소매 영업은 아마존의 생태계 아래서 보호를 받든가, 아니면 아마존과 맞서 싸우다 장렬히 도산하든가 하는 선택을 강요당하는 상황이 올 수도 있을지 모르겠다. 그래서 아마존의 온라인에서 오프라인으로의 진화가 두려운지도 모르겠다.

2) 차별화로 성공한 온라인 쇼핑몰 쇼피(Shopee)

700만 셀러, 1만 개 브랜드, 20조 매출, 앱 다운로드 2억 뷰를 기록하며 동남아의 알리바바, 아마존이라 불리는 쇼핑몰이 있다. 이 기업은 말레이시아, 필리핀, 인도네시아, 태국, 베트남, 대만 등 동남아 7개국에 진출해 있는데 동남아, 대만 쇼핑 앱 가운데 다운로드, 활성 사용자, 사용 시간 등 모두 1위이다. 이 기업은 바로 온라인 쇼핑몰의 신흥 강자 '쇼피(Shopee)'이다. 모기업은 2017년 나스닥에 상장한 싱가포르 기업 '씨리미티드(Sea Limited)'이다. 서비스 출시 4년 만에 동남아를 휩쓴 이 기업의 비결은 바로 후발자의 이익임을 강조한다. 후발자의 이익이란 선발자들이 하얀 눈밭에서 길을 내며 걸어갈 때 쇼피는 선발자들이 실수한 부분은 보완하고 강점은 흡수하며 때로는 우회하기도 하고 가로질러 뛰어가면서 실수를 줄일 수 있는 것을 말한다.

원래 동남아에도 소프트 뱅크가 투자한 '토코피디아(Tokopedia)'와 알리바바가 인수한 '라자다(Lazada)'라는 기업이 선두권에 있었다. 하지만 쇼피는 후발자이기 때문에 선발자들을 앞서기 위해 선발자들이 놓치고 있는 부분을 연구했는데, 동남아에서는 젊은이들이 PC보다는 스마트폰으로 모든 것을 해결하려 한다는 것을 알았다. 그래서 쇼피는 선발자들이 PC 기반 웹 서비스에 중점을 둘 때, 스마트 폰 기반의 앱으로 제품 검색, 주문, 결제, 배송 추적 등을 한 번에 할 수 있도록 만들었다. 판매자들도 제품 촬영, 판매 대금 입금, 물류 확인 등 모든 작업을 앱 안에서 할 수 있도록 한 것이다. 게다가 현지화 작업도 열심히 했다. 동남아시아는 종교(태국 불교, 인도네시아 이슬람, 필리핀 기독교), 화폐, 언어, 문화, 선호 브랜드 등이 모두 달랐다. 그 나라 젊은이들에게 맞게 사용자 경험(UX)과 사용자 인터페이스(UI)를 모두 현지화 하였고 물류와 결제 역시 현지 택배사와 은행을 이용하도록 했다. 쇼피는 선발 주자가 놓친 부분을 역으로 치고 들어가 그 나라에 맞춤 서비스를 제공하며, 동남아인들이 좋아하는 엔터테인먼트와 쇼핑을 결합하였다.

전 세계 넘버원 아마존이 버티고 있는 e-커머스에서 후발자인 쇼피는 동남아시아라는 지역 중심으로, 후발자임에도 불구하고 '후발자의 이익'을 잘 살려 본인이 잘할 수 있는 부분과 선발자들의 약점을 파고들며 차별화함으로써 교과서적인 성공신화를 쓰고 있다.

3) 아마존의 아픈 곳을 파고든 제트닷컴(Jet.com)

아마존의 유력한 경쟁자였으며 2014년에 설립되었고, 불과 그 2년 뒤인 2016년 8월에 월마트가 33억 달러에 인수한 온라인상의 코스트코라 불린 제트닷컴(Jet.com). 불과 2년 만에 이렇게 성장하고 팔릴 수 있었던 제트닷컴의 경쟁력은 아마존과 같은 빠른 배송이 아닌 가격 경쟁력에 있었다. 비용을 지불하고 아마존 프라임에 가입하면 당일~익일 배송 서비스를 받을 수 있지만, 제트닷컴은 배송 시간을 포기한 고객에게 가격적인 메리트를 부여했다. 게다가 많이 사면 더 싸게 판매하였다. 그것이 가능했던 이유는 도매상과 소비자를 직접 연결해서 많이 살수록 가격적인 메리트가 있도록 하였기 때문이다. 아마존과 같은 오픈 마켓은 소매판매업자들이 판매를 하기에 많이 산다고 해서 추가 할인을 해 주진 않는다.

고객이 아마존과 가격 차이를 느낄 수 있도록 주문창에 가격 비교가 되도록 하였다. 또한 기본 배송 기준일인 2일~5일에서 이틀을 포기하면 추가 할인을 해 준다. 반품 비용을 포기하면 여기에도 할인을 해 준다. 만약 배송과 반품 비용 둘 다를 포기하면 할인율은 더 높아진다. 구매하는 수량이 많아지면 할인 폭이 더욱 더 증가하는 구조다.

이게 다가 아니다. 스마트 장바구니 기능도 있다. 주문한 여러 개의 제품을 상품 차고지가 같거나 같은 도매상이 판매하는 제품 등으로 분류하여 고객이 알 수 있도록 했다. 그래서 주문하고 싶은 제품이 같은 차고지나 같은 도매상 제품들로 주문하여 묶을 수 있도록 해 배송비를 한 번만 내도록 도와주었다. 여기에 배송 시간 및 반품 비용 포기가 더해지면 계속 할인되는 구조인 것이다. 그러니 급하지 않은 고객은 같은 차고지나 같은 도매상에서 구매하도록 유도하며 배송 시간 및 반품 비용을 포기하고, 구매 수량이 많은 고객에게 혜택이 더 높아지도록 하여 불과 창업 1년 만에 10억 달러의 매출을 올리는 매직쇼를 선보였다.

아마존 독주에 대항마로 떠오른 것이 제트닷컴이었고, 이를 눈여겨본 월마트가 33억 달러에 인수하였다. 아마존의 강점에 대응해 그 반대급부인 고객 편의 및 비용 절감으로 자신만의 강점을 만들어 레드오션이 된 온라인쇼핑몰에 강자로 떠오른 것이다.

4) 온라인으로 옷을 맞추는 보노보스

보노보스는 2007년 설립된 미국 온라인 맞춤 남성복 서비스업체로서 고객이 신체 치수를 홈페이지에 입력하면 바지를 제작해 배송한다. 연 매출은 약 1억 달러였으며, 월마트에 인수되기 전에 1억2700억 달러를 투자받은 바 있다. e-커머스 시장에 막강한 아마존이 버티고 있는 이상 작은 e-커머스 기업이 살아남기란 쉽지가 않다. 아마존이란 워낙 강력하고 포악하며 성공할 것 같으면 입도선매로 매수해 버리는 기업이 있기 때문이다. 그래서 인상적인 e-커머스 기업이 오래 남아 있지 않은데 보노보스는 월마트에 3.1억 달러에 인수되어 e-커머스 기업으로는 드물게 성공했다고 볼 수 있다.

보노보스는 맞춤형 옷을 판매하는 회사인데 그걸 인터넷에서 한다. 이것이 가능하냐는 의문이 들 수 있는데, 이들은 처음부터 e-커머스가 아닌 온라인을 주요 유통 채널로 둔 독자적인 '보노보스'라는 브랜드를 만들어 온라인에서 본인 치수를 넣어 제품을 받을 수 있도록 한 것이다.

제품은 Great fit(딱 맞는 착용감), Better service(더 나은 서비스)를 모토로 해서 핏 좋은 바지 하나에만 집중했는데, 온/오프라인를 막론하고 기존 브랜드 어디에서도 입어 보지 못한 핏 좋은 카키색 '치노 팬츠(Chino Pants)'에 집중했다. 기성복 바지는 본인이 고르고 싶어도 입어 봐야 하고 개인의 신체 특성에 따라 많이 달라지기에 허리와 다리 폭 사이즈에 맞춰 하나는 포기해야 했는데, 보노보스가 맞춤형으로 나만의 바지를 만나게 함으로써 남성들의 반응을 이끌어 냈다. 바지로 시작해 정장, 수영복, 액세서리 등 남성 패션 브랜드로 확대하였다. 하지만 온라인으로 맞춤형 옷을 주문한다는 게 역시 한계가 있을 수밖에 없다.

직접 재 보지 않으면 어림짐작이라 고객에게 온전히 전달되기가 어렵기 때문인데, 그래서 보노보스는 2012년 '가이드샵'이라는 오프라인 매장을 냈다. 100% 사전 예약제로 운영되며 고객 한 명당 45분간 1:1 대응하여 맞춤형 진단을 해 주는 것이다. 하지만 매장에서 바로 구매할 수는 없고 온라인 스토어에서만 주문할 수 있다.

배송은 1~2일 정도 걸리며 배송비는 무료이다. 보노보스는 오프라인을 제품을 파는 곳이 아닌 경험하는, 체험하고 본인에게 맞춤형 옷을 상담받을 수 있는 장소로 바꾼 것이다. 눈으로 보고, 만져 보고, 측정하고, 핏을 살리는 등의 온라인에서 할 수 없는 경험을 오프라인으로 제공한 것이다. 아마존이 온라인에서 오프라인까지 장악하려는 의도라면 보노보스는 온라인을 강화하려고 오프라인을 만들었다. 온라인에서 하나에 집중해 브랜드를 정착시키고 오프라인 경험으로 브랜드를 완성시키면서, 온라인 기업에게도 오프라인은 점점 중요해 지고 있다.

온라인 의류 기업 보노보스

※ walmart.com에서 이미지 인용

5) 온라인 안경 판매 사이트 와비파커

패스트컴퍼니가 꼽은 '세계에서 가장 혁신적인 기업 1위'이자 안경업계 최초로 온라인 판매 방식을 도입해 가격을 5분의 1로 낮췄으며, 개도국에 안경 기부, 시력 검사 기술·판매 방법 등을 전수해 '비콥' 인증을 받은 회사 '와비 파커(Warby Parker)'가 있다. 창업 5년 만에 구글, 애플, 알리바바 등 정보 기술(IT)업체를 제치고 '세계에서 가장 혁신적인 기업 1위'로 꼽힌 회사다. 와비파커는 2010년 미국 펜셀베니아 대학 와튼스쿨 동기 네 명이 '미국 안경값이 비싸다'는 이유로 창업한 회사다.

공동 창업자 데이비드 길보아가 태국 여행 중 안경을 잃어버렸는데, 새로 안경을 사기 아까웠던 그가 한 학기 동안 안경 없이 지내다 문득 '안경값은 왜 비쌀까?'라는 의문을 품은 것이 창업 계기가 됐다고 한다. 당시 네 명의 친구들은 비싼 안경 값의 구조를 조사하기 시작했는데 이탈리아 '룩소티카(Luxottica)'社가 안경 시장을 지배하고 있었고, 제작부터 판매, 유통까지 도맡아 하다 보니 가격이 비싸고 소비자의 선택권이 없었던 것을 파악했다. 안경테가 굳이 비쌀 이유가 없다고 판단한 그들은 '공장에서 소비자에게 바로 전달되도록' 유통 구조를 바꾸면 저렴한 가격에 안경을 판매할 수 있을 것이라고 판단했다.

와비파커는 기존 오프라인 판매 방식을 '온라인'을 통한 판매로 시작했다. 디자인부터 제조, 판매까지 모든 과정을 단축시켰다. 가격은 '소비자가 얼마나 매력적으로 느낄지'를 기준으로 미국 안경 평균 가격의 5분의 1 수준인 95달러(약 11만 원)로 책정했다. 하지만 안경테를 착용해 보지도 않고 온라인으로 사는 소비자가 얼마나 될까? 이 문제를 해결하기 위해 와비파커는 홈페이지를 통해 마음에 드는 안경 5가지를 고르면 집으로 샘플을 배송하고, 고객은 5일 동안 안경을 착용해 본 뒤 가장 마음에 드는 안경을 선택해 시력 검사 결과와 눈 사이 거리 등을 홈페이지에 입력하면 2주 뒤 맞춤 제작된 안경을 받을 수 있도록 했다. 이 과정에서 드는 배송 비용은 와비파커가 부담한다.

2019년부터는 인공 지능(AI)과 증강 현실(AR)을 이용한 가상 피팅(Virtual fitting) 서비스도 도입했다. 휴대폰으로 얼굴을 보면서 안경을 가상으로 써 보고 맘에 들면 주문하는 방식이다. 고객들의 반응은 폭발적이었다. 브랜드 론칭 48시간 만에 2,000건의 주문이 들어왔고 창립 첫해에만 2만 개의 안경을 팔았다. 창립 3년 차에는 25만 개, 2015년에는 100만 개를 돌파하며 연간 1억 달러의 매출을 올렸다. 이렇게 온라인에서 크게 성공한 와비파커가 2013년 뉴욕을 시작으로 오프라인 매장을 열기 시작해 지금까지 미국 전역에 100여 개 매장을 운영하고 있다. 와비파커 안경점의 목표는 오프라인 매출이 아니라 온라인 매출을 늘리기 위해 오프라인 매장을 연 것이다. 온라인 구매를 보완하기 위해서다.

오프라인 안경점은 고객의 시력과 눈 사이 거리를 측정해 온라인으로 데이터를 저장하고 온라인 구매할 때 소비자가 알아서 측정해야 하는 번거로움을 해소하기 위해서일 뿐이다. 그래서 안경점을 방문한 소비자의 85% 이상이 홈페이지를 재방문해 구매를 한다. 물론 안경점에서 안경을 팔기도 하지만 직원들은 온라인 구매를 유도한다고 한다.

6) 온라인 브랜드만을 위한 팝업 스토어

리테일 공간은 최근 4차 산업혁명을 통한 디지털 기술의 발전, 온/오프라인 소매 유통의 경쟁 심화, 소비자의 소비 행태 변화 등으로 큰 변화를 맞고 있다. 브랜드 체험, 타깃 고객의 라이프스타일 집중, 옴니채널, 증강 현실(AR), 가상 현실(VR) 등의 키워드로 압축될 수 있다.

팝업 스토어(Pop up Store)는 짧게는 3일, 길게는 1년 정도 매장을 내며 특정 고객을 타깃으로 운영되는 매장이다. 요즘에는 온라인 브랜드들이 선보이는 팝업스토어가 인기다. 왜 온라인 브랜드들의 오프라인 팝업스토어가 어필이 되고 있을까? 온라인 브랜드는 성별, 연령별, 지역별로 어떤 제품을 좋아하는지에 대한 많은 데이터를 가지고 있는데 이를 활용하여 잘 팔릴 수 있는 시간과 장소, 품목을 선택할 수 있다.

오프라인에서 얻을 수 있는 고객 데이터는 온라인보다 더 직접적인데 제품을 만져 보고 입어 보고 경험해 본 소비자들의 반응을 확인할 수 있기 때문이다. 그래서 요즘은 제품을 출시하기 전에 고객들이 제품 테스트를 해 볼 수 있도록 한 뒤 온라인 판매를 진행하기도 한다. 온라인 업체들은 소비자를 직접 대면할 기회가 없기에 그런 부분에서 팝업 스토어가 이를 보완할 수 있다. 오프라인 팝업 스토어는 브랜드 가치에 맞게 기억에 남는 경험을 제공할 수 있기에 매장 안에서의 고객 행동을 보면서 상시 매장 크기가 어떠해야 하는지 확인할 수도 있는 것이다. 제품은 여성 옷부터 각종 생활용품, 심지어 펫 사료까지 제품도 다양하다.

한국의 소셜커머스 티몬이 생필품 쇼핑서비스 '슈퍼마트'의 최저가 상품들과 혜택을 소비자가 오프라인에서 직접 경험해 볼 수 있도록 수도권

5개 지역에서 이동형 팝업 스토어를 운영하기도 했다. 온라인 브랜드들이 팝업 스토어에 공을 들이는 이유는 결국, 온라인 데이터로 오프라인에서 집중적으로 돈을 벌 수 있고 매장의 고객 데이터를 얻어 온라인에서도 팔릴 제품을 만들며, 한순간 독특한 경험으로 폭발적인 인기를 형성할 수도 있기 때문일 것이다.

제10장

리테일,
누가 승리를 거머쥘 것인가?

리테일
마케팅이란?

　지난 100년간의 유통 변화보다 최근 10여 년간의 변화가 훨씬 크게 느껴진다. 온라인의 활성화는 오프라인을 주눅이 들게 하였음이 틀림없다. 하지만 오프라인만의 리테일(Retail) 요소는 온라인이 따라올 수 없는 강점이다. 리테일의 주요 요소라 하면 Hardware 부분과 Software 부분으로 나뉠 수 있겠다.

　Hardware 부분은 Visual Merchandising이라 할 수 있는 진열 수량 관리의 SKU(Stock Keeping Unit), 진열 Lay-Out, 설명 부착물인 POP(Printing-Out Paper), 매장 노출도의 In-Store Branding, 연출 형태인 Display Formats 등이 될 수 있으며, Software 부분은 Human-Factor로서 매장 직원의 제품 지식, 태도, 충성도, 고객 응대 수준이 될 것이다. 이러한 Hardware 부분과 Software 부분에 판매 촉진 Tool, 예를 들어 Promotion & 캠페인, 가격 정책 등이 가미되면 리테일 마케팅이 완성된다.

Hardware	Visual Merchandising (SKU,Lay-Out,POP,In-Store Branding,Display Formats 등)
Software	Human-Factor (제품지식,태도,충성도, 고객응대 등)

Sales Accelerator
(판매촉진 Tool)
Promotion & 캠페인,
가격정책 등

1) 매출을 일으키는 구성요소

삼성전자 리빙프라자의 초대 점장이었으며, 소매 영업의 달인이라는 평판을 얻었던 『그 매장은 어떻게 매출을 두 배로 올렸나』의 이춘재 저자는 매장의 매출이 일어나는 공식을 아래와 같이 잘 정의하고 설명하였다.

우리가 아는 바와 같이 '매출 = 구매고객 수 × 객단가'이다. 매출을 이해하는 수준에서는 적당한데 구매 고객이 많아지고 객단가가 높아지면 매출이 늘어난다는 것을 머리로 이해하는 데서 그칠 뿐, 구체적인 행동으로 이끌어 내기에는 역부족으로 무엇을 어떻게 하라는 내용이 없다. 구체적인 행동 지침 없이 그저 구매 고객 수를 늘리고 구매 금액을 높이라 해서는 현실감이 떨어진다. 그래서 그는 매출 공식을 경험을 바탕으로 새로이 해석해 보았다. "상권의 잠재 고객들이 우리의 매장을 알게 하고(인지율), 방문토록 하며(방문율), 제대로 된 상담을 해서(상담률), 구매에 이르게 하는 활동(판매 성공률)이 매출을 결정한다."는 것이다. 결국 구매 고객 수를 늘리는 핵심 요소는 인지율, 방문율, 상담률, 판매 성공률이고 이 핵심 지표들의 수준을 향상시키면 그것을 개선한 만큼 매출은

증가한다고 평가하였다.

$$매출 = 잠재 고객 수 \times 인지율 \times 방문율 \times 상담률 \times 판매 성공률 \times 객단가$$

즉, 판매 성공률을 10% 개선하면 매출은 10% 올라간다. 그런데 핵심 지표 간의 관계는 덧셈 관계가 아니라 곱셈의 관계이다 보니 어느 하나는 잘하고 다른 것을 소홀히 하면 그 효과가 상쇄된다.

매출 공식을 소비자 구매 행동에 대입해 보면 아래와 같은 그림으로 표시할 수 있다. 매장의 노출을 강화하여 인지율을 높이면 정보 탐색 단계에서 유리해지고, 방문율을 높이는 활동이 활발하면 매장의 선택 가능성이 올라간다. 그리고 상담률과 판매 성공률을 높이는 활동이 구매를 결정짓는 데 도움이 된다고 보았다.

소비자 구매 행동과 단계별 매출 관련 핵심 지표

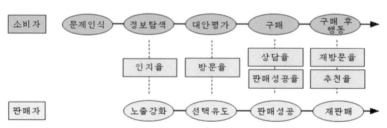

※ 이춘재, 『그 매장은 어떻게 매출을 두 배로 올렸나』에서 도표 인용

현실적으로 위의 지표 모두를 측정하기에는 쉽지 않다. 그렇기에 상담률, 판매 성공률처럼 매장에서 쉽게 개선할 수 있는 활동에 주목할 필요가 있다. 단순히 숫자 자체를 주목하기보다는 원리를 이해하고 구체

적인 방법을 찾아 꾸준히 지표를 개선해야 한다. 이 공식의 의미는 매출을 구성하는 핵심 지표들을 통해 매출의 원리를 이해하고, 그 핵심 지표를 개선함으로써 매출을 증대시킬 수 있다. 고객은 신규 고객과 기존 재구매 고객으로 나눌 수 있다. 업종마다 다르긴 하지만 영업을 잘하는 매장을 보면 신규 고객과 기존 고객의 비율이 3:7 또는 4:6 정도로 기존 고객 수가 많다고 한다. 기존 고객을 중요시해야 하는 이유다. 기존 고객의 행동 과정은 신규 고객과는 다르게 이해해야 한다. 이미 매장에서 상품 구매를 해 본 고객들은 신규 고객과는 다른 행동 과정을 거치기 때문이다. 소비자들은 매장에서 겪은 일을 기억 속에 보관하고 있다가 상품 구매 시 그 기억을 끄집어낸다. 좋은 기억이 강하면 그 기억을 끄집어낼 테지만, 나쁜 기억이 강하다면 다시는 찾지 않을 것이다. 이처럼 매장에 대한 기억의 좋고 나쁜 정도를 매장에 대한 만족도라 할 수 있는데 만족도가 높을수록 다시 매장을 찾을 확률이 높다. 구매하는 과정을 보면 고객의 기억 속에 담을 만한 수많은 순간들(MOT, Moment of Truth)이 존재하며, 이를 통해 고객들은 매장을 평가하게 되는데 이런 순간들이 쌓여 최종 구매 의사가 결정된다.

① 매장은 쉽게 찾을 수 있는가? 찾기 어려운가?

② 매장으로 오는 길은 편리한가? 복잡한가?

③ 주차하기 쉬운가 어려운가?

④ 매장에 들어갈 때 반갑게 맞아 주는가? 아니면 무시받는가?

⑤ 상품을 찾기가 쉬운가? 어려운가?

⑥ 원하는 상품이 충분히 진열되어 있는가?

⑦ 직원이 친절하게 상담해 주는가? 아니면 기계적으로 대하는가?

⑧ 직원은 나에게 제품을 설명할 충분한 지식이 있는가? 그렇지 않은가?

⑨ 제품을 직접 만져 보고, 체험해 보고, 물어보고 할 수 있는가?

⑩ 매장에서는 나에게 필요한 어드바이스나 컨설팅 제안 능력이 있는가?

⑪ 매장은 깔끔하게 진열 정돈되어 있는가? 아니면 지저분하고 어수선한가?

⑫ 상품은 바로 구매가 가능한가? 아니면 며칠을 기다려야 하는가?

⑬ 가격은 적당하다고 느꼈는가? 아니면 비싸다고 느꼈는가?

⑭ 배송은 빠른가? 느린가?

⑮ 상품 구입 시 혜택이 있는가? 없는가?

2) 매장의 자가 진단법

① 매출 점검 : 매출이 오르지 않을 때 점검해야 할 사항

부진원인	세부 원인	구체적 점검 항목	강화 활동 Point
객단가 낮음	(품목)판매 단가 낮음	매출 단위	- 상대 가격대, 세트 판매
		프리미엄 판매	- 판매 기술, 직원의 자세
	판매 수량이 적다	상품 MD	- 인기 상품, 관련 상품, 대체 상품
		진열	- 진열(세트, 중복), 진열 위치 - 상품 간 연관 진열
		POP, 쇼카드, 전단	- 제품 소구력, 임팩트, 레터링 - POP 수량
고객 수 적다	입지 조건이 나쁨	고개 흡입력	- 점포 신설 시 고려
		경쟁점 유무	
		고객 접근성	
		상권 규모	
	매장이 비효율적임	매장의 매력도	- 종업원의 용모/복장, 매장 청소 - 집기/비품 청결도
		상품 선택의 용이성	- 상품 구색, 진열 집기, 진열 방식 - 매장 쇼카드 - 상품 배치 및 정리 정돈 - 고객 구매 동선, 통로
		진열	- 진열의 변화 - 진열 수량, 풍부한 양감
		계산대	- 계산 오류, 실수 - 시스템 사용법 - 고객 대기 시간
		집객 기술	- 서비스 마인드 - 고객 문제 해결, 불만 저리 - 접객 태도, 상품 지식
		매장 분위기	- 배경 음악, 집기, 냄새, 냉난방, 조명, 바닥, 매장 입구, 매장 구조
	판촉 능력이 낮음	매장 홍보	- 지역 사회 참여 - 지역 적합성(상품, 가격) - 매장 이미지
		광고, 전단	- POP, 쇼카드 연구 - 전단 게재 상품 및 수량
	판매 가격이 높음	상품 가치 부여	- 경쟁점 연구 - 저가격 상품 운영
		이익 추구	- 비용 과다 - 노동 생산성 - 마진(영업 이익률)
		제품 매입 가격	- 매입 방법 - 매입량
	취급 상품이 부저절함	상품 보관	- 창고 등 보관 방법 - 상품 취급 방법
		발주	- 상품 지식 부족
		주력 상품, 미끼 상품	- 상품 배치 - 진열 수량 - 상품의 질 - 경쟁점 대비 가격대
		상품 품절	- 매입량 - 상품 관리 - 판매 데이터 분석
		상품 구색	- 상품의 신선도 - 취급 상품의 종류 - 가격대별 분류 - 소비자 성향

② 이익 점검 : 이익이 나지 않을 때 점검해야 할 사항

부진 원인	세부 원인	구체적 점검 항목	강화 활동 Point
회전율이 낮음	매출 규모 작음	매출 체크리스트	-
	경영 자본이 적음	설비 투자	- 판매 능력과 투자금 - 설비 투자
		재고	- 상품 관리 - 판매 예측 능력
		차입금	- 투자 계획의 적절성
		운영 자금	- 유동성
		재무 관리	- 자금 운영 계획서
영업 이익이 낮음	총이익이 낮음	상품 원가	- 매입 방법, 상품 관리
		이익 금액	- 미끼 상품 운영, 품목별 이익 - 고객의 가격 탄력성, BEP 매출, 판매 방식, 습관 - 목표 관리(매출, 이익)
		예상 이익	- 품목별 이익률/상품 로스(Loss)/ 이익 산출법
	비용이 큼	판매 관리비	- 배송/서비스, 광고, 선전 효과 - 판촉 효율성, 재고 처분
		매입 경비	- 재고비, 창고 운영비
		인건비	- 종업원 수(업무 합리성, 조직 체계성, 업무 표준화) - 급여 수준(능력과 급여, 수당, 배치) - 종업원의 도덕성(업무환경, 대우, 비전, 자질, 교육, 인사관리, 인간관계 등)
		기타 경비	- 원가 인식, 금리, 임차료, 직원 이직률
	생산성 낮음	노동 생산성	- 총이익 금액, 종업원 수
		인건비 1만 원당 생산성	- 임금 수준, 업무 배치의 적절성 - 적정 업무량
		임금 인상률	- 생산성 향상성 대비
		평당 판매 효율	- 자본 생산성(설비투자, 재고)
	용도 불분명 한 비용 과다	금전 관리	- 경비 예산 기획
		내부 감시 기능	- 현금 관리, 경리 지원 교육
		재고 조사 방법	- 검품 부정확, 부정
		상품 관리	- 상품 손실(Loss), 재고 평가 방법

③ 진열 점검 : 고객의 편리한 쇼핑을 위한 매장의 구성

부진 원인	구체적 점검 항목	강화 활동 Point
보기 쉬운 진열인가?	찾기 쉽게 상품 분류	- 상품군을 알기 쉽게 분류 - 분류 표시(코너명)를 붙인다
	찾기 쉬운 위치 선정	- 고객의 구매 습관에 맞는 위치 선정 - 관련 상품과의 연관 판매 고려 - 상품 특성에 맞는 위치 선정 - 계절상품, 신제품의 진열 위치
	보기 쉽게 유지	- 다른 상품의 차단, 고객 흐름 고려 - POP이 상품보다 돋보이면 안 됨 - 상품이 고객의 정면에 오도록 함
고르기 쉬운 진열인가?	색채/조명의 효과적 사용	- 상품의 색상과 색채 고려한 진열 - 상품에 맞는 조명 활용 - 매장은 밝게 - 스포트라이트 적절히 활용
	고르기 쉬운 진열	- 상품 코너 구분 - 상품 용도별 진열 - 상품 크기별 진열 - 가격표, 쇼카드에 가격 표시 - 고객에게 제안하는 진열/연출
	고객의 선택 구매 가능	- 고객 스스로 적합한 상품 선택이 가능 - 비교하기 쉬운 위치에 진열 - 진열 공백이 없도록 - 진열 공백 시 대체 상품 준비
집기 쉬운 진열인가?	오픈 진열	- 손으로 집기 쉽도록
	진열 위치	- 고객이 편안한 자세로 볼 수 있는 위치 - 손이 닿는 곳에 진열 - 큰 상품은 하단, 작은 상품은 상단에 - 가장 집기 쉬운 곳에 인기 상품을
	진열 방법	- 넘어지지 않도록 안정적인 진열 - 질서 정연한 가운데 약간의 파격 - 진열 면은 단정하게 - 상품에 맞는 진열 집기를 - 쇼카드 남용 방지
	가격표, POP의 부착	- 가격표, POP는 제자리를 지킨다
느낌이 좋은 진열인가?	청결한 진열	- 상품 보충은 선입 선출 - 먼지 제거 - 파손/오손 - 인접 상품끼리 주는 이미지
	즐거운 진열	- 상품의 특성에 맞는 연출 - 조명, 연출의 효과 - 계절감, 신선감을 부가하는 연출 - 진부한 느낌이 들지 않도록
풍부함이 느껴지는 진열인가?	진열 수량	- 표준 진열 양 준수 - 양감을 살린 진열
	상품의 종류	- 비교 구매가 가능한 상품의 종류 - 인지도가 높은 상품 구비 - 다양한 색상의 상품 구비 - 관련 상품을 충분히 구비 - 계절상품 구비
	임팩트 있는 연출	- 진열 보조 기구의 활용(거울 등) - 빈 공간 활용 - 상품의 모양을 감안한 활용 - 상품의 계절감, 신선감을 살리는 진열/연출
효율이 좋은 진열인가?	수익성을 고려한 진열	- 인기 상품의 진열 위치 - 관련 상품을 고려한 진열 - 이익, 회전율을 감안한 진열 양과 위치 - 고수익 상품의 진열 위치 - 수익성 고려한 진열 공간과 방향 곤도존, 엔드존에 고수익 상품을 진열 - 매장에서 가장 효율 높은 위치 활용
	손실(Loss) 방지 진열	- 분실이 쉬운 제품의 위치 선정(선반, 계산대) - 거울을 활용한 진열 - 풍부한 양감을 주며 진열 수량 줄이는 방법
	능률적인 진열 방법	- 표준 진열 수량, 최대~최소 수량 - 진열 보충 횟수 조절 - 업무 표준화로 진열 작업 시간대 규정

리테일의 6가지
핵심 체험 요소

2018년 5월 23일 자 포브스紙에 Greg Maloney라는 마켓터가 「리테일 체험 6가지 핵심요소」라는 글을 게재했다. 원제목은 「6 Dimensions of Experiential retail, And the 20 Retailers doing it best」인데 오프라인 매장에서 소비자/방문객/쇼퍼들에게 체험적인 만족도를 높여 주기 위한 의미 있는 성공비결을 제시하고 있어 요약과 설명을 첨언하여 소개한다.

1) 직관적이어야 한다(Intuitive)

브랜드가 여전히 고객에게 공감할 수 있는 가장 좋은 방법은 매장 내 경험을 이용하는 것이다. 그러기 위해서는 우선 밖에서 봤을 때 무엇을 하는 매장인지, 매장에 들어오면 어디에 무엇이 있는지 직관적으로 알아야 한다. 고객이 안내데스크를 찾아간다면 실패한 매장이나 다름없다.

2) 인간적 교감이 있어야 한다(Human element)

오프라인이 온라인과 다른 결정적 이유이다. 판매 사원의 역량(Sales Force)이 절대적으로 중요하다. 제품 지식이 풍부한 직원과 교류할 수 있다는 것은 고객에게 매우 중요한 요소이다. 고객은 매대에서 제품을 구매하지 않는다. 판매 사원으로부터 구매한다는 것을 잊어서는 안 된다.

3) 의미가 있어야 한다(Meaningful)

고객은 자신과 동등한 브랜드와 연결하려는 본질적인 욕구를 가지고 있다. 브랜드를 소유함으로써 브랜드를 통해 자신을 정의하려는 경향이 있다. 폴더폰을 가짐으로써 비싸지만 구매할 수 있는 구매력 상위층 또는 얼리 어답터이길 나타내고자 하며, 아이폰을 사면서는 감성적인 사람이길 정의한다. ZARA를 사면서 합리적인 구매자라고 자리매김하는 것과 같다.

4) 몰입할 수 있어야 한다(Immersive)

매장에 몰입할 수 있어야 한다. 고객은 독특하고 미적으로 즐겁고 매력적이며 시각적으로 자극적인 것을 원한다. 매장의 비쥬얼, 동선, 매장 구성, 연출 등을 통해 빠져들고 시간 가는 줄 몰라야 한다. 이는 단지 VMD(Visual Merchandising)만의 문제가 아니다.

5) 온라인과의 통합 플랫폼이 필요하다(Accessible)

　일반적으로 오프라인 소매는 소비자에게 모든 채널에서 통합되고 원활한 쇼핑 경험을 제공하는 데 부족하다. 소비자가 온라인에서 본 제품은 오프라인에서도 볼 수 있어야 하고 결제를 할 수 있도록 구현되어야 한다. 온라인 전략이 따로 있고 오프라인 전략이 따로 있는 것이 아니다. 옴니채널은 수년 동안 유행어였지만 온/오프라인을 제대로 통합 구현하지 못한 전략 부재가 문제이다.

6) 고객 맞춤형 제안이 되어야 한다(Personalized)

　고객은 본인에 맞는 맞춤형 제안을 받기 원한다. 본인이 특별한 대우를 받고 있다고 느끼고 싶어하는 것이다. 이는 고객에게 맞춤형 제안과 혜택이 있어야 한다는 뜻이다.

　이 부분도 온라인과 매우 차별화되는 포인트인데 이것 역시 판매 사원의 역할이 크다. 적극적이고 깊은 컨설팅, 어드바이스가 가능하기 때문이다.

리테일 체험 6가지 핵심요소

※ 2018년 5월 23일 자 포브스紙 기사 이미지 인용

근세 이후 지난 100여 년간의 오프라인 매장은 단지 경쟁 유통과의 싸움이었다. 하지만 지금은 오프라인 경쟁 유통 외에 치명적 비수를 꽂는 온라인과도 싸워 살아남아야 한다. 고객에게 어필될 수 있는 무언가를 만들어야 하고 찾아야 한다. 그것은 제품일 수 있고 매장 구성일 수 있고, 보이지 않는 고객 편익(Customer Welfare)일 수도 있다.

Greg Maloney가 얘기한 것처럼 리테일의 주요 요소에서 Hardware 부분과 Software 부분 모두 차별화를 가져가야 하고, 온라인과의 Access, Integration을 고민해야 하고, 고객에게 제품 지식을 전달하고 제안하고 Communication할 매장 직원을 더더욱 훈련시켜야 한다.

그것만이 리테일의 강점을 더욱 강하게 하며, 부족한 점을 보완하는 길일 것이다. 오프라인 매장의 갈 길이 멀지만 뿌옇게나마 안갯속에서 길이 보일 수 있다.

승리의 미소는
누구에게?

코로나 시대의 일상생활은 과거와 달리 현 일상생활이 계속될 것이고 앞으로도 이러한 모습이 Normal이 될 것이며, 코로나가 불러온 온라인의 파급력은 이전과는 사뭇 세상 다르게 바뀌고 있다.

그렇지 않아도 지난 20여 년간 e-커머스의 성장세는 괄목상대하였으며, 이로 인한 오프라인 매장은 그로기 상태에 몰렸다가 코로나가 카운터 펀치를 날렸다. 하지만 오프라인 매장도 나름의 변신을 시도해 좋은 성과를 보인 곳도 꽤 되었다. 오프라인 매장이 역으로 e-커머스를 통해 공격해 들어가기도 하고, 오프라인 매장의 장점과 자산을 이용해 고객들의 Pain Point를 해소해 주기도 하였다.

또한 온라인에서는 할 수 없는 오프라인 만의 장점인 고객 체험을 강화하고 IT로 무장하며, 고객에게 한발 다가서 공감대 형성을 위해 노력하여 성공하기도 하였다. 반면, e-커머스는 역성장하는 오프라인과 달리 매년 10% 이상의 성장을 하고 있어 그 여세가 파죽지세와 같다. e-커머스 자체도 계속 진화하여 온라인에서 얻은 고객 데이터를 바탕으로 오프라인을 공략해 들어가기 시작하였다.

e-커머스 기업들 간에도 반지의 제왕인 아마존에 맞서 살아남기 위해 차별화를 시도하고 있으며, 그렇지 못한 경우에는 흔적도 없이 온라인 계에서 사라지고 있다. 그렇다면 이 혼돈의 세상에 오프라인 매장은 과연 살아남을 수 있을 것인가? 온라인은 온/오프라인의 카오스 세계를 통일하여 패권을 쥘 것인가? 아니면 온라인은 편리성으로 일시적인 영토 확장은 하였으나 그 한계를 극복하지 못하고 오프라인의 역습에 점령한 영토를 다시 내어 줄 것인가? 앞으로의 온/오프라인의 변화 모습을 조심스럽게 예측해 보고자 한다.

1) 오프라인 기업의 온라인 융합은 정말 힘들다

앞에서 월마트의 온라인 기업 인수들의 인수 사례는 이미 언급했다. Jet.com을 2016년 3.3조에 인수했고 온라인 남성 맞춤복 회사인 보노보스를 2017년 3.1억에 인수했으며, 그 외 여성 의류 '모드클로드(ModCloth)'도 7,500만 달러에 인수하였다. 그런데 '모드클로드(ModCloth)'는 2019년 10월에 매입한 가격의 절반에 다시 매각했고, 보노보스는 매각하려다 여의치 않자 많은 직원을 해고하며 사업을 이어 가고 있다.

개인 맞춤형 온라인 쇼핑 서비스 '제트블랙(Jetblack)'을 2018년 출시했는데 결국 2020년 2월에 서비스를 종료하고 350명의 소속 직원을 대부분 해고했다. 월마트는 제트블랙 사업부를 독립시키고 투자자들을 유치할 계획이었으나, 결국 수익을 내지 못해 계획을 포기한 것이다. 월마트는 특히 제트닷컴을 인수 후 온라인의 DNA를 월마트에 이식하려고 부단히 애를 썼으나, 2019년 온라인 매출이 210억 달러 수준인데 반해 순손실이 10억 달러 이상의 손실을 기록하였다. 그나마 코로나 사태로 2020년에는 온라인 부분의 순손실을 줄일 수 있었고, 온라인 시장 점유율은 2016년 2.6%에서 2019년 5%대에 올라섰기에 면목 치레 정도 했다. 제트닷컴의 CEO였던 마크 로어가 월마트 온라인 CEO를 맡아 지금까지 진행해 왔다. 그는 자신의 회사(Diaper.com)를 아마존에 매각하고 2년 반 아마존에서 일했었는데, 이때 아마존을 자세히 연구하고 나와서 제트닷컴을 창업했고 회원제, 저마진 등 아마존의 전략을 도입하며 아마존의 Pain 포인트를 공략해 성공시켰던 인물이다. 근데 월마트의 결과가 그다지 신통치 않다.

2020년 일사분기에 월마트가 깜짝 놀랄 발표를 하는데 월마트가 인수해서 활용해 온 Jet.com을 더 이상 운영하지 않기로 하며 해당 부서 직원들을 월마트로 흡수하겠다고 발표한 것이다. 월스트리트 저널에서는 월마트 제트닷컴이 247달러를 팔 때마다 243달러를 손해 보고 있다고 소개하기도 했다. 도대체 3.3억 달러에 인수한 이 회사를 더 이상 지속시키지 않겠다니 그 이유는 무엇인지 살펴보자.

첫째로는 월마트 내에서 월마트닷컴과 제트닷컴으로 이원화해 운영해 오던 양 쇼핑몰의 고객이 겹치기 시작했다. 제트닷컴의 주 고객은 고소득 밀레니얼 세대였고, 월마트닷컴은 중하위 소득층이 많았는데 월마트닷컴이 고객 타깃층을 상향하면서 무료 배송, 픽업 할인 등 공격적 전략을 펼치다 보니 두 사이트의 차별점은 사라지고 내부 경쟁이 발생한 것이다.

둘째는 월마트가 약점을 강화하려고 보노보스나 모드클로드 등 D2C(Direct to Consumer) 패션 스타트업을 인수하였는데 기존 월마트는 패션이 아닌 생필품의 의류를 팔았었다. 즉 월마트의 약점을 커버하려고 인수하였으나, 월마트의 주력 소비층인 중하위 소득층은 옷을 패션이 아닌 생필품으로 인식해 보노보스에 관심이 그다지 없었다. 시너지를 내지 못한 것이다. 반면에 전 세계 판매 1위인 신선식품에 대해서는 당일 배송 서비스, 4,800개 매장에서의 픽업 서비스 등을 살리지 못하고 경쟁사에 비해 타이밍만 늦었다.

셋째는 월마트 온라인 CEO 마크 로어는 아마존의 강점인 물류 배송을 따라잡기 위해 시설 투자에 더 많은 신경을 썼다. 그런데 아마존은 e-커머스에 특화된 개별 포장을 위한 선별시설이었던 반면, 월마트는 오프라인 매장으로 박스 단위 입고가 이루어지는 물류 시스템이라 이를 바꾸려면 많은 비용이 들었고 아직은 오프라인 매장이 사업 중심이기에 잘 맞지도 않았다. 게다가 온라인 부문은 초기에는 돈을 벌어들이기보다는 계속 비용을 투입해야 하는 Biz 모델이다 보니 기존의 오프라인 부서에서는 돈은 자기들이 벌고 있는데 온라인은 계속 돈만 까먹고 투자만을 고집한다고 불만이 커지게 된 것이다.

넷째는 온/오프라인 연계한 옴니채널 전략도 잘 이루어지지 않은 것이다. 온라인의 강점을 오프라인에서 구현하려면 조직이 그렇게 구성되어야 하고, 조직간 서로 융합이 전제되어야 하는데 월마트는 실제론 그렇지 않았다. 오프라인 매장으로서는 기존의 고객 구매 형태에 최적화되어 있기에 갑자기 변화를 주면 바꾸기가 쉽지 않은 것이 문제였다.

예로 들면 고객이 온라인으로 주문 후 매장에서 픽업을 하도록 한 서비스는 겉으로는 온/오프라인의 장점을 살린 것 같지만, 매장에서는 고객의 주문을 확인하고 제품을 선별하고 포장하고 픽업할 수 있도록 주차장까지 운반하는 것은 매장 몫이었기에 매장에서의 불만이 많았다. 인력은 그대로인데 생각보다 매장의 일이 엄청 많아졌기 때문이다.

다섯째는 브랜드 인지도 문제도 있었다. 제트닷컴이 고객들로부터 좋은 반응을 얻긴 하였지만 브랜드 인지도에서 아마존에 많이 약했고, 창업주도 이를 알고 Jet Black을 위시한 고급형 할인 플랫폼으로 변신을 꾀하였으나 그마저도 브랜드의 혼란만 가져오고 폐지하게 되었다.

그러면 월마트의 제트닷컴의 인수 및 온라인 전략은 실패했다고 봐야 하는가 하면 꼭 그렇지는 않을 수 있다. 인수 4년 만인 2020년 월마트 전체 매출 중 온라인 비중이 기존 3%에서 15%를 넘어섰으며, 이는 인수 대금 33억 달러를 회수하고도 남았을 것이다. 또한 고객 베이스가 확실한 기업이어서 고객 데이터와 시스템, 노하우를 인수했기에 월마트가 필요로 하는 목표는 어느 정도 달성했다고 보인다.

아마존이 홀푸드와 아마존 고 등으로 무섭게 오프라인을 치고 들어오지만 월마트는 현재까지 오프라인의 최강자이며, 매장 수나 진출 국가에서 타의 추종을 불허하고 있고, 코로나 시대를 맞아 온라인 매출 성장률만 보면 아마존보다 더 빠르다. 2020년 말까지 美 1,600개 매장에서 온라인 주문, 매장 픽업 서비스를 완비한다고 하니 경쟁력은 좀 더 보완될 것이다. 향후 몇 년간은 월마트의 전체 매출이 아마존을 압도할 것은 분명하지만 아마존의 오프라인 공략 및 시장 점유율, 온라인 성장성은 타의 추종을 불허하기에 오프라인 대표 기업과 온라인 대표 기업 간 전투의 결과를 예단하기는 쉽지 않다. 제트닷컴 사례에서 보듯이 오프라인 유통 기업이 온라인을 융합하여 새로운 시너지를 낸다는 것이 얼마나 어려운지 월마트가 보여 주고 있다. 다만 오프라인도 이제 매를 많이 맞아 맷집이 세졌고, 경쟁사를 공략하는 방법을 터득하기 시작했기에 앉아서 당하지만은 않을 것임을 미루어 짐작할 수 있다.

2) 온라인의 제왕도 오프라인은 넘사벽이다

2020년 10월 기준 아마존의 오프라인 매장 현황은 홀푸드 487개, 아마존 고 23개, 아마존 북스 18개, 아마존 4스타 30개, 아마존 프레쉬 2개 등 552개의 매장이 있다. 오프라인 소매 유통만의 규모로 볼 때 이미 이 정도만으로도 대형 프랜차이즈 기업 수준이다. 그런데 e-커머스의 압도적 1위 기업 아마존이 오프라인 매장을 이렇게나 많이 운영한다는 것이 아이러니하다. 매출을 살펴보면 코로나가 극성을 부린 2020년 일사분기 매출이 38억 달러로 전년 동기비 -18% 역 성장했다.

코로나가 원인일 수 있으니 그 이전인 2019년 4분기 매출을 살펴보면, 43.6억 달러로 전년비 -1% 감소했는데, 아마존 전체로는 전년 동기비 21% 성장했음에도 불구하고 오프라인 매출은 역성장한 것이다. 오프라인 매출이 2018년 일사분기부터 계속 40억 달러 초반에 머물다가 2020년에는 분기매출이 결국 40억 달러 아래로 떨어진 것이다.

최근에 아마존 프레쉬라는 신선식품 슈퍼마켓을 2점 출점했는데, 한 점당 출점 비용이 100억 원이나 든다고 한다. 아마존의 브랜드 인지도 및 소비자의 관심도, 초기 출점 투자 비용을 감안했을 때 이 정도의 오프라인 매출 수준이라면 통상의 매장은 실패라 불러도 과언이 아니다. 온라인의 제왕 아마존도 오프라인 만큼은 넘사벽을 실감하고 있다.

하지만 아마존은 오프라인 출점을 멈출 생각이 없어 보인다. 왜 아마존은 이렇게도 오프라인 매장에 집착을 할까? 아마존이 이렇다 할 내용으로 공식 발표한 적은 없으나, 하기와 같이 그 속마음을 조금이나마 추정해 볼 수는 있다.

첫째는 지금까지 온라인에서 확보한 고객 데이터를 오프라인 매장에 맞춤 제공함으로써 새로운 비지니스 모델을 적용할 LAB으로 활용하는 것이다. 경쟁 온/오프라인 유통업체들의 제압 역할을 하는 유통으로서 실험실 역할을 하고 있다고 볼 수 있다.

둘째는 배송의 교두보 역할이다. Click & Collect로서 배송 비용을 Save하고 시간을 줄일 수 있다.

셋째는 오프라인 고객 데이터 확보이다. 매장에 들어서는 순간 고객 동선, 관심 물품, 결제 제품 등을 분석하며, 향후 매장 진열 및 고객 동선 예측 등 다양한 고객 경험 정보를 바탕으로 앞으로 어떻게 고객에게 적용할 것인지를 시뮬레이션해 볼 수 있다. 즉, 온라인에서 수집 불가능한 고객 경험 정보를 확보하는 것이다.

넷째는 기술의 쇼룸 역할이다. 매장에서는 AI 스피커 에코(알렉사 탑재)를 이용하고, 아마존 대쉬 카트를 활용하여 카트에 담기만 해도 제품 인식 및 고객이 원하는 제품 무게 등 다양한 고객의 소비 행동 패턴을 분석할 수 있다.

다섯째는 오프라인 자체를 성공시켜 무인 매장 기술을 발전시키는 것이다. 이를 통해 무인 매장의 운영 솔루션을 비즈니스화하려 한다.

여섯째는 신선식품 세계 판매 1위인 경쟁 유통 월마트에 대한 견제 및 성장시장 대응의 목적도 있을 것이다.

아마존은 오프라인 매장이 지금 당장은 매출이 늘지도 않고 비용만 까먹는 애물단지일지라도, 향후 일상을 지배하는 새로운 New Biz의 마중물 용도로 오프라인 매장을 활용하고 있다고 보인다. 하지만 오프라인 매장의 매출 성장 정체 및 고비용 출점 구조는 아마존에게 있어서도 결코 남의 일이 아닐 것이다. 기업은 매출을 늘려 성장해야 하고, 이익을 내야만 살아남을 수 있기 때문이다. 이는 아마존이라고 해서 예외일 수는 없다.

3) 코로나 이후는 언택트

코로나가 몰고 온 사태는 가히 1929년 세계 대공황을 연상시킬 정도다. 2020년 3월 중순 이후 미국에서만 2주 동안에 실업자가 1,000만 명넘게 발생했다. 코로나는 어디서 어떻게 감염될지 모른다는 불안감까지가세하면서 사람 간 접촉을 극도로 꺼리도록 만들었다. 면대면 기피는사실 코로나 사태 이전부터 어느 정도 있던 사회 현상인데 코로나를 통해 속도가 빨라졌다고 볼 수 있다. 재택·원격근무, 온라인 교육, 여가 문화에서의 면대면 회피 등의 변화가 급격히 일어나고 있다. 그로 인해 언택트 분야와 디지털 전환, 4차 산업혁명은 가속화되고 있으며 재택·원격근무, 온라인 교육 등 정보 인프라가 하나의 수단으로 등장하고 있다. 만

약 바이러스가 잡히고 경제 활동이 재개되면 우리는 일터로 아무 일 없던 것처럼 복귀할 수 있을까?

브리티시 칼럼비아와 취리히대 공동 연구(2018년)에 따르면 1970년, 1975년, 1982년의 경기 침체 시기에는 사라진 일자리가 2년 안에 회복되었다. 그런데 1991년, 2001년, 2009년 침체 때는 그렇지 않았다고 한다.

기업은 근로자의 코로나 감염을 막기 위해 2교대, 3교대, 재택근무 등을 도입하였고, 심한 경우에는 공장을 세웠다. 이는 제품 생산이 중단되어 공급망까지 일시적으로 무너지는 결과를 초래했다. 정부도 감염 우려로 모이고, 먹고, 마시고, 즐기는 모임을 강제적으로 제한하다 보니 소비가 확 줄어드는 결과를 가져왔다. 한마디로 생산과 소비 모두가 붕괴되는 전대미문의 시나리오가 작동하였으며, 사람과 사람이 접촉할 수 없게 된 상황이 모든 행동과 소비를 마비시켜 버렸다. 이번 코로나 사태로 기업들은 글로벌 공급망이 얼마나 리스크에 취약한지 알게 되었으며, 리스크 회피에 대한 욕구가 크게 작동하기 시작했다. 즉, 공급망 붕괴라는 위험으로 인해 자동화를 통한 안정적인 공급망 확보에 많은 관심을 갖게 된 것이다.

자동화 기술이 발전하면서 비용은 점점 낮아지고 있다.

현대자동차그룹도 얼마 전 견마 로봇과 춤추는 로봇으로 유명한 보스톤 다이나믹스를 약 1조 원에 매입하였다는 발표가 있었다. 현대차그룹이 국제로봇연맹(IFR)과 시장 조사 업체 등의 자료를 종합해 자체 추산한 세계 로봇산업의 시장 규모는 2017년 245억 달러에서 2020년 444억 달러, 2025년에는 1,772억 달러까지 증가할 것으로 전망하고 있다.

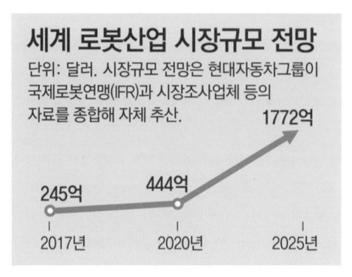

세계 로봇산업 시장규모 전망
단위: 달러. 시장규모 전망은 현대자동차그룹이
국제로봇연맹(IFR)과 시장조사업체 등의
자료를 종합해 자체 추산.

1772억

245억　　　444억

2017년　　　2020년　　　2025년

※ 동아일보 2020년 12월 14일 자 기사 인용

　산업용 로봇, 챗봇 등의 구매가 늘고 있으며 사용처는 병원, 창고, 콜센터, 배달 등 대면이 필요한 곳부터 우선적으로 투입되고 있고, 유통에서는 더욱 가속화될 것이라는 전망이다.

　이는 결국 무인화가 대세가 될 것이며, 자동화가 이루어져 일자리가 더욱 줄어들 것이다. 로봇이 창고의 필수 관리인 역할을 할 것이고 매장도 운영할 것이며, 자율 주행 배달도 하게 될 것이다. 이렇듯 소매 영업은 패러다임이 바뀔 것이며, 앞으로 주목받는 것은 무인점포, 로봇/드론 배달, 스마트 홈, 스마트 공장, 핀테크, 원격진료 등 언택트 기술이 대세가 될 것이다.

4) 전자 상거래의 신개념

① 광군제(쐉스이, 双十一)_온/오프라인 경계가 허물어지다

2020년 중국 최대 전자 상거래 기업인 알리바바(阿里巴巴)는 '두 배의 즐거움(双倍快乐)'이란 주제로 열린 쇼핑대축제 광군제(쐉스이, 双十一)를 2단계(11월 1~3일, 11월 11일)로 나눠 진행한 가운데 매출이 크게 성장했다. 조선일보 2020년 11월 11일 자 기사를 보자. "올해 광군제는 행사 시작 30분 만에 중국 최대 전자 상거래 업체 알리바바에서만 3723억 위안(약 62조 원)의 매출을 올리면서 지난해 기록을 갈아치웠다. 초당 구매 상품양도 58만 건을 넘어서면서 신기록을 세웠다. 2위 전자 상거래 업체인 징둥닷컴에서도 약 2000억 위안(약 34조 원)의 판매가 이뤄지면서 두 회사에서만 광군제 시작과 동시에 약 100조 원의 매출을 올렸다."고 전했다. 중국에서 11월 11일은 독신을 뜻하는 숫자 1이 네 번 겹쳐졌다고 해서 광군제로 불린다. 알리바바가 지난 2009년 '쇼핑으로 외로움을 달래야 한다.'며 할인 판매를 하기 시작한 것이 연례행사로 굳어졌다. 광군제 매출은 2009년 시작 이후 매년 30~40%씩 성장해 세계 최대 쇼핑 축제로 부상했다. 광군제라 불리는 쐉스이(11월 11일)는 중국 내 연중 최대 쇼핑축제로 중국판 블랙프라이데이다. 광군제는 소비자가 10월 21일 구매하고 싶은 상품의 보증금을 납부하고, 11월 1~3일간 잔여 금액을 지불 후 11월 11일 전에 원하는 제품을 받는 식이다.

올해도 광군제의 전자 상거래 업체 매출이 역시나 급증했다. 8억 명의 소비자가 2020년 티몰 광군제 쇼핑 데이에 참여했다. 이는 전년 대비 약 3억 명이 늘어난 수치다. 고객은 매장에서 물건을 확인하고 온라인으로 할인된 가격에 물건을 구매하기도 하고, 온라인에서 주문한 물건을 오프라인 매장에서 받기도 한다. 또는 스마트 거울 앞에서 고객이 맘에 드는 옷을 꺼내자 스크린에 본인이 입은 모습의 3D 가상 옷을 입은 모습이 나오고, 고객은 스마트폰 알리페이로 스크린 QR코드로 결제하면 며칠 뒤 집으로 배송되기도 한다. 많은 매장에서 3D AR(증강현실) 피팅 거울을 통해 가상으로 옷을 입어 보거나 액세서리를 착용해 볼 수 있었다. 오프라인 상점을 스마트 상점으로 바꾸었으며, 온/오프라인의 경계를 무너뜨리며 두 유통이 융합된 전시장이었다. 스마트 상점이 보여 주듯 온/오프라인의 소비 경계가 매우 빠르게 허물어지고 있다. 또한 타오바오 라이브 스트리밍 생방송을 통해 25만 개 이상의 브랜드와 500만 개 이상의 업체가 이번에 참가하기도 했다.

IoT, 인공 지능, AR, VR, 라이브 스트리밍 등의 기술을 활용해 오프라인을 체험형 공간으로 바꾸기도 하고, 때로는 오프라인을 아예 라이브 스트리밍 안으로 들고 들어왔으며 빅데이터를 활용해 고객의 소비 및 구매습관, 행태, 패턴 등을 파악하여 유통 손실이 최소화되도록 수요와 재고를 관리하고 있다. 또한 모바일 결제 데이터를 활용해 고객 관심사, 향후 소비 행태 등을 예측해 맞춤형으로 대응하는 서비스가 가능하게 되었다.

② 전통 오프라인이 IT로 무장한 룰루레몬(Lululemon)

요가복의 명품을 지향하는 룰루레몬이 2020년에 홈 트레이닝 회사인 '미러(Mirror)'를 5억 달러에 인수한다고 발표했다. 요가복 회사가 왜 집에서 운동시키는 회사를 인수한 것일까? 이유는 미러라는 회사가 뭘 하는 회사인지 알면 그 답이 보인다.

회사 이름처럼 강사가 거울에서 나와 운동하는 방법 등을 알려 주는데, 디지털 거울을 통해 강사와 나의 모습을 보면서 운동을 한다. 거울을 통해 보여 주는 다양한 운동 컨텐츠가 주력이다. 기기값이 1,495달러이며 월 컨텐츠 이용료 39달러를 내면 요가, 필라테스, 복싱, 발레 등의 강의를 실시간 또는 녹화 영상으로 보면서 할 수 있다. 미러 기기에 카메라와 마이크 기능이 있어서 헬스클럽에서처럼 1:1 강의 및 단체 수업 강의도 가능하다.

룰루레몬은 레깅스, 탱크탑, 요가 매트 등이 주력 제품이라 레깅스를 입고 미러를 보며 운동하거나 요가하는 고객을 확보할 수 있고, 미러는 룰루레몬의 요가 매트에 레깅스를 입은 강사가 나와 강의하는 모습을 보여 줌으로써 자연스레 제품 및 미러의 컨텐츠를 미러 기기에서 바로 구매토록 유도할 수 있다. 룰루레몬은 체험형 오프라인 매장을 운영하면서 요가 대회 등을 개최하는 등 오프라인에서도 많은 고객 데이터를 가지고 있으며, 미러는 고객의 운동 종목, 시간, 강도 등의 데이터를 확보하여 제품 개발에 반영할 수도 있다. 즉, 미러와 룰루레몬은 서로 신규 고객 가입, 고객 경험, 고객 데이터를 확보함으로써 시너지를 낼 수 있는 것이다.

조선Biz 2020년 7월 1일 자 「구독경제」 기사에서 룰루레몬을 소개한 바 있다. "별 쓸모없이 가격만 비싸 비싼 옷걸이라고 조롱받던 실내 자전거에 22인치 원격 피트니스 강습용 모니터를 달았더니 세계에서 260만 명 회원이 몰리며 조(兆) 단위 매출을 기록한 회사 펠로톤도 있다. 미러를 인수한 룰루레몬은 요가복, 트레이닝복 등을 판매하는 북미 유명 의류 브랜드인데 고급 소재를 사용한 고가(高價) 제품으로 요가복계 샤넬이란 별명이 붙었다. 이번 인수를 통해 의류 사업과 시너지를 꾀하면서 '구독경제'라는 탄탄한 미래 먹거리까지 확보했다는 평가를 받았다. 코로나로 직격탄을 맞은 피트니스 업계에서 최근 벌어진 변화들이다. 피트니스센터가 문을 여는 시간에 정해진 장소로 가야 했던 오프라인 피트니스 산업이 디지털과 접목하며 진화하고 있다. 수익 모델도 운동 기구와 운동복을 파는 일회성을 넘어 지속적인 수익을 창출하는 구독경제로 빠르게 넘어가고 있다. 구독경제는 일정 금액을 내고 정기적으로 제품이나 서비스를 받는 신개념 유통 서비스다."라며 자세히 분석한 바 있다.

룰루레몬社의 미러 기기

※ 조선Biz 2020년 7월 1일 자 기사 이미지 인용

룰루레몬의 매출은 2019년 3,979억 달러로 11년 만에 10배 이상 성장하였으며, 코로나 사태로 룰루레몬의 2020년 일사분기 오프라인 매출

은 49% 감소했으나 온라인 매출은 68%나 성장하였다. 룰루레몬이라는 전형적인 오프라인 회사가 온라인 원격 홈 트레이닝社 미러를 인수하여 온/오프라인에서 고객의 경험과 데이터를 확보·융합하는 Biz Model을 가져가는 것이다. 전통적인 오프라인 회사가 IT로 무장한 회사로 거듭난 사례라고 볼 수 있다.

③ 끊김 없는 서비스 허마셴성(盒馬鮮生)

중국 1위 전자 상거래 업체 알리바바가 운영하는 디지털 신선식품 전문 슈퍼마켓이다. 쉽게 접하기 어려운 해산물 신선식품을 도심에서 직접 보고 직접 주문하면 30분 이내에 배송해 주는 슈퍼마켓이다. 조선Biz 2019년 4월 18일 자 기사에서 기자가 직접 체험한 '허마셴성'의 끊김 없는 서비스에 대한 내용을 잠깐 살펴보자.

"지난 2015년 론칭했는데 고객이 스마트 폰으로 주문하면 직원들은 장바구니에 고객 주문 상품을 담고 이를 컨베이어 벨트에 올려보낸다. 살아 있는 새우, 생선, 랍스터 등이 담긴 장바구니는 레일을 따라 배송 공간으로 이동하며, 장바구니를 받아 든 허마셴성 라이더들은 오토바이를 타고 배송하는데 매장 인근 3km에 위치한 고객은 30분 만에 주문 상품을 받아 볼 수 있다. 이곳에선 알리바바의 모바일 결제 시스템인 즈푸바오(支付寶)로만 결제할 수 있다. 중국인 상당수가 스마트폰에 알리페이를 깔고 있기 때문에 현금·카드 결제가 안 되도 큰 어려움을 못 느낀다. 허마셴성은 알리바바가 신유통 1호 매장으로 내세운 신선식품 슈퍼마켓이다. 알리바바의 유통 IT 기술의 '테스트 베드'로도 활용된다. 최근 대대적으로 매장 확충에 나서 지난해만 베이징에 30곳을 추가로 열었다."는 기자의 현장 체험 기사를 내보냈다.

2018년 4월부터는 상하이와 베이징 소재의 25개 매장에서 24시간 배달 서비스도 시작했는데, 오프라인 매장 영업 종료 시각인 밤 10시에서 익일 오전 7시 사이에도 앱으로 주문하고 소액의 야간 배송료를 내면 30분 내로 주문한 제품을 받을 수 있다. 알리바바에 따르면, 8천만 명이 넘는 고객이 자정에서 4시 사이에 알리바바 티몰 혹은 타오바오를 방문한다고 한다. 이러한 24시간 주문 배송으로 인해 쇼핑의 공간과 시간적 제약이 사라지고 있으며, 지속해서 소비자의 니즈를 파악하고 새로운 소비 패턴 및 구매 경험을 파악하고 있다.

허마셴성 매장 이미지

※ 조선일보 2019년 4월 18일 자 기사 이미지 인용

편리함 때문에 허마셴성에서 30분 안에 물건을 배달받을 수 있는 집에

는 '허취팡(盒區房·허마센성 주변 부동산)'이라는 신조어까지 생겨났다. 허취팡은 주변보다 집값이 더 비싸다고 한다.

허마센성이 유통을 혁신하고 온·오프라인을 통합한 쇼핑 경험을 제시할 수 있는 근간에는 뛰어난 기술력이 자리한다. 허마센성 본사 인력 중 개발 부문 인력 비중이 1/3에 육박한다. 일찍이 알리바바의 투자를 통해 성장한 허마센성은 알리바바의 IT자원을 활용하여 초기부터 공급망, 물류, 상품, 회원시스템 등 모든 영역을 디지털화할 수 있었다.

QR코드 스캔을 통한 제품 상세 정보 제공, 모바일 주문을 처리하기 위해 컨베이어 벨트를 타고 이동되는 장바구니들, 가격 변동을 반영하는 전자 가격표, 안면 인식 결제를 지원하는 셀프 구매 구역 등 매장에서 자연스럽게 IT기술이 결합된 쇼핑을 구현하였다. 모든 제품은 전 채널 상에서 제품 가격 및 재고 정보가 동기화된다. 고객은 오프라인 매장과 모바일 앱을 통해 동일한 가격으로 제품을 구매할 수 있으며, 결제는 모바일 앱과 연동된 알리페이로 진행되어 고객의 구매 패턴 데이터를 수집하고 분석한다. 수집 분석된 데이터는 유통 체인 시스템 효율화에 적극 반영되고 향후 맞춤형 고객 서비스로 제공된다. 허마센성은 빅데이터, 인공 지능, 자동화 등의 기술을 적극 활용하며, 전 유통 과정을 프로세스화, 데이터화, 표준화하고 이를 통해 손실을 최소화하며, 동시에 이익을 극대화하는 전략을 취하고 있다. 데이터와 인공 지능 알고리즘을 바탕으로 허마센성은 앱 메인 화면에 소비자의 구매 패턴과 매장 재고를 감안하여 추천 제품을 배열해 제공한다. 이는 매장의 제품 회전율을 최대화하고, 재고 손실을 줄이는 데에 도움이 된다.

스타트업을 위한 플레텀紙 2018년 10월 25일 자 기사에는 로봇 테마

레스토랑에 대한 분석기사도 있다. 그 내용을 잠깐 보자.

"2018년 2월 오픈한 허마셴성 상하이 난샹(南翔)점에서는 처음으로 로봇 테마 레스토랑 운영을 시작했다. 이곳의 특징은 허마 앱, QR코드, 키오스크 그리고 로봇을 기반으로 대기, 주문부터 결제, 조리, 서빙까지 전 과정이 자동화되어 있다."고 전하고 있다. 즉 재료의 준비, 조리, 운반 과정이 매 순간 기록되고 추적되어 고객에게 제공되고 동시에 주방의 효율적운영에도 이용되고 있는 것이다.

허마셴성의 서비스는 최근엔 더 많은 소비자의 니즈를 받아들이기 위해 신선식품 이외의 카테고리 확장도 빠르다. SOS 카테고리를 오픈하여 배터리, 케이블, 전구, 밴드 등 실생활에서 급하게 필요한 제품을 18분 이내로 배송해 준다. 빠른 배송의 필요성을 신선식품에서 생활의 불편함을 해소하는 생필품까지 그 범위를 확장시키고 있다.

알리바바는 온라인과 오프라인, 마켓 플레이스, 물류, 결제, 클라우드가 끊김 없이 연결돼 있고 이런 경험을 소비자에게 전달하는 것을 목표로 한다. 전문가들은 허마셴성이 온라인과 오프라인의 장점을 십분 활용한 것이 성장의 원인으로 작용했다고 보고 있다.

④ 무인 결제 매장

최근 무인 편의점은 인공 지능과 인터넷 혁신을 통한 비용 절감을 목표로 새롭게 떠오르고 있다. 무인 편의점은 장소, 규모의 제약 없이 어디든 설치가 가능하도록 설계된 무인 편의점들은 자판기보다 더 정교하고 다양한 제품을 판매한다. 인공 지능, 빅데이터, 클라우드, 카메라 센서, 생체 인식 등 다양한 첨단 기술을 접목시켜 사람 대신 시스템으로 운영

효율화를 일궈 내 매장 유지 원가를 낮추고 고객 편의성을 더하고 있다. 상하이 등에서 무인 편의점을 운영하는 빙고 박스(Bingo Box, 缤果盒子)는 이동 가능한 컨테이너 건축물 구조로 24시간 무인으로 운영되고 있다. QR코드 스캔을 통해 출입문을 해제해 입장하고, 계산은 RFID(Radio Frequency Identification) 리더기에 직접 인식시킨 후 모바일로 결제한다. 물건을 결제하면 출구가 해제돼 나갈 수 있고, 구매하지 않을 경우에는 퇴장용 QR 코드를 스캔하면 된다.

F5미래상점(F5未来商店) 역시 24시간 운영되는 무인 편의점으로, F5 미래상점의 특징은 조리, 음료 제조, 물건 선택, 재고 정리, 청소 등이 모두 로봇을 통해 자동화돼 있다.

무인 편의점 입장 및 결제 방식도 점점 진화하고 있는데, 테이크 고 (Take Go)는 QR코드가 아닌 손바닥 인식을 통해, 알리바바의 타오 카페 (Tao Cafe)는 얼굴 인식을 거쳐 스토어에 입장하고 머신 비전, 생체 인식, 딥 러닝 기술 등을 통해 기계가 고객의 움직임을 인식한 후 고객이 스토어를 나가면 자동 결제된다.

중국의 유통 회사 쑤닝이 2017년 8월 28일 'BIU' 무인 매장을 오픈했다. 지금까지 등장한 무인 매장 대부분이 식료품이나 패스트 상품 등을 파는 '편의점 수준'이었던 것에 반해 쑤닝의 무인 매장은 스포츠용품 매장에 가깝다. 중국의 스포츠용품 시장 성장 속도와 관련이 크다고 할 수 있다. BIU는 안면 인식을 통해 출입자를 인식하며, 게이트 양쪽에 설치된 센서를 통해 상품이 결제된다. 또한 매장 내 스크린을 통해 수비자의 구매 기록을 분석해 상품을 추천하기도 한다.

한국에서는 이마트 편의점인 '이마트24'가 2019년 9월 김포 장기동에 완전 무인 매장을 설치했다. GS25와 세븐일레븐도 무인 편의점을 설치하였으나, 완전 무인 매장이라기보다는 야간에만 무인으로 운영하는 하리브리드 형태이다. '이마트24'는 미래형 편의점 '셀프매장 2.0'이다. 신세계I&C에서 기술을 개발했는데 계산대, 앱, 결제가 없어 아마존 고(Amazon Go)보다 더 진화하였다고 평가받는다. 별도 앱을 다운로드받을 필요 없이 키오스크에서 휴대폰 번호를 통해 본인 인증 절차를 거쳐 부여되는 QR코드만으로 매장을 이용할 수 있으며, 신용카드 사용만 가능한 아마존 고와 달리 체크카드도 사용할 수 있다. 현재 전 세계 기업은 무인 결제 매장을 통해 온라인과 오프라인의 경계를 허무는 다양한 시도가 진행 중이다.

⑤ 메타버스(Metaverse)

메타버스(Metaverse)는 가상, 추상을 의미하는 '메타(meta)'와 현실 세계를 의미하는 '유니버스(universe)'의 합성어로 3차원 가상 세계를 의미한다. 메타버스에는 가상 세계 이용자가 만들어 내는 사용자 생성 컨텐츠(User Generated Content)가 상품으로서 가상 통화를 매개로 유통되는 특징이 있다.

머니투데이에 따르면, 가상 세계인 '메타버스 월드'에서 집을 구성해 주는 디지털 건축가라는 직업도 등장하였고, 엔터테인먼트사는 메타버스 내에서 공연과 홍보를 진행하여 돈을 벌고 있고, 자동차사와 같은 제조사는 메타버스에서 마케팅 및 안전 실험, 홍보를 하며, 유통사는 메타버스를 통해서 옷이나 구두 등의 재화 판매를 홈쇼핑처럼 이용하고 있다. 인터넷이 등장했을 때 구글이나 네이버 등이 등장했던 것처럼 많은 기업들에게 큰 기회를 줄 것이며, 미래 경제 활동의 핵심이며 앞으로의 관련한 기술 시장 규모는 2025년에는 530조 원 수준으로 증가할 것으로 예측되고 있다.

왜 이 메타버스가 앞으로의 핵심일까? 그것은 10대 젊은 층이 적극적으로 사용하고 있기 때문이다. 대표적인 메타버스 가상 세계로는 로블록스(Roblox)가 있는데, 미국의 게임 플랫폼으로 이용자들이 레고처럼 생긴 아바타가 되어 가상 세계에서 즐기는 게임이다. 코로나 사태로 인해 등교를 못 하게 된 미국 초등학생들이 다른 아이들과 소통할 수 있는 창구로 사용되면서 크게 인기를 얻었다. 미국 16세 미만 청소년의 55%가 가입했고, 하루 평균 접속자가 4천만 명에 이를 정도로 10대들 사이에서 인기가 대단하다. 한국 네이버의 증강 현실(AR) 기반의 3D 아바타 앱인 '제페토'를 보면 10대가 80%에 달하며, 기타 연령층이 20% 수준이다. 10대들이 유튜브보다 더 많은 시간을 메타버스에서 보내고 있다고 한다. 젊은 층이 익숙하게 써 나가는 세상이기에 앞으로의 삶도 그렇게 바뀔 것으로 보는 시각이 많다.

이러한 메타버스는 우리 삶에서 매우 익숙해 있는 4가지 유형들로 되어 있다. 첫째는 증강 현실인데 포켓몬 잡으러 GPS와 연계해서 다녔던 포켓몬고가 있고, 두번째는 라이프로깅으로 개인이 생활하면서 보고, 듣고, 느끼는 모든 정보를 자동으로 기록하고 정보를 제공하며 공유하는 것을 말하는데 대표적인 것이 트위터, 애플/삼성워치 등이 해당한다. 세번째는 거울 세계라 불리는 구글어스, 에이비엔비 등이 있고, 네 번째는 가상 세계로 지금 우리 젊은 층에게 가장 익숙한 로블록스, 제페토 처럼 아바타로 자신의 자아를 투영하는 것을 말한다. 앞에서도 언급했듯이 메타버스의 시작은 게임이었으나 최근에는 비게임 산업에서 SNS 성격을 띤 서비스가 두각을 나타내고 있고, 증강&가상 기술로 리얼리티를 높이고 있다.

『메타버스』라는 책을 쓴 김상균 교수는 강남역에 치킨집을 차릴 것이 아니라 메타버스에서 치킨집을 차리라고 말할 정도이다.

과거에는 사람이 많이 다니는 강남역 앞 빌딩에 치킨집을 내면 홍보 효과가 엄청났으나, 앞으로는 메타버스인 가상 세계에 치킨집을 내면 많은 젊은 층이 그걸 이용할 것이라는 내용이다. 가상 세계에서의 생활을 현실 세계로까지 끌어낼 수 있다고 말한다. 또한, 아바타가 입을 옷을 올리면 거기서 구매가 이루어져 수익이 창출될 것이며 앞으로는 여기서 수익이 늘어날 것으로 전망된다는 것이다.

메타버스에 유리한 기업을 보면 디지털화시키기 좋은 기업들, 예를 들면 컨텐츠 생산 가능 기업, 여가나 소셜을 즐길 수 있는 게임이나 엔터테인먼트 기업, 아바타가 활용 가능한 의류&재화, 가전 전자제품, 자동차 등의 브랜드 제조 상품 기업 등이 되겠다. 한국의 여성 아이돌 그룹인 블랙핑크는 댄스 퍼포먼스 뮤직비디오를 제페토 콜라보레이션으로 공개했는데 조회 수가 1억 회가 넘었고, 싸인회도 가상 세계에서 진행해 4천만 명 이상이 방문했다고 한다. 또한 방탄소년단의 신곡 'Dynamite'는 최초로 메타버스에서 발표되었다. 그동안 유튜브로 신곡을 발표하는 것도 새롭다고 생각했는데 방탄소년단은 포트나이트라는 게임 내 아바타들이 같이 댄스를 따라 하며 참여하게 해 마치 온라인상에 콘서트장을 만들어 냈다. 젊은 층이 만들어 낼 미래는 어떤 모습일지 메타버스 세상이 열리고 있는 가상 현실 속 새로운 세계에 반듯이 관심을 가져야 할 때이다.

5) 변해야 한다, 아니 변해야 살아남는다

2010년 이후 인터넷과 스마트 폰이 크게 확산 보급되며 전 세계적으로 IT 서비스는 매우 빠르게 성장하였다. 온라인 쇼핑 플랫폼, 모바일 페이먼트 시스템, 빅데이터를 활용한 고객 관리 및 파격적 유통 구조 개선 등으로 e-커머스는 거대한 고객 수요를 기반으로 기존의 리테일 시장을 크게 잠식했다. 온라인 기반 기업들은 경쟁력 있는 가격, 모바일을 활용한 편리한 검색, 혁신적 물류 배송 시스템 등으로 오프라인 시장의 성장률을 빠르게 뛰어넘었다. 하지만 최근 들어 온라인 기업들은 오프라인 시장에 주목하고 있다. 이전처럼 온라인 시장의 성장 속도가 빠르지 않고, 오프라인 시장은 온라인에 비해 여전히 훨씬 큰 규모이기 때문이다. 온라인 매장에서는 오프라인만의 경험 가치를 전달할 수 없으며, 여전히 대·소형 소매업체들이 생활의 가장 가까운 곳에서 쇼핑을 돕고 있다.

지난 20여 년간 소매 시장의 주도권이 오프라인에서 온라인으로 급격하게 옮겨갔지만, 이제 온라인과 오프라인이 유기적으로 연계해 각자의 장점을 통합한 새로운 형태의 유통 구조로의 진화가 진행 중이다. 세계 최대 온라인 유통업체의 선구자인 미국의 아마존(Amazon)은 아마존 고(Amazon Go)라는 무인컨셉 매장을 선보였다. 고객이 매장에 들어서 상품을 골라 카트에 담은 뒤 가지고 나오면 요금은 자동으로 결제된다. 아마존은 아마존 고를 통해 새로운 오프라인 소매 유통의 실현 가능성을 널리 알렸다. 미국 아마존이 선보인 새로운 컨셉 매장은 다양하고 많은 주목을 받았으나, 사실상 온라인과 오프라인의 경계를 허무는 다양한 시도를 발 빠르게 선보이고 있는 나라는 중국이다.

알리바바, 징동 등 중국을 대표하는 전자 상거래 기업은 거대 오프라인 기업과 손을 잡고 오프라인 매장의 모습을 변화시키고 있으며, 이미 다양한 유형의 무인 편의점이 상용화되고 있다. 다들 잘 아는 알리바바의 마윈은 신유통(新零售), 신제조(新制造), 신금융(信金融), 신기술(新技术), 신자원(新资源)을 언급하며 온·오프라인과 물류가 결합된 새로운 유통 시대가 도래할 것이라 주장했다.

그가 말한 신유통이란 온라인 서비스와 오프라인 체험과 물류를 융합한 새로운 판매 형태로, 기업이 인터넷, 빅데이터, 인공 지능 등의 기술을 이용하여 제품의 생산, 유통, 판매까지 전반적인 과정을 업그레이드하고 산업 체인을 재구성하는 것을 일컫는다. 향후 10년, 20년 뒤에는 순수 전자 상거래 개념은 사라질 것이며 알리바바는 온/오프라인과 물류의 결합을 통한 새로운 신유통 패턴을 만들어 갈 것이라고 주장한 것이다.

공간적, 물리적 제약이 존재하던 과거의 소비 환경은 스마트 폰의 등장으로 소비자는 공간과 시간에 얽매이지 않고 언제 어디서나 쇼핑을 할 수 있게 됐다. 소비자들의 디지털에 대한 이해도가 높아지며 소비자들은 더욱 다양한 경로를 통해 제품을 구매하게 된 것이다.

변화하는 소비자 행태에 맞게 기업들은 물류 체계를 재구성하고 온·오프라인을 총동원해서 고객 편의를 제공해야 한다. 인공 지능, VR/AR, IoT 등 최신 기술 및 빅 데이터를 활용해 온/오프라인 시스템을 통합하며 기존 유통 구조의 변혁과 새로운 쇼핑 경험을 제시해야 한다. 기업들은 실시간 제품 수요 및 재고 파악을 통해 효율적 시스템 개선 및 비용 절감을 이끌어 내며, 유통 손실이 제로에 가까워질 수 있도록 가치 사슬을 리모델링 해야 한다.

무인 매장 등과 같이 현재 도입되고 있는 서비스들은 아직까지는 원활하지는 않고 사용의 제약도 있다. 고객 추적 카메라, 센서, 알고리즘 등의 첨단 시스템은 매장 내 다수의 사람들을 커버하기 쉽지 않으며, 자동 구매를 위한 제품 인식률도 아직은 문제가 있다. 일부 젊은 연령층을 제외하고 기술에 익숙하지 않은 연령대에서는 진보한 시스템 사용에 불편함을 느낀다. 사람이 상주하지 않는 매장에서 제품 관리, 도난 등의 위험이 있고, 고객이 문제가 발생할 때 적시에 도움을 받기 힘들다. 하지만 이러한 문제는 점차 개선될 것이다.

오프라인 매장은 고객이 안심하고 소비할 수 있도록, 믿을 수 있는 품질의 상품을 엄선해 진열하고 특별한 경험을 제공하는 매우 중요한 역할을 한다. 나아가선 판매 공간과 더불어 체험 공간의 비중을 확장하며 상품을 넘어 문화를 판매하는 디지털화된 복합 문화 공간으로 발전하고 있고 그렇게 되어야 한다. 소매업, 물류, 문화 엔터테인먼트, 요식업 등 다양한 산업이 디지털화되고 제품과 서비스와 콘텐츠가 결합해 새로운 소비의 방향이 창출될 것이다.

이러한 변화 속에서 온라인/오프라인을 나누는 것은 그 경계가 옅어지고 있기에 발전하고 있는 기술이 어떻게 소비자들에게 더 나은, 더 편리한 쇼핑 경험을 제공할 수 있는지와 어떻게 기업이 변화에 적응하며 새로운 시장에 도전하는지가 중요한 것이다. 결국 하나에 집중하는 것이 아닌, 온/오프라인의 경계를 넘나드는 발전을 해야만 살아남을 수 있다.

게다가 지금까지 생각지도 못했던 코로나로 인해 전 세계기 취청히었으며, 여름이 지나고 날이 추워지자 다시 한번 제2 웨이브에 진입해 락다운을 목전에 두고 있다. 이러한 위기는 다시 한번 승자와 패자를 갈라놓을 것이다. 이 위기를 넘는 자는 모든 것을 거머쥘 것이다. 승패는 직선이 아니라 위기라는 곡선 구간에서 판가름이 나기 때문이다.

경기 침체 구간을 곡선 구간이라 한다면 기업들은 살아남기 위해 뼈를 깎는 노력을 하며 경쟁력이 강화되는 방향으로 전환 되어야 한다. 위기 때 승자가 된 기업은 불필요한 비용을 줄여 핵심 사업에 재투자하는 데 사용하였다. 위기라는 것은 고객의 소비 행태가 바뀌고 기술이 급변하고, 정부 제도·정책이 변하고, 코로나로 인해 예상치 못한 리스크 등으로 산업 지형이 통째로 바뀌는 시기이기도 하다. 변화에 가장 잘 적응한 기업이 가장 강한 기업이 되는 것이다. 위기 시 선두로 치고 나온 기업들을 보면 효율적으로 비용을 핵심 투자로 전환하여 혁신 제품을 만들고, 비즈니스 모델을 한 단계 진화시키는 기회로 삼았다.

세계적인 석학들은 세계 경제의 질서가 코로나 전과 후로 나누어질 것으로 예측한다. 뉴욕타임즈 칼럼니스트 토머스 프리드먼은 최근 「역사의 새로운 경계 : 코로나 이전과 이후(Our New Historical Divide : B.C and A.C)」라는 칼럼에서 "코로나 이후 어떤 변화가 닥칠지 예견할 수 없지만, 세계는 지금까지 우리가 알았던 것과는 무척이나 다른 모습일 것."이라고 말한다. 헨리 키신저 전 미국 국무장관도 월스트리트저널 칼럼에서 "바이러스의 대유행이 종식되더라도 세계는 이전과 절대로 같아지지 않을 것."이라며 "자유 질서가 가고 성곽의 시대가 도래할 것."이라고 언급하고 있다.

온/오프라인의 구별은 이미 의미가 없어져 가고 있다. 앞에서 월마트를 예로 언급했듯이 오프라인이 온라인을 접목하는 것은 너무 힘들다.

태생과 업(業)의 DNA가 다르기 때문이다. 반면, 온라인은 오프라인에 눈을 돌리고 있다. 본인들이 온라인에서 제공하지 못하는 오프라인만의 체험과 직원들의 對고객 커뮤니케이션 등의 장점을 뛰어넘을 수 없다는 것을 인지한 것이다.

전 세계 온라인 시장 넘버원인 아마존이 550개가 넘는 오프라인 매장을 오픈했다. 아마존 프레쉬 같은 매장은 점당 100억 원이 넘는 돈을 투입해 오픈하고 있으며, 그런 아마존조차 오프라인은 성과 내기가 어려운 넘사벽의 존재이다. 그만큼 오프라인 유통이 만만하지 않다는 반증이다.

결국 온/오프라인을 연계시키는 노력을 통해 성공하는 기업은 계속 나올 것이며, 그것이 우리가 오프라인과 온라인 간의 장점을 공부하며 개선하려 하는 제일의 존재 이유일 것이다.

글을 마치며

일본의 전자 시장 규모가 7조 800억 엔(한화 80조)이며, 미국 전자 시장 규모는 약 1,800억~2,000억 달러(한화 200조~230조)로 추산된다. 참고로 한국은 2018년 기준 약 30조 원 수준이다. (통계청 기준은 전기 코드 꼽는 모든 제품의 경우 약 44조 원)

전자 시장의 품목을 어디까지 포함하느냐, 렌탈 및 기타 시장을 포함하느냐 등의 기준 여하에 따라 시장 규모가 달라질 수 있겠다. 전자제품의 제조 역량, 인구수, 구매력 등과 연관해 관련 유통이 발전해 왔다.

그런 면에서 보면 일본은 한국 6.25사변의 전쟁 특수가 일본 경제에 부흥의 기회를 준 것을 활용하여 1955년부터 1956년에 걸쳐 '진무경기(神武景氣)'라 불리는 호경기로 고도성장기에 접어들었다. 흑백 TV, 냉장고, 세탁기가 '3종의 신기(三種의 神器)'로 서민들에게 동경의 대상이 되었고 수요가 급속도로 확대되었다.

반면 한국은 1966년에 금성사에서 흑백 TV를 생산하기 시작했고, 삼성전자는 1969년에 창사하여 생산된 TV 제품을 전량 해외 수출하였으며 1973년이 되어서야 국내에 판매하기 시작하였다. 본격적으로 TV 및 백색 가전이 보급되기 시작한 것은 1970년대 이후이기에 일본과는 거의 20여 년의 격차가 있었고 그만큼 유통의 발전도 늦었다고 봐야 하겠다. 그런 면에서 일본은 한국의 반면교사이자 벤치마킹의 대상이었고, 후발 주자로서 한국은 많은 면에서 현명하게 시행착오를 줄이며 배울 수 있는 기회가 되기도 하였다.

2000년대 들어서는 기존 반도체에 이어 휴대폰에서까지 전 세계 넘버원이 되었고, TV는 15년째 세계 1등을 달리고 있다. 가전제품 또한 세계 1~2위가 한국 기업일 만큼 실적도 좋다. 과거 밥솥에서 워크맨, 소니 TV에 이르기까지 일본 제품이 집집마다 한두 개씩은 있던 시절을 생각해 보면 격세지감이라 아니할 수 없다.

그러나 살짝 시선을 옆으로 돌리면 이러한 상황은 전자제품의 경쟁력에 한정되며, 전자 유통이나 그 밖의 시장 규모, 축적된 리테일 역량 등에서는 아직 갈 길이 멀다 하겠다. 많이 따라잡았으되 격차가 상존하는 Fact는 명확히 보고 온고지신을 하든 벤치마킹을 하든 해야 한다.

게다가 최근엔 코로나로 인해 고려해야 할 요소가 더 늘었다. 온라인 e-커머스는 매력적인 가격과 간편한 검색, 즉시 결제, 자동 물류 배송까지 한 Site에서 한 번의 Click으로 쇼핑이 가능한 편리함으로 성장해 왔다. 이제는 기존의 오프라인 기업과도 손잡고 오프라인 매장을 새롭게 변모시키고 있다.

반면, 코로나 사태가 발생하자 온라인으로 주문이 몰려 e-커머스 매출이 크게 증가했으며, 일부 오프라인 매장에서도 매출이 크게 증가한 곳들이 나타나기 시작했다. 오프라인 매장에서는 직접 보고, 만져도 보고, 체험도 해 보고, 물어도 보고, 나에게 맞는 맞춤형 어드바이스나 컨설팅을 받을 수 있는 매력이 있으며, 필요하면 재고가 확보되어 있어 바로 사서 쓸 수 있다. PC 모니터에서 접하는 이미지 사진과는 차원이 다른 색다른 경험과 즐거움을 느낄 수 있어 만족감이 크다.

특히 코로나 사태는 재고 품절로 온라인에서는 살 수 없는 많은 생활용품들을 대형 마트 매장에서 쉽게 확보가 가능했고, Click & Collect로 매일매일 필요한 신선식품들을 픽업 서비스 받을 수 있었다. 그동안 온라인이 줄곧 맡아 오던 고객의 시간 Save와 편리함을 코로나로 인해 역설적으로 오프라인이 고객의 Pain Point를 해소해 주는 경우가 늘었던 것이다.

특히 오프라인 매장의 장점인 판매 사원의 고객 맞춤형 제안과 컨설팅은 온라인에서는 경험할 수 없는 단비와도 같았다. 오프라인 매장은 온라인과의 동기화를 통해 매장에 IT로 무장하거나 아예 온라인 기업을 인수하여 시너지를 높이려 하고 있다. 이러한 온/오프라인의 융합은 서로 간의 경계의 벽을 넘나들고 있으며 이젠 구분하기도 애매한 경우가 생기고 있다. 하지만 우리가 여기서 냉정히 바라봐야 할 것이 있다.

U.S. Census Bureau 기준에 의하면, 2019년 미국의 전체 리테일 매출은 5조4,520억 달러이며 이 중 e-커머스 매출은 5,980억 달러로 전체 리테일 매출의 11%에 불과하지만, 연평균 성장률이 10%가 넘는 반면 오프라인 리테일은 매년 역성장하고 있다.

한국 온라인 쇼핑몰 시장의 비중은 통계청 발표에 의하면, 2017년 1월 기준 온라인 시장이 20.4%이며, 2020년 2월 기준 34.7%까지 상승하였다. 이 얘기는 e-커머스의 성장이 계속되고 있으며 미국도 e-커머스의 비중이 한국처럼 계속 증가할 것임을 암시한다. 즉, 당분간은 e-커머스의 성장세가 계속될 것이고, 이는 오프라인 유통의 고통이 계속될 것임을 이해해야 한다.

오프라인 매장이 체험형 매장으로 바뀌고 코로나에 대응하여 다양한 고객 Pain Point를 해소해 주고 있다곤 하나 그것은 일부 대응력이 있는 기업에 해당하는 사항이다. 온라인의 성장이 지난 과거마냥 계속 승승장구하지 못하고 오프라인으로까지 영역을 확대한다고 해서 온라인의 세(勢)가 줄어들었다고 생각하면 큰 오산이다.

혹시 이 책을 읽고 그래도 비중이 큰 오프라인이 아직은 대세라는 뉘앙스로 이해했다면 그건 나무만 보고 숲을 못 본 것이라 하겠다. 유통은 돈 되는 곳으로 흐르고 돈 되는 형태로 바뀐다. 어느 쪽이든 돈 되는 방향으로 바뀔 것인데 그 중심은 역시 고객이자 소비자일 것이다. 그들이 어디로 갈지는 어떻게 대응하느냐에 달려 있으며 거기에 맞게 변해야 하며 변해야만 살 수 있다.

손자병법에 '전승불복 응형무궁(戰勝不復 應形無窮)'이란 말이 나온다. '전투는 똑같이 반복되지 않는다. 새로운 상황에 적응해 변해야 한다.'는 뜻으로 본 저서의 끝을 맺는다.

별첨.1

일본의 주요 전자 양판점 및 전자 메이커의 연도별 매출/영업 이익

구분	품목	'19년 매출	'19년 영업이익	'19년 %	'18년 매출	'18년 영업이익	'18년 %	'17년 매출	'17년 영업이익	'17년 %	'16년 매출	'16년 영업이익	'16년 %	'15년 매출	'15년 영업이익	'15년 %	'14년 매출	'14년 영업이익	'14년 %	'13년 매출	'13년 영업이익	'13년 %
양판점	1.야마다전기	1,611,538	38,326	2.4%	1,600,583	27,864	1.7%	1,573,873	38,763	2.5%	1,563,056	57,895	3.7%	1,612,735	58,158	3.6%	1,248,793	17,881	1.4%	1,358,302	13,848	1.0%
	2.Bic카메라	897,021	22,943	2.6%	844,029	27,055	3.2%	790,639	21,854	2.8%	779,081	22,006	2.8%	795,368	18,800	2.4%	832,748	20,014	2.4%	805,378	13,041	1.6%
	3.Edion	733,575	12,284	1.7%	718,638	17,842	2.5%	686,284	15,378	2.2%	674,426	15,273	2.3%	692,087	17,050	2.5%	691,216	10,745	1.6%	766,699	13,720	1.8%
	4.K'S덴키	708,222	32,989	4.7%	689,125	32,722	4.7%	679,132	30,764	4.5%	658,150	25,613	3.9%	644,181	21,744	3.4%	637,194	18,539	2.9%	701,198	23,638	3.4%
	5.요도바시카메라	704,600	60,100	8.5%	693,100	-	-	680,500	-	-	658,000	-	-	679,600	-	-						
전자메이커	1.파나소닉	7,490,601	293,751	3.9%	8,002,733	411,498	5.1%	7,982,164	380,539	4.8%	7,343,707	276,784	3.8%	7,626,306	230,299	3.0%	7,553,717	415,709	5.5%	7,715,037	381,913	5.0%
	2.히타치	8,767,263	661,800	7.5%	9,480,619	754,900	8.0%	9,368,600	714,600	7.6%	9,162,200	587,300	6.4%	10,343,000	634,800	6.1%	9,774,900	641,300	6.6%	9,666,400	604,700	6.3%
	3.소니	8,259,885	845,459	10.2%	8,665,687	894,235	10.3%	8,543,982	734,860	8.6%	7,603,250	288,702	3.8%	8,105,712	294,197	3.6%	8,215,900	68,500	0.8%	7,767,300	26,500	0.3%
	4.미쯔비시전기	4,462,509	259,661	5.8%	4,519,921	290,477	6.4%	4,431,198	318,637	7.2%	4,238,666	270,104	6.4%	4,394,353	301,172	6.9%	4,323,041	317,604	7.3%	4,054,359	235,172	5.8%
	5.토시바	3,389,871	130,460	3.8%	3,693,539	35,447	1.0%	3,947,594	64,070	1.6%	4,043,736	82,015	2.0%	567,103	-719,133	-126.8%	6,114,682	188,409	3.1%	6,489,702	257,126	4.0%
	6.샤프	2,271,248	52,773	2.3%	2,400,072	84,140	3.5%	2,427,271	90,125	3.7%	2,050,639	62,454	3.0%	2,461,589	-161,967	-6.6%	2,786,256	-48,065	-1.7%	2,927,186	108,560	3.7%

	'12년			'11년			'10년		
	매출	영업이익	%	매출	영업이익	%	매출	영업이익	%
	1,701,489	33,930	2.0%	1,835,454	88,978	4.8%	2,153,259	112,800	5.2%
	5,018,057	4,069	0.1%	612,114	19,929	3.3%	608,274	14,764	2.4%
	685,145	-2,476	-0.4%	759,025	9,286	1.2%	901,010	26,339	2.9%
	637,497	16,498	2.6%	726,015	34,086	4.7%	770,947	40,930	5.3%
	-	-	-	-	-	-	-	-	-
	7,736,541	305,114	3.9%	73,030,345	160,936	0.2%	7,846,216	43,725	0.6%
	9,041,000	422,000	4.7%	9,100,000	480,000	5.3%	9,665,800	412,200	4.3%
	6,800,900	230,100	3.4%	6,493,200	-673	-0.01%	7,181,300	199,800	2.8%
	3,567,184	152,095	4.3%	3,639,468	225,444	6.2%	3,645,331	233,761	6.4%
	5,722,248	92,053	1.6%	5,996,414	114,902	1.9%	6,263,990	244,532	3.9%
	2,478,586	-146,266	-5.9%	2,455,850	-37,552	-1.5%	3,021,973	78,896	2.6%

	'09년			'08년			'07년		
	매출	영업이익	%	매출	영업이익	%	매출	영업이익	%
	2,016,140	87,300	4.3%	1,871,828	64,604	3.5%	604,804	15,496	2.6%
	589,177	8,854	1.5%	630,740	16,346	2.6%	851,205	-	-
	820,030	10,509	1.3%	803,004	1,232	0.2%	56,776	7,116	12.5%
	648,628	21,896	3.4%	574,188	11,808	2.1%	-	-	-
	-	-	-	-	-	-	-	-	-
	8,692,672	-	-	7,417,980	-	-	7,765,507	-	-
	9,315,800	444,500	4.8%	8,968,500	202,100	2.3%	10,000,300	127,100	1.3%
	7,214,000	31,800	0.4%	7,730,000	-2,278	-0.03%	8,871,400	475,300	5.4%
	3,353,298	-	-	3,665,119	-	-	4,049,818	-	-
	6,137,689	71,788	1.2%	6,373,020	-309,191	-4.9%	-	-	-
	2,755,948	51,903	1.9%	2,847,227	-55,481	-1.9%	3,417,736	183,692	5.4%

※ 각사별 IR발표자료 기준

참고 자료 및 사이트

참고 서적

- 商業統計、經濟産業省
- 流通戦国時代の風雲児たち、井本省吾 著、日本経済新聞社
- ヤマダ電機〈激安戦略〉勝利のシナリオ、田川克己、ぱる出版
- プレジデント誌 1996年 6月號
- 激流、1998年 7月號
- ヤマダ電機の品格、立石泰則 著、講談社
- 2007 家電流通 Data 總攬
- 大規模小売店舗法及び大規模小売店舗立地法、フリー百科事典
- 週刊東洋經濟 2007.5.12日字
- 韓国における家電量販店成長に対する制約条件の分析(2015, 関根 孝)
- マーケティングリサーチのＧｆＫジャパン(2019年家電・IT市場の販売動向)
- ソリューション戦略の徹底で地域店復活への追い風が、地域電器店復活プロジェクト 著、家電流通研究センター
- 図解流通業界ハンドブック、大枝一郎／松尾武幸、東洋経済新聞社
- 日本の流通100年、石原武政／矢作敏行、有斐閣
- 家電製品アドバイザー資格CSと関連法規、大橋晴夫、日本放送出版協会
- ヤマダ電機に負けない弱者の戦い方、八巻潔／細田圭志、月刊「技術営業」編集部 著

- ゼミナール日本経済入門、三橋規宏／内田茂男／池田吉紀、日本経済新聞社
- ビジネスゼミナール会社の読み方入門、松田修一、日本経済新聞社
- 家電流通總攬, 1995年度版
- 金融行政の敗因, 西村吉正, 文春新書
- 마스다 무네아키(增田宗昭), 『지적자본론(知的資本論)』, 민음사, 2015.
- 오건영, 『앞으로 3년 경제전쟁의 미래』, 지식노마드, 2019.
- 찰스P 킨들버거, 『대공황의 세계 1929-1939』, 굿모닝북스, 2018.
- 찰스P 킨들버거, 로버트Z. 알리버, 『광기,패닉,붕괴 금융의 역사』, 굿모닝북스, 2006.
- 박종연, 『금리는 경제의 미래를 알고 있다』, 원앤원북스, 2016.
- 백석현, 『경제의 99%는 환율이다』, 메이트북스, 2018.
- 홍완표, 『금리의 경제학』, 신론사, 2008.
- 홍춘옥, 『환율의 미래』, 에이지21, 2016.
- 김영익, 『위험한 미래』, 한스미디어, 2018.
- 앤서니 크레센치, 『현명한 채권투자자』, 리딩리더, 2013.
- EBS 다큐프라임, 『자본주의』, 가나출판사, 2013.
- 마쓰시타 고노스케, 『사원의 마음가짐_마쓰시타 고노스케 경영의 지혜 1』, 청림출판, 2007.
- 마쓰시타 고노스케, 『경영의 마음가짐_마쓰시타 고노스케 경영의 지혜 2』, 청림출판, 2007.
- 마쓰시타 고노스케, 『사업의 마음가짐_마쓰시타 고노스케 경영의 지혜 2』, 청림출판, 2007.
- 마쓰시타 고노스케, 『마쓰시타 고노스케, 길을 열다』, 청림출판, 2009.

- 김현철, 최상철, 『사례로 배우는 일본유통』, 법문사, 2006.

- 김현철, 『일본기업 일본마케팅』, 법문사, 2004.

- 김현철, 『CEO, 영업에 길을 묻다』, 한국경제신문사, 2009.

- 이영직, 『란체스터의 법칙』, 청년정신, 2002.

- 윤종용, 『초일류로 가는 생각』, 삼성전자, 2007.

- 『고객과 함께하는 영업 40년』, 삼성전자 한국총괄

- 이창민, 『도시의 얼굴 – 동경 TOKYO』, ㈜위에스앤에스, 2019.

- 이문철, 양정원, 『리테일마케팅 4.0』, 21세기북스, 2017.

- 다나카 미치아키, 『미중 플랫폼 전쟁 GAFA vs BATH』, 세종서적, 2109.

- 월터 아이작슨, 『스티브잡스』, 민음사, 2015.

- 이춘재, 『그 매장은 어떻게 매출을 두 배로 올렸나』, 갈매나무, 2017.

- 김난도, 『트렌드 코리아 2021』, 미래의 창, 2020.

- 김상균, 『메타버스』, 플랜비디자인, 2020.

참고 사이트
- 야마다전기그룹 회사소개 https://www.yamada-holdings.jp/

- 요도바시카메라 회사소개

  http://www.yodobashi.co.jp/company/profile/index.html

- 빅카메라 회사소개

  https://www.biccamera.co.jp/ir/index.html?ref=shop-foot

- 에디온 회사소개 https://www.edion.co.jp/ir-news/tanshin?year=2014

- 케이즈덴키 회사소개 https://www.ksdenki.co.jp/ir/index.html

- 파나소닉 매장소개 https://ps-hp.jpn.panasonic.com/ps/

- 소니 회사소개 https://www.sony.co.jp/
- NEC 회사소개 https://jpn.nec.com/
- 토시바 회사소개 https://www.toshiba.co.jp/index_j.htm
- 히타치 회사소개 https://www.hitachi.co.jp/IR/index.html
- 요도바시카메라 결산동향
  https://www.cross-fd.co.jp/kaden_database/yodobashi-camera/
- 일본 경제산업성
  https://www.meti.go.jp/statistics//tyo/syougyo/index.html
- 일본 총무성 통계국 https://www.stat.go.jp/index.html
- 세키네 교수 논문 소개
  https://www.jstage.jst.go.jp/article/marketing/35/1/35_2015.030/_
  article/-char/ja/
- 마쯔시타코노스케의 수도철학 소개 사이트
  https://terms.naver.com/entry.nhn?docId=1396311&cid=42091&categor
  yId=42091&expCategoryId=42091
- 일본 국세청 https://www.nta.go.jp/
- 한국 통계청 http://kostat.go.kr/portal/korea/index.action
- 인플레이션 닷컴 www.inflation.com
- 아키하바라 라디오회관 http://www.akihabara-radiokaikan.co.jp/
- 아키하바라 라디오센터 http://www.radiocenter.jp/
- 베스트바이 회사소개 https://www.bestbuy.com/?intl=nosplash
- 이케아가 아마존을 떠난 이유 https://happist.com/569932/
- 파나소닉 Home X 소개기사 https://japan.cnet.com/article/35128109/

- NTT도코모 회사사업 소개

  https://www.nttdocomo.co.jp/corporate/ir/finance/operator/index.html

- 토요타자동차와 파나소닉 협업기사

  https://news.yahoo.co.jp/articles/185f7304aa7589987bc3c4f8cc88af2cfe

  07bbd7?page=1

- MM총연 모바일 출하 데이터 소개 https://www.m2ri.jp/

- 갤럭시 하라주쿠 사이트

  https://www.galaxymobile.jp/galaxy-harajuku/info/

- 츠타야 매장소개

  https://store-tsutaya.tsite.jp/?sc_ext=tsutaya_store_header

- 삼성전자판매 주식회사 소개

  http://www.samsungsales.co.kr/main/main.sesc

- 트레이더조 회사 소개 https://www.traderjoes.com/

- 왜그먼스 회사소개 https://www.wegmans.com/

- 사우스웨스트항공사 소개 https://www.southwest.com/

- 힐튼호텔 소개 https://www.hilton.com/en/

- 코스트코 회사소개

  https://www.costco.com/cangshan-brand-showcase.html

- 알리바바 클라우드 칭수완 소개

  https://www.alibabacloud.com/blog/how-did-alibaba-help-retailer-lin-

  qingxuan-cope-with-the-coronavirus-outbreak_595950

- 트렌드워치 회사소개 https://trendwatching.com/

- Waverse 회사소개 https://weverse.io/

- talkshop.live 회사소개 https://talkshop.live/
- Ntwrk 회사소개 https://thentwrk.com/
- 월마트 회사소개 https://www.walmart.com/
- 스타벅스 회사소개 https://www.starbucks.com/
- 쇼피파이 회사소개

  https://www.shopify.com/?shpxid=c2d5dd06-51F6-4128-5355-

  BB21C8D3DFED
- Emarketer 회사소개 https://www.emarketer.com/
- 나이키 멤버십사이트 소개 https://www.nike.com/membership
- 나이키 SNKRS 사이트 소개

  https://www.nike.com/kr/launch/?ctnakey=03-1015-

  5-638382&type=feed&utm_source=google&utm_

  medium=SA&cp=80787885549_search_&gclid=EAIaIQobChMI-qCKn_Dd7

  QIVDD5gCh2yUQWdEAAYASAAEgJNyfD_BwE
- 인디고 서점 회사소개 https://www.chapters.indigo.ca/en-ca/
- Pirch 회사소개 https://www.pirch.com/home
- b8ta 회사소개 https://b8ta.com/
- 애플 회사소개

  https://www.apple.com/kr/?afid=p238%7CsNwSAfgn3-

  dc_mtid_18707vxu38484_pcrid_484008813596_

  pgrid_16348496721_&cid-aos kr kwgo-Brand--slid---product--
- 도미노피자 회사소개

  https://cdn.dominos.co.kr/renewal2018/w/html/event/ad/201216/event.

html?gclid=EAIaIQobChMImK22wvHd7QIVCquWCh3C4gphEAAYASAAEgI uj_D_BwE

- 핀터레스트 회사소개 https://www.pinterest.co.kr/pinterest/

- 아마존고 소개

  https://www.amazon.com/b?ie=UTF8&node=16008589011

- 아마존 회사소개

  https://www.amazon.com/dp/1985875764?gclid=EAIaIQobChMI3rv8hfLd 7QIVm9dMAh0JBQpkEAAYASAAEgLS2vD_BwE

- 쇼피 회사소개 https://shopee.com/

- 토코피디아 회사소개 https://www.tokopedia.com/

- 라자다 회사소개 https://www.lazada.com/en/

- 보노보스 사이트 소개 https://bonobos.com/

- 와비파커 회사소개 https://www.warbyparker.com/

- 더리셋 회사소개 https://thereset.com/

- Dagnedover 회사소개 https://www.dagnedover.com/

- Modcloth 회사 소개 https://www.modcloth.com/

- ifr로보틱스 회사소개 https://ifr.org/

- 알리바바 회사사이트 https://www.alibaba.com/

- 룰루레몬 회사소개 https://shop.lululemon.com/

- 해마션성 회사소개 https://www.freshhema.com/

- 빙고박스 회사소개 http://m.binguohezi.com/website/index.html

- f5 미래상점 소개 https://www.f5-store.com/

- 타오카페 소개 https://www.taocafe.com.au/menus/

- 쑤닝 회사소개 https://www.suning.com/
- 데일리트렌드 쑤닝 무인점포 소개 기사
  https://www.dailytrend.co.kr/%EC%91%A4%EB%8B%9D%EC%9D%98-
  biu-%ED%8C%A8%EC%85%98%EB%AC%B4%EC%9D%B8%EC%83%8
  1%EC%A0%90/
- 포브스 리테일 체험 6가지 핵심요소 소개기사
  https://www.forbes.com/sites/gregmaloney/2018/05/23/six-
  dimensions-of-experiential-retail-and-the-top-20-retailers-at-delivering-
  it/#1ff8e9e94586
- 글래서도어 회사소개 https://www.glassdoor.com/index.htm
- 파나소닉 CES 2020 소개기사
  https://www.newswire.co.kr/newsRead.php?no=899886
- 전자신문, 베스트바이 소개기사
  https://www.etnews.com/20200331000350
- 시민의 소리, '트렌드코리아 2021' 소개기사
  http://www.siminsori.com/news/articleView.html?idxno=224364
- 이코노믹리뷰, 월마트와 쇼피파이 협업 소개기사
  http://www.econovill.com/news/articleView.html?idxno=401270

재미로 읽는 전자 유통과 온·오프라인의 변화 모습

온앤오프

초판 1쇄 인쇄 2021년 04월 09일
초판 1쇄 발행 2021년 04월 16일

지은이 민승기
펴낸이 류태연
편집 김지인 | **표지디자인** 조언수 | **본문디자인** 김민지 | **마케팅** 이재영

펴낸곳 렛츠북
주소 서울시 마포구 독막로3길 28-17, 3층(서교동)
등록 2015년 05월 15일 제2018-000065호
전화 070-4786-4823   **팩스** 070-7610-2823
이메일 letsbook2@naver.com   **홈페이지** http://www.letsbook21.co.kr
블로그 https://blog.naver.com/letsbook2   **인스타그램** @letsbook2

ISBN 979-11-6054-454-1 13320